甘肃省一流学科建设项目资助成果

西北师范大学课程与教学论国家重点（培育）学科资助成果

教育部人文社会科学重点研究基地西北师范大学西北少数民族教育发展研究中心资助成果

西师教育论丛

主编 万明钢

语文对话教学论

赵晓霞 著

Yuwen Duihua Jiaoxuelun

中国社会科学出版社

图书在版编目(CIP)数据

语文对话教学论/赵晓霞著.—北京：中国社会科学出版社，2017.12
ISBN 978-7-5203-1262-2

Ⅰ.①语… Ⅱ.①赵… Ⅲ.①语文教学—教学研究
Ⅳ.①H19

中国版本图书馆 CIP 数据核字（2017）第 261066 号

出 版 人	赵剑英
责任编辑	周晓慧
责任校对	无 介
责任印制	戴 宽

出 版	中国社会科学出版社
社 址	北京鼓楼西大街甲 158 号
邮 编	100720
网 址	http://www.csspw.cn
发 行 部	010-84083685
门 市 部	010-84029450
经 销	新华书店及其他书店

印 刷	北京明恒达印务有限公司
装 订	廊坊市广阳区广增装订厂
版 次	2017 年 12 月第 1 版
印 次	2017 年 12 月第 1 次印刷

开 本	710×1000 1/16
印 张	22
插 页	2
字 数	319 千字
定 价	96.00 元

凡购买中国社会科学出版社图书，如有质量问题请与本社营销中心联系调换
电话：010-84083683
版权所有　侵权必究

总　　序

　　正如学校的发展一样，办学历史越久，文化底蕴越厚重。同样，一门学科的发展水平，离不开对优良学术传统的坚守、继承与发展。西北师范大学教育学的发展，也正经历着这样的一条发展之路。回溯历史，西北师范大学前身为国立北平师范大学，发端于1902年建立的京师大学堂师范馆，1912年改为"国立北京高等师范学校"，1923年改为"国立北平师范大学"。1937年"七七"事变后，国立北平师范大学与同时西迁的国立北平大学、北洋工学院共同组成西北联合大学，国立北平师范大学整体改组为西北联合大学下设的教育学院，后改为师范学院。1939年西北联合大学师范学院独立设置，改称国立西北师范学院，1941年迁往兰州。从此，西北师范大学的教育学人扎根于陇原大地，躬耕默拓，薪火相传，为国家培育英才。

　　教育学科是西北师范大学教育学院的传统优势学科，具有悠久的历史和较强的实力。1960年就开始招收研究生，这为20年后的1981年获批国家第一批博士点打下了坚实的基础。当时，西北师范学院教育系的师资来自五湖四海，综合实力很强，有在全国师范教育界影响很大的著名八大教授：胡国钰、刘问岫、李秉德、南国农、萧树滋、王文新、王明昭、杨少松，他们中很多人曾留学海外，很多人迁居兰州，宁把他乡做故乡，扎根于西北这片贫瘠的黄土高原，甘于清贫、淡泊名利、默默奉献，把事业至上、自强不息、爱岗敬业的精神，熔铸在西北师范大学教育学科发展的文化传统之中，对西部教育事业的发展作出了重要贡献。"随风潜入夜，润物细无声。"先生之风，山高水长。为西北师范大学早期教育学科的卓越发展作出重大贡献的先生们，他们身体力行、典型示范，对后辈学者们潜心学术，继承学问产生了重要的、潜移默化的影响，体现了西北师范大学的教育学人扎根本土、潜心学术、面向全国、放眼世界，站在学科发展前沿，培养培训优秀师资，服务地方经济社会发展的教育胸怀与本色。

西北师范大学教育学科历经历史沧桑的洗礼发展走到今天，已形成了相对稳定而有特色的研究领域。尤其是在国家统筹推进世界一流大学和一流学科建设的大背景下，西北师范大学的教育学作为甘肃省《统筹推进高水平大学和一流学科建设实施方案》规划的一流学科建设项目，迎来了学科再繁荣与大发展的历史良机。为此，作为甘肃省一流学科建设项目成果、西北师范大学课程与教学论国家重点（培育）学科建设成果、教育部人文社会科学重点研究基地西北师范大学西北少数民族教育发展研究中心科研成果，我们编撰了"西师教育论丛"，汇聚近年来教育学院教师在课程与教学论、民族教育、农村教育、高等教育以及学前教育等方面的学术成果。这些成果大多数是在中青年学者的博士学位论文，科研项目以及扎根教学实践的基础上进一步凝练的结晶。他们深入民族地区和农村地区的村落、学校，深入大学与中小学的课堂实践，通过详查细看，对语文、数学、英语、物理、化学、研究性学习等学科课程教育教学的问题研究，对教育基本理论问题的思考，对教育发展前沿问题的探索……这些成果是不断构建和完善高水平的现代教育科学理论体系，大力提高教育科学理论研究水平和教育科学实践创新能力，进一步发挥教育理论研究高地、教育人才培养重镇、教育政策咨询智库作用的一定体现，更是教育学学科继承与发展的重要过程。

筚路蓝缕，以启山林。目前付梓出版的这些著作不仅是教师自我专业成长的一个集中体现，也是西北师范大学教育学院教育学科发展与建设的新起点。当然，需要澄明的是，"西师教育论丛"仅仅是西北师范大学教育学研究者们在某一领域的阶段性成果，是研究者个人对教育问题的见解与思考，其必然存在一定的不足，还期待同行多提宝贵意见，以促进我们的学科建设和发展。

万明钢
2017年9月

接近于自然了。也就是说，水是以自然的方式滋润万物生长而又无所求取，人如果具有像水一样的精神，就具备了自然的品质，这就是最高尚的德行。意思是高尚的品行如春风细雨，以"随风潜入夜，润物细无声"的方式，沐浴万物而又让教育者觉察不到。作者在研究过程中深有体会地说：我非常享受实践当中听课以及与师生们交流的过程。一堂好的语文课的确让我有"敞亮"的快乐。教学是一种共时性的关系活动，就像戴维·伯姆所言，对话是一种流淌在人们之间的意义的溪流，它使所有对话者都能够参与和分享这一意义之溪，并因此能够在群体中萌生新的理解和共识。这种现场的第一性是书斋中的研究所不具备的。如果用一些词语来形容语文教育，我首先想到的是"沐""浴""浸""染""润""泽"，巧合的是，这些字都以"水"为部首，我想，教育大概正是一种如水般地浸润和滋养。古代语文教育是非常讲求言语的"涵泳"和"浸润"的，正所谓"涵者，如春风之润花，如清渠之溉稻"，唯有当师生浸润在言语构建的审美境界中时，语文教育的功能方能发挥到极致。教学的内容变化万千，但对话的本质没有高下之分，学生在对话的关系世界中，借助一定的语文知识，创造性地发展着语文的思维能力、审美能力，并以学生的主体性发展为对话教学的旨归。因为作者将"上善若水"的情怀倾注在她的研究过程中，所以论著的行文没有书斋式研究的枯燥呆板，而是富于哲理又充满诗意，读起来使人感受到审美体验时内心的腾腾跃动，甚至有血脉贲张之感。

二 在"主客一体"哲学视界里研究语文对话教学问题

我国的教学论研究工作一开始就是对西方教学论的学习、模仿和照搬，西方主客二元论哲学思想主导了我国教育研究一个多世纪。中国的现代化运动就是领略"知识就是力量"的意义，学习掌握西方科学技术并建设工业文明的过程；而西方的后现代化运动则是琢磨中国古代儒道释一体的文化精神，寻求如何才能使人从科学技术的囹圄中走出来的可能性思考。前者追求的正是后者批判的，后者所推崇的却是前者曾否定的。这种戏剧般的对话，迎来了中西哲学合璧发展的

理论与实践在场对话的哲学视野与课程行为

（代序）

靳 健

赵晓霞博士的著作《语文对话教学论》即将出版发行，我作序，我欣然应允。因为赵晓霞是我的开门博士研究生，成了一项对母语教育很有意义的研究工作，而且很快将成果之后出版，显示了少有的思维睿智和科研功力，是一件值得情。在课程与教学论研究领域，该著作展示了独特的学术个创新，研究方法也另辟蹊径，对教育研究工作者会有一定用。目前的语文教育研究存在两种极端的现象，要么是书斋堆积和故弄玄虚，要么是功利化的案例集萃和练习指南，而哲学视野关注课程行为，以课程研究提升哲学境界，给人一响的文化体验。体悟《语文对话教学论》，觉得具有以下突特点。

一 以"上善若水"情怀开展科学研究工作

上善若水是古代思想家提出的一个哲学命题，也是一界，关注的是人与自然和谐发展的实践方式与价值追求问说："上善若水，水善利万物，又不争，处众人之所恶道。"① 他认为，如果善利万物，润物无声，又不争名夺利

---

① 朱谦之：《老子校释》，中华书局1996年版，第31页。

新时代,"主客一体"无疑是对话中的最强音。对于西方来说,后现代主义思想家意识到了唯科学技术论对文化和人性的摧残还不够,西方还必须放弃或者淡化科学技术霸权行为,才能够迎来全球和谐发展的可能性。对于中国来说,一方面必须重新认识曾经被自己批判否定了的伦理性哲学在德行修养领域的积极意义;另一方面在掌握先进科学技术建设现代化强国的同时,必须清醒地认识到现代化对生存环境的破坏作用,对人性良知的病态化作用;如果把内敛的良知实践和外显的科技实践恰到好处地融为一体来引领每一个公民的发展,我们就进入了主客一体哲学的新时代。主客一体哲学的特点是没有主体客体之分,没有唯物唯心之异。一个人的情感修养行为、科学文化能力、与他人与社会和谐相处的能力三位一体则一荣俱荣,三者分离则一损俱损。人没有道德则不如禽兽,人没有科学能力就成了专业文盲,道德和科学离开了人则没有意义,他人与社会的和谐关系则为人的发展提供了机遇。《语文对话教学论》正是从这样一种哲学视界研究语文教学问题的,所以具有鲜明的时代特征。

三 在中西文化对话融通过程中研究语文教学问题

我国教学论研究关注的是西方的教学思想与理论体系,认为教学论就在国外,漠视几千年中华文化的优良传统,对中国古代的教学理论与教学实践知之甚少。中国古代文化中的"民本意识"和"至善实践"传统不仅是古代中国而且是现代中国和未来世界永不言弃的精神瑰宝。至善实践之门由儒家代表人物孔子、孟子开启,以后又吸收了老庄"道法自然"和禅宗"直觉顿悟"的精神,经明代王守仁融儒道释学说为一体,提出知行合一的人格养成理论,遂酝酿形成了中国古代社会解放人性、挑战生活的先声。古代思想家旨在给人们展示一个主客交融、天人合一、实践审美、生生不息的"中国古代精神",以涵养美丽人格的健康发展。但是,中国古代教育对于科学知识的建构是比较薄弱的,科学实践之门一直处于掩闭状态。反思中国语言文学教育百年发展的历程,展示出一个直面世界、勇于自新、学习科学、重建知识的"中国现代精神",以唤醒人格建设中的科学意识，强化人格建设中的自强行为。在西方世界，"知识就是力量"很早就成为一种社会共识，通过掌握知识去战胜对象或者被对象征服演变成了"物竞天择、适者生存"的社会法则，这种法则刺激和保护了西方人发展个性的欲望，这种欲望反过来促进了科学技术的发展，西方人也意识到自己逐渐成了科学技术的工具。人的目的是掌握科学技术工具去战胜对象，结果自己沦为科学技术的工具而失去了自由。中国文化的悲哀是没有科学技术而遭受帝国主义列强的凌辱和掠夺，西方文化的悲哀是被科学技术牵着走进战争泥潭和恐怖废墟。《语文对话教学论》正是在这样一种中西文化对话融通的过程中来研究语文教学问题，所以具有现实的社会意义。

四 建构了一个从内涵到外延都比较清晰的语文对话教学理论体系

语文课程是教师、学生、教材、实践范式、学习环境、课程标准诸要素相互作用的共通体，是在对话中促进学生积淀语文知识，历练言语能力、思维能力、探究能力、审美能力及其情感态度的实践活动。对话哲学教学论有三大特点：一是重建学习者与客体（语文知识与语文能力）的文化性实践关系，即求真的关系；二是重建学习者与自身（情感行为与创造能力）的存在性实践关系，即求善的关系；三是重建学习者与他人（合作宽容与理解分享）的社会性实践关系，即求美的关系。《语文对话教学论》从内涵到外延对语文对话教学进行了清晰、科学、富有逻辑性的意义界定，不仅对开展论文写作有引领作用，而且为教学论研究领域开拓了一个新颖的发展方向。

五 在"言语实践"共通体中展示所有对话者的学习有效性与创造性

语文对话教学研究的是学生、教师、文本互动对话的过程，语文学习的积极意义一般表现为学习者在学习过程中的心理空间意义和心理时间意义的融会贯通状态。心理空间意义是学生、教师、环境之间的互动对话意义，追求的是教育公平、民主关系、自由氛围、合作意识与心灵开放；心理时间意义是学生、教师、文本之间的互动对话意义，追求的是"知人论世""以意逆志""知言养气""披文入情"与个性表达。语文对话教学便是对这种融会贯通状态的行动研究和理论提升。建构"言语实践"共通体，以智慧理性去感悟、发现、推崇语文实践中的创造性价值，以美丽情怀去体验、收获、升华语文实践中的主体性精神；创造性活动的理性凝聚，主体性精神的自由飞扬，便是语文对话教学追求的理想境界。《语文对话教学论》将理论界相对孤立的建构主义、进步主义、行为主义融会贯通为彼此联系的"负反馈学习环路"大理论，为评价语文教学的有效性、创造性提供了方法论模型，进而构建了一个充满生命意义的"言语实践"共通体，将语文学习中的所有对话者引向了自己的精神家园，"言语"不是一个工具，而是对话者的真实存在与心灵表征。

六 运用"一心二门"方法论开拓了教学论研究的新途径

中国语文教育面临着很多问题。因为我们经常把"优秀传统"和"封建思想"相提并论，所以有意无意地把"至善实践"的优秀传统之门关闭了；因为我们不太习惯西方的思辨理性和科学方法，所以乐于接受种种"去知识"化的教育思潮而关闭"科学实践"之门；因为我们已经习惯了封闭式的学校教育机制，所以把学生的发展与他人、与社会、与自然的对话通道阻断了，使学习者成了"孤独"的人，从而关闭了"生态实践"之门。中文教育工作者所面临的时代性难题，就是做到"一心二门、十字打开"，即向内收摄重新打开道德实践之"善"门，在左右方向同时打开科学实践之"真"门和生态实践之"美"门，三门纵横贯通打开之时，语文教育就走上了"十字打开"的敞亮之路。我们需要一种"视界融合"的言语实践过程，"一心二门"方法论提供了这种可能性。把道德实践、文化实践、生活实践融为一体，把中国古代诗教精神与后现代主义课程理论融为一体，在中西对话、古今融通的境界里，培养具有独立之人格、自由之思想、自强之精神、自律之行为、合作之意识、宽容之胸襟素质的美丽人才。《语文对话教学论》在教学方法论领域另辟蹊径，成功地使用"一心二门"方法论解决了一系列问题，具有实践的创新价值。

最后，祝愿晓霞博士身体健康、工作进步、再接再厉、天天向上！

2017 年 10 月 25 日于西北师范大学

目　录

引论 ……………………………………………………………（1）

第一章　传统语文对话思想考察 ……………………………（40）
第一节　儒家对话思想探析
　　——以孔子、孟子为例 …………………………………（42）
第二节　道家对话思想探析
　　——以老子、庄子为例 …………………………………（52）
第三节　禅宗对话思想探析
　　——以《坛经》为例 ……………………………………（64）
第四节　朱熹、王阳明对话思想探析 ………………………（71）

第二章　语文对话教学的本质、特征、类型 …………………（81）
第一节　核心概念 ………………………………………………（81）
第二节　语文对话教学的特征 …………………………………（94）
第三节　语文对话教学的类型 …………………………………（126）

第三章　语文对话教学的实施机制 …………………………（135）
第一节　语文对话教学实施的"有效性机制" ………………（136）
第二节　语文对话教学实施的"创造性机制" ………………（163）

第四章　语文对话教学的实施策略 …………………………（176）
第一节　"学问魅力"：提升教师专业知识素养 ……………（176）

第二节　"赋权增能"：提升教师组织教学素养 …………（184）
　　第三节　"学问魅力"与"赋权增能"之一体两面 …………（210）

第五章　语文对话教学的反馈 ………………………………（215）
　　第一节　语文对话教学的有效性反馈 ………………………（216）
　　第二节　语文对话教学的创造性反馈 ………………………（230）

第六章　语文对话教学案例探析 ……………………………（247）
　　第一节　识字、写字对话教学案例与评析 …………………（247）
　　第二节　阅读对话教学案例与评析 …………………………（258）
　　第三节　写作对话教学案例与评析 …………………………（285）
　　第四节　综合性学习对话教学案例与评析 …………………（301）

结语 ………………………………………………………………（313）

参考文献 …………………………………………………………（325）

后记 ………………………………………………………………（338）

引　论

一　研究缘起

语文教育的根本目的是什么？借用雅斯贝尔斯对苏格拉底的评价，"教育不是知者随便带动无知者，而是使师生共同寻求真理"[①]。因此，语文教育的根本目的是通过师生主客一体的言语实践活动，以语文知识为媒介，促进学生思维能力、审美能力、探究能力等综合语文素养的提升。语文对话教学是基于主客一体的哲学主张，立足语文教学的言语实践特性而提出的，它既是对语文教学理论的发展，同时也为语文教育改革发展提供了一定的理论与实践指导。

（一）"主客一体"哲学思想下对语文教学的本真探索

"对话"是哲学和教育所关注的亘古常新的话题之一。"对话教学"从渊源上讲，可追溯到中国的孔子和西方的苏格拉底。孔子的"不愤不启、不悱不发"和苏格拉底的"产婆术"均蕴含着对话教学的特点。到了20世纪，对话教学理论的研究得到了新的发展并逐步走向成熟。巴赫金（Mikhail Bakhtin）、伽达默尔（Hans-Georg Gadamer）、布伯尔（Martin Buber）、哈贝马斯（Habermas）、伯姆（David Bohm）[②]等都在

[①] ［德］雅斯贝尔斯：《什么是教育》，邹进译，三联书店1991年版，第8页。
[②] 参见董小英《再登巴比伦塔——巴赫金与对话理论》，三联书店1994年版；［德］伽达默尔《诠释学：真理与方法》，洪汉鼎译，商务印书馆2010年版；［德］布伯尔《我与你》，三联书店1986年版；［德］哈贝马斯《交往与社会进化》，张博树译，重庆出版社1989年版；［英］戴维·伯姆《论对话》，李·尼科编，王松涛译，教育科学出版社2004年版。

一定程度上促进了对话理论的发展。从中国传统教育思想的发展来看，儒释道三家思想中都蕴含着丰富的"对话思想"。例如，孟子的"知言养气"、老子的"不言之教"、慧能的"非关文字"、王阳明的"主客一体"等思想对当代的语文对话教学都具有积极的启示意义。因此，在借鉴西方"对话教学"理论的同时，我们还应该回溯中国传统教育中的对话思想，对传统母语教育中对话因素、对话教学的实践模式等进行理论探究和考察，这对于当代语文对话教学理论的发展无疑具有重要的价值。

近现代教育的发展，其根基是建立在以笛卡尔为代表的"主客二分"的哲学基础之上的，将教育的过程看作对受教育者进行知识传递、灌输、训练和塑造的活动过程。而后现代哲学对教育的本质进行了深刻的反省，形成了丰富而相互支持的理论。哈贝马斯所提出的"交往行为理论"，使西方的主体性哲学转向了主体间性哲学；伽达默尔所提出的"视界融合"，使语文教育活动中单纯地理解文本变成了在对话中理解自己的过程；巴赫金所提出的对话理论颠覆了传统教育中的教师话语霸权，凸显了对教学中主体差异特性的尊重；马丁·布伯尔所提出的教学"我—你"关系哲学，否定了主体性哲学下"我—他"关系中主体对客观世界的征服，而引申出教学活动的真谛乃是"我"与"你"世界的交融和相遇。后现代主义者如大卫·雷·格里芬和马克斯·韦伯等，针对"现代性"的弊端——"现代性"否认世界具有任何主体性、经验和感觉[①]，"现代性"哲学视野下的世界已经被剥夺了基本的特性——高举"世界祛魅"（the disenchantment of the world）的旗帜，提出离开了人的经验世界是不可想象的观点。因此，后现代哲学家们更多地关注人与世界、人与自然的关系问题。站在后现代哲学的视角观之，教育活动本身就是一场关系的活动，学习的过程不是学生主体认识客观真理的过程，而是掺杂着强烈的主体性、个体的经验和感觉的过程和活动，而且个人的感觉和经

---

① ［美］大卫·雷·格里芬：《后现代科学——科学魅力的再现》，马季方译，中央编译出版社2004年版，第1页。

验直接决定着教育活动的价值和意义。正是在这种哲学思潮的影响下，教育领域开始重新反思教育教学中的主体性关系，开始重视对话教学，并把教育及教学的本质看作对话的过程。

（二）语文教学理论发展的必然趋势

语文课程从1904年"癸卯学制"独立设科以来不过百年，但语文教育作为母语教育的历史则可以向人类文明诞生的历史看齐。从母语教育的角度来看待我国语文教育的发展历程，可以根据其时代的主要特性划分为三个基本的历史阶段："伦理性教育"阶段；"知识性教育"阶段和"发展性教育"阶段。这种历史阶段的划分是基于语文教育的总体倾向和特征来讲的，三个阶段各有侧重，但各阶段之间又具有一定的兼容性。例如"知识性教育"阶段和"发展性教育"阶段同样具有"伦理性教育"的特征；对语文教育"知识性"特征的强调，同样也是"发展性教育"阶段的重要内涵之一。

所谓"伦理性教育"，主要是指我国古代以儒家为代表的传统母语教育。对于传统母语教育，目前几乎形成了一种共识，即认为它是附属于"四书五经"学习活动之中的以经学为主要教育内容的且文史哲不分家的古代教育，其最大特性是"伦理性"。从孔子的"诗教"到唐宋以来的"文教"，遵循的都是以伦理性教育为本位的传统教学思想——以美育为目标，以美育为过程的教育主张。[1] 近代学者王国维在评价孔子的教育时称："其教人也，始于美育，终于美育。"[2] 中国古代的教育没有明确的分科，尽管《学记》中有"六艺"，即"礼乐射御书数"等科目，其中"书"学、"礼"学等都与语文教育相关，但终究是包含与渗透的关系。古代教育分为小学和大学，其中小学主要是文字训诂之学。《汉书·艺文志》说："古者八岁入小学，故《周官》保氏掌养国子，教之六书，谓象形、象事、象意、象声、转注、假借，造字之本也。"可见，古代蒙学、小

---

[1] 靳健：《语文课程研究》，中国档案出版社2002年版，第23页。
[2] 王国维：《王国维学术文化随笔》，中国青年出版社1996年版，第149页。

学侧重于启蒙、识字,最终还是为学习"诗书礼乐"打基础的教育,因此没有现代意义上分科而设的语文课程。从母语课程的角度可以将我国古代语文教育划分为"诗教"和"文教"两个阶段。从先秦到唐代,基本上属于"诗教"阶段,"诗教"实际上是以儒家思想来言《诗》,以"思无邪"为宗旨,以"温柔敦厚而不愚"为教育培养的标准来培养治术人才的伦理道德教育实践。从唐宋古文运动到清朝末年,基本上属于"文教"阶段。"文教"是以儒家思想为指导,以排斥佛老、传授儒道为宗旨,以"文以载道"为标准来创作古文,来培养封建伦理道德人才的教育实践。[1] 由此可见,古代以儒家为代表的母语教育是以培养具有"伦理道德人才"为其核心宗旨的。如果离开了学习经史子集的具体语境,就很难谈得上传统的"语文教育"了。[2] 从另一个角度讲,传统的"伦理性"教育观实际是一种"语文文化教育论",即把语文教育和教学变成了一种"人文精神实践"。

"知识性教育"阶段,主要是指我国语文课程1904年独立设科以来到20世纪末的语文教育阶段。19世纪后半叶,经历了两次鸦片战争的清政府,在洋务运动和维新运动的影响下,颁布了一系列改革的教育法令,例如废除八股,改革科举,提倡西学等,这些都为语文的独立设科奠定了基础。1904年张百熙、荣庆、张之洞等拟订"奏定学堂章程",后称之为"癸卯学制",在中小学阶段开设"读经讲经"和"中国文学"两门与语文教育相关的课程。语文的独立设科,使母语教育从古代以儒家为代表的传统伦理性教育中脱离出来。尽管当时的语文教育仍受到传统伦理教育的极大影响,与"经学"教育紧密相连,但作为独立的课程,其科学性和知识性特征逐渐凸显出来。例如1918年11月公布的"注音字母",1920年新式标点符号的使用,"国语运动"对白话文的发展等,力图建立一套现代课程意义上

---

[1] 靳健:《语文课程研究》,中国档案出版社2002年版,第13页。
[2] 张哲英:《清末民国时期语文教育观念考察——以黎锦熙、胡适、叶圣陶为中心》,福建教育出版社2011年版,第18页。

的科学的母语学习体系。1949年新中国成立后，将原先的课程名称"国语""国文"改名为"语文"。叶圣陶在《认真学习语文》中为课程作了定性："语，就是口头语言；文，就是书面语言。把口头语言和书面语言连在一起说，就叫语文。"① 这种表述为后来语文课程的性质之争埋下了伏笔。1963年，张志公提出"语文是个工具，进行思维和交流思想的工具"。② 这种提法在当时的历史背景下具有特殊的意义和价值。强调语文的"工具性"，是为了避免使语文课程在当时"以阶级斗争为纲"的历史环境下完全沦为政治的附庸。

总体而言，20世纪将语文课程命名为"知识性教育"，是因为这一阶段是受到西方教育思想和教育制度影响的，强调语文课程中客观知识体系的建构，不断尝试用科学的理论和方法完善和发展语文课程与教学。在《奏定学堂章程》正式颁布之前，清代的管学大臣张百熙于1902年还拟订了《钦定学堂章程》。在这份章程中，张百熙比照西方的学制、分科，联系我国传统的教育学制和科目，提出了我国现代学制的实施办法。《清史稿·艺文志》称"教育之有系统自此始"。在西学东渐的影响下，西方的现代教育思想和论著被大量引进。1898年出版的马建忠的《马氏文通》，是我国第一部汉语语法专著，对我国语文教育的影响较大；1951年出版了吕叔湘、朱德熙合著的《语法修辞讲话》；1953年、1954年陆续出版了张志公的《汉语语法常识》和《修辞概要》；1963年吕叔湘发表了《关于语文教学的两点基本认识》一文。这些研究是对汉语语法和修辞方面所作的科学性探索，进而影响到语文教学的科学性价值取向。20世纪80年代对于"双基"——基础知识和基本技能的强调，对于语文的"八字宪法"——"字、词、句、篇、语、修、逻、文"的重视，成为这一阶段语文教育普遍认可的课程与教学观念。

在语文教学实践领域，辽宁的欧阳黛娜和江苏的洪宗礼在探索科学化的语文教育目标之路上取得了一定的成果。如欧阳黛娜构建了

---

① 叶圣陶：《叶圣陶语文教育论集》，教育科学出版社1980年版，第137页。
② 张志公编：《语文教学论集》，广东教育出版社1991年版，第50页。

"语文能力训练（98个训练点）与知识传授（40个专题）"的网络。① 洪宗礼以"一本书、一串珠、一条线"为基本框架，建构了"单元合成，整体训练"的语文教育教学体系。此外还有于漪的"情感教育"、李吉林的"情境教育"、钱梦龙的"导读"模式、魏书生的自学模式、宁鸿彬的思维训练、刘朏朏的作文训练、陆继春的语言训练等，他们都是在反复的、长期的教育实践基础上，提出了关于语文教育教学科学性的模式和理念。

"知识性教育"阶段的语文教育教学理论的核心，是强调基于科学主义的语文课程与教学。语文教育活动的主要特点为教学目标的精确化、教科书编排的系统化、语文知识学习的有序化、教学方法的程序化以及教学评价的标准化等。科学主义的工具理性观念对20世纪语文教育活动产生了重大的影响，也将语文教育教学理论推向了新的境界。但在追求科学有序的同时，也给语文教育教学带来了一些弊病。例如，在具体教学内容的选择上，过分重视读写知识而导致教学内容的偏失；在教学方法上，出现了训练内容的机械化、教学进程的控制化以及教学活动的模式化；在教学评价上，出现了试题取向的静态化、形式化，答案的标准化，作文评价标准的量化等弊端。②

"发展性教育"阶段，主要是指21世纪初我国新课程实施以来，对语文教育发展和建构的阶段。20世纪末出现了"语文教育大讨论"现象，许多学者对语文教学的价值和内涵进行了积极的探索和建构，并提出了许多新的语文教育教学的理论。如"言语教学论"，是一种反对工具性、科学主义的语文教学理论，代表观点为李维鼎的"语文言意论"③和李海林的"言语教学论"。④ 他们将语文的本体性知识由"语言教学"转向了"言语教学"，从词汇学、语法学和

---

① 刘国正：《中国著名特级教师教学思想录·中学语文卷》，江苏教育出版社1996年版，第440页。

② 王富仁、郑国民主编：《当代语文教育争论》，广东教育出版社2006年版，第193页。

③ 李维鼎：《语文言意论》，上海教育出版社2000年版。

④ 李林海：《言语教学论》，上海教育出版社2000年版。

语音学的语言教育转向了语境学、语用学和语感学的言语教学，并且对言语生成的过程和规律进行了探讨。王尚文提出了"语感论"，认为语文教学培养学生听说读写的能力，其核心是培养学生的语感。他认为，语感作为"一个社会的人对具有认识和情感内容的言语对象的全方位的直觉感受与反应"，作为"思维并不直接参与作用而由无意识替代的在感觉层面进行言语活动的能力"，体现了人与语言的更深刻的关系。"语感培养的过程是学生作为言语主体自觉、积极地参与言语实践的过程，在语感外化（说写活动）和言语作品内化（听读活动）的实践中不断提高自身的品位。"① 进入21世纪以来，语文教育实践领域更是涌现出一大批改革者和实践家，他们关于语文教育本真状态的追求和对语文教学理想境界的探索，可谓是孜孜不倦、不遗余力。这一时期教育价值的总体取向，则以学生的语文素养发展为核心目的。2014年以来，国家提出"中国学生核心素养"理念，进而提出各个学科核心素养的观点，这些都是与发展性教育的思想相一致的。

"发展性教育"从语文教育核心目标的角度来看，是将语文课程从原先的作为政治、伦理的附庸，作为"知识传递"的工具等，转而确立为"以人的发展为核心"的对话性教育。正是基于"以人的发展为核心"的语文教育价值追求，本书提出了"语文对话教学"的观点。语文对话教学是基于教育哲学和教学理论的探索，结合语文教学的实践反思而提出的，是对语文教学本质特征和本真状态的回归。这既是对语文教育教学理论的发展，也是语文教学实践的需要。

（三）语文教育改革理论与实践的需要

语文对话教学是以基于释义学和主客一体的哲学观，强调语文教学是以语文知识为中介，通过听、读、说、写的言语实践来提升学生的思维能力、探究能力、审美能力等综合语文素养的有效性、创造性的实践活动。语文对话教学，一方面向外拓展，构建与客观知识的

---

① 王尚文：《语感论》，上海教育出版社2006年版，第25、33、375页。

"至真"的对话，另一方面向内收摄，构建与学习者自我的"至善"的对话，进而构建学习者与他人的"至美"的对话。

2001年的《全日制义务教育语文课程标准（实验稿）》指出："语文教学应在师生平等对话的过程中进行""阅读教学是学生、教师、文本之间对话的过程"。2011年颁布的《义务教育语文课程标准》进一步强调："阅读教学是学生、教师、教科书编者、文本之间对话的过程。2003年的《普通高中语文课程标准（实验）》指出："教师要努力适应课程改革的需要，继续学习，更新观念，丰富知识，提高自身文化素养；要认真读书，精心钻研教科书，在与学生平等对话的合作互动中，加强对学生的点拨和指导，实现教学相长。""阅读教学是学生、教师、教科书编者、文本之间的多重对话，是思想碰撞和心灵交流的动态过程。"从我国新课程改革的"课程标准"（实验稿）到2011年颁布的《义务教育语文课程标准》，我们不难看出，新课程改革突出了两个方面的"对话"：一是突出了师生关系的平等，教师和学生应该在"平等对话"中合作与探究，并最终实现教学相长；二是突出了教学过程的多元性和交融性，这是一个丰富、自由、多元的学习和理解过程，最终是以提高学生的语文素养和人格发展为旨归的。

因此，"语文对话教学"的基本理念与我国新课程改革所倡导的理念有着内在的相通性，在新课程改革的背景下，我国关于"对话教学"的研究逐步升温，"对话教学"成为新课程改革中语文教育理论探索中的一大亮点。而在"主客一体"哲学视角下探究语文对话教学的内涵、特征和机制，是对语文教学理论积极建构的过程。语文课程作为母语课程，既要着重关注学生学习语文在表情达意上的工具性特征的发展，同时还要考虑学生通过语文课程的学习对中华传统文化的继承，而这些课程目标都将寓于有效的对话教学中来实现。正如詹姆斯·施蒂格勒（James W. Stigler）和希伯特（James Hiebert）所指出的："面对教育改革，尽管大部分教师都宣称，在专家建议下认真地改善了他们的教学，但实际上往往只是表面形式上的改变……在我们看来，'教学'才是推动教育改革的成功之路，'提高教学质量'

无疑是提高学生学习效果的核心问题。"[①] 因此，如果提高课堂教学的质量，是教育改革成败的关键，那么对话教学研究的正是以课堂教学为场域和核心，探究语文课堂上教师的教学目标和内容的确定、教学方法的选择以及教学评价与反馈等，这直接关系到教学改革的成效。因此，研究对话教学是我国课程改革理论建设的需要。

从实践的角度来看，语文对话教学的有效实施旨在促进对学生语文综合素养的提高：以语文知识为媒介，促进学生言语能力、思维能力、探究能力和审美能力的发展，最终促进学生主体性人格的发展。语文对话教学研究是语文教学实践的需要。一方面，语文教学的过程本身就是一种对话的活动，而这种对话的有效性是对话教学研究所关心的重点问题。语文课程的核心属性乃是"言语实践性"，正如"课程标准"所指出的："语文课程是一门学习语言文字运用的综合性、实践性课程。"语文对话教学是通过言语实践活动来积淀语文知识、历练思维能力和审美能力的过程；语文知识积淀、思维能力和审美能力的培养都是附着、依托于言语实践活动之上的。这是一个主客一体、不可分割的过程。另一方面，从语文教学实施状况来看，很多语文教师对"对话性"的理解仅仅停留在"教学方法"的层面，或者理解为浅层次"你问我答"式的对话，未能将其作为一种语文教学的基本原则和理念来认识。因此，从语文教学实践的角度来看，缺少对"对话教学"理论的深入研究，在语文教育实践当中缺乏理论对实践的指导，导致语文对话教学在实践当中存在诸多的问题和误区。因此，从语文教学的实践特性和对话教学实施现状两方面来看，语文对话教学研究都是教学实践发展的需要。

二 研究史回顾

"对话教学"从渊源上讲，可以追溯到两千多年前中国的孔子和

[①] James W. Stigler and James Hiebert (1999), *The Teaching Gap: Best Ideas from the World's Teachers for Improving Education in the Classroom*, Free Press, New York, London, Toronto, Sydney, pp. 2 – 12.

西方的苏格拉底,在之后的历史发展长河中不乏闪光的对话思想和对话理论,其中"对话教学理论"在20世纪得到了深入发展并逐步走向成熟。20世纪以前的对话教学思想尽管未形成完整、系统的理论,但在理念和实践层面对当代的对话教学是具有启示价值和意义的;20世纪的哲学、文化背景为对话理论的发展和成熟提供了语境和土壤,并促进了教育教学领域的革新。

从我国的历史渊源来看,孔子的《论语》记载了孔子和他的弟子们的言行和对话,被认为是对话教学的一种典范;孔子"兴观群怨"作为语文教学范式,无疑也可视为对话教学范式的典范。孟子则继承了孔子的思想,其"以意逆志""知人论世""知言养气"的诗教释义学理论强调了学习者与文本、与作者、与自我的对话过程。道家的代表人物老子和庄子提出了"行不言之教""上善若水""大象无形"等思想,是一种天人合一的教育境界,对对话教学具有积极的启示意义。佛教禅宗所讲的"明心见性""刹那顿悟"等思想,蕴含着丰富的哲学意味,精妙地阐释了学习的目的和方法的关系。明代心学大师王阳明的"知行合一""致良知"等哲学思想对当代语文对话教学也具有深刻的启发作用。

从西方来看,古希腊苏格拉底的对话法,也被称为苏格拉底对话(Sokratic Dialogue),被他的学生柏拉图记载下来,影响深远。苏格拉底的对话法也被比喻为"产婆术",柏拉图《美诺篇》记载了苏格拉底式的"对话教学":苏格拉底凭借发问帮助对方,即凭借发问、刺激、诱导、控制,促使对方进行思考,"靠自身、从自身引出知识",去认识真理。[①] 苏格拉底式的教育,教师和学生处于平等的地位,教学双方均可自由地思索,没有固定的教学方式,形式上通过无止境的"追问"而得到答案。因此,教师激发学生对探索求知的责任感,并加强这种责任感,这是苏格拉底的"催产式"教育原则。换言之,教育是要唤醒学生的潜在力,觉悟到"无知之知",促使学生从内部产生一种自动的力量,而不是从外部施加压力,是学生在探索中寻求

---

① [日]佐藤正夫:《教学原理》,钟启泉译,教育科学出版社2001年版,第310页。

真理和自我的永无止境的过程。

苏格拉底式对话教育思想对后代产生了深远的影响。有学者认为，从文化背景来看，18世纪"启蒙运动"是西方对话教学思想发展的里程碑。"启蒙运动"的自由、民主、平等、理性等精神可谓催生了对话教学的现代形态。但启蒙理性的主客二分性及相应的"主体哲学"的膨胀又孕育了"独白教学"的现代形态。① 20世纪杜威的对话教学思想一方面继承了个性自由、社会民主的启蒙精神，另一方面又努力克服"主体哲学"所导致的人性、社会和自然的异化。对话教学思想至此发展到前所未有的高度。杜威将传统教育概括为"静听"教育，②学生只是教学的旁观者和接受者，而不是主动的参与者。杜威学习理论的核心概念就是基于环境交互作用的"问题解决思维"（反省性思维）。"就是说，学习的经验不仅是主体与环境的交互作用，而且是同客体对话、同他人对话、同自身对话的沟通的重叠性交互作用（transaction）的经验。"③ 在心理学领域，如皮亚杰的同化、顺应理论，维果茨基的"外部语言"和"内部语言"的发展关系理论，罗杰斯的"非指导性教学"理论等，都为对话教学理论的发展提供了心理学的理论支撑。由此可见，对话教学理论具有深厚的历史积淀，并且能够汲取哲学、心理学、文学、社会学等多方面的养料来促进其自身的发展。

（一）20世纪国外对话理论的发展

20世纪，随着哲学发展方向的转向，对话理论逐渐发展成熟，并深入影响到教育对话理论的发展。其中主要受到了巴赫金、哈贝马斯、伽达默尔、格里芬、伯姆等哲学家的影响，这些哲学观念从不同层面为我们构建了一个具有多元性、开放性和交互性的世界。在20世纪哲学转向的背景下，马丁·布伯尔、弗莱雷、佐藤学等在对话教

---

① 张华：《对话教学：涵义与价值》，《全球教育展望》2008年第6期。
② [美]约翰·杜威：《民主主义与教育》，王承绪译，人民教育出版社2001年版。
③ [日]佐藤学：《学习的快乐——走向对话》，钟启泉译，教育科学出版社2004年版，第13页。

育理论方面做出了贡献。

1.20 世纪国外对话哲学的发展

巴赫金从复调小说理论等文学理论的角度首先提出了"对话理论"。巴赫金发现陀思妥耶夫斯基独创了一种此前任何小说家都不曾有的小说类型,这就是"复调小说"。陀思妥耶夫斯基打破了世界的独白模式,这种新的类型在苏格拉底的对话中已露端倪。[①]"复调理论"强调,对话关系不是存在于具体对话的对象之间,而是存在于各种声音之间,人是作为一个完整的声音进入对话关系的,即不仅以自己的思想,而且以自己的命运,自己的全部个性参与对话。在巴赫金看来,一切莫不归结于对话,归结于对话式的对立,它是一切的中心;一切都是手段,对话才是目的。巴赫金关注小说语言的"对话性",提出了"语言杂多理论",通过"对话"引起人们的倾听和关注。巴赫金对于对话中"差异性"的尊重,"使得话语不仅是表达一种赞美、祈祷、惊叹的声音,而且应该是一种在集体之中不断地商谈和约定的'谈话',是一种获得了社会意义的'对话性'的语言"[②]。从他的对话理论哲学出发,巴赫金可谓开启了对话理论发展的新时代,这对教学的启示作用在于,教学过程具有平等对话性,应该关注来自于各个"声部"的声音,从而颠覆了传统教学的话语中心和霸权主义,体现了教学中对主体的差异性和丰富性的尊重。正如巴赫金与卢卡契的争论:卢卡契认为,史诗再现的是一个完满、和谐、自足自律、统一整体的英雄岁月,而小说则展现了一个主客体对立、分裂、异化、矛盾冲突的世界,是精神发展史上的"失乐园"。巴赫金则认为,从史诗叙述到小说叙述,欧洲文明走过的是"从孤独的、文化上装聋作哑的半父权社会,迈入国际的、多语言的交流与接触社会"[③]。史诗创造的是一个语言单一的社会,在这单一社会中,神圣

---

① [俄]巴赫金:《诗学与访谈》,《巴赫金全集》第5卷,白春仁等译,河北教育出版社1998年版,第385页。
② 张柠:《对话理论与复调小说》,《外国文学评论》1992年第3期。
③ M. Bakhtin, "Epic and Novel," in *The Dialogic Imagination*, M. Holquist trans. University of Texas Press, 1981, p. 11.

传统话语被历代传诵，一个中心论、大一统的语言神话被建立起来，体现着文化的向心力和权威主义。① 因此，巴赫金所强调的小说话语的未完成性、非经典性和兼容并包性，与教育的开放性、交互性和差异性有着内在的相关性，表现了对话理论对"逻各斯中心"主义的颠覆，寻求阐释世界的丰富性和多元性之路。

哈贝马斯所提出的著名的"交往行为理论"，使得西方主体性哲学转向了主体间性哲学，也即哲学的理论基础不再以自我反思的主体意识作为出发点，而是以一个说话者和至少一个听者构成的互为主体关系的言语行为、交往行为作为出发点。② "交往行为理论"对教学产生了深远的影响，使人们逐渐走出教学的主客二元对立的困境，并形成了教学中交互主体性关系。正如哈贝马斯所指出的，任何一种沟通都可以说是主体间为了相互承认语境而相互合作解释的过程。③ 在教学当中，师生共同融入教育情境之中，并形成了不可分割的教学共同体。教学的过程就是通过师生的言语对话行为，揭示交往双方共同认可的"主体间性"结构，进而将交往双方的个人知识转化成为主体间性知识。这又回到雅斯贝尔斯的那句话上："教育不是知者随便带动无知者，而是使师生共同寻求真理。"这就决定了以"主体间性"为特征的教学活动的对话性。

释义学哲学家伽达默尔提出了"视域融合"这一重要概念。视域融合是一种澄明和理解状态，在视域的交融当中，历史和现在、客体和主体、他者和自我构成了一个无限的统一整体。以翻译为例，海德格尔指出："一切翻译就已经是解释，我们甚至可以说，翻译始终是解释的过程，是翻译者对先给予他的词语所进行的解释过程"④。当我们对某一文本进行翻译的时候，不管翻译者如何力图进入原作者的

---

① 刘康：《对话的喧声》，北京大学出版社 2011 年版，第 5 页。
② 刘放桐等编著：《新编现代西方哲学》，人民出版社 2000 年版，第 484 页。
③ ［德］哈贝马斯：《交往行为理论：行为合理性与社会合理性》，曹卫东译，上海人民出版社 2004 年版，第 69 页。
④ ［德］汉斯—格奥尔格·伽达默尔：《哲学解释学》，夏镇平、宋建平译，上海译文出版社 2010 年版，第 540 页。

思想感情或是设身处地地把自己想象为原作者，翻译都不可能纯粹是作者原始心理过程的重新唤起，而是对文本的再创造，而这种再创造受到对文本内容理解的指导。因此，翻译所涉及的是解释，而不只是重现。那么对于教育活动而言，教育的发生就是"我们不断地进入他人的思想世界"的融合理解过程，同时也是在融合理解中走进自我的过程。当个体与文本进行对话时，文本"总是对向它询问的人给出新的答案，并向回答它问题的人提出新的问题，理解一个文本就是使自己在某种对话中理解自己"①。此外，伽达默尔认为，语言是理解得以完成的形式，"语言并不只是一种生活在世界上的人类所拥有的装备，相反，以语言为基础并在语言中得以表现的乃是人拥有世界。"②关于语言，伽达默尔认为："在解释学中所预设的一切仅仅是语言。"语言即是人的存在，即是真理的展现，真理必须通过语言表达出来，但这并不是说，语言就是手段，就是工具。因为在伽达默尔看来，语言具有一种本体论的功能。它是理解的模式，也是人的存在的模式。③这与海德格尔所提出的"语言是存在的家"的内涵是一脉相承的。在语言当中形成理解，④这也是语文对话教学以"言语性"为核心特征的哲学依据。

建设性后现代主义哲学家大卫·雷·格里芬等认为，"现代性"在科学、技术和工业上取得了令人瞩目的成就的同时，也带来了分裂、虚无主义和毁灭的产生。首先，建设性后现代主义反对现代哲学的二元论和还原论，认为二元论和还原论的哲学是一种"祛魅的哲学"，最终导致了排除任何主观性经验和感觉的"自然的祛魅"⑤。到

---

① [德] 汉斯—格奥尔格·伽达默尔：《哲学解释学》，夏镇平、宋建平译，上海译文出版社 2010 年版，第 56—57 页。
② 同上书，译者序言。
③ [德] 伽达默尔：《伽达默尔集》，严平编选，上海远东出版社 1997 年版，第 16 页。
④ [德] 汉斯—格奥尔格·伽达默尔：《哲学解释学》，夏镇平、宋建平译，第 542 页。
⑤ 王治河：《别一种后现代主义（代序）》，[美] 大卫·雷·格里芬编：《后现代科学——科学魅力的再现》，马季方译，中央编译出版社 2004 年版。

了 20 世纪，当现代性的祛魅趋势几乎遍及整个世界时，后现代主义运动出现在哲学、历史学等中，它为科学的返魅开辟了道路。例如传统上认为，科学是追求真理的，只有真理才能给予我们真相。而后现代主义认为，科学既不能给我们以真理，也不能探究真理。这是因为我们的解释和感知取决于语言，取决于整体的文化，取决于那个时代的主流观念，还取决于个人的（包括无意识的）利益，取决于种族、性别和社会阶层的利益。[1] 由后现代主义带给我们的启示是对"心"与"物"关系的思考。例如，卡尔·莫普说过：我们想要做的是理解这些非物质的东西，如目的、思虑、计划、决策、理论、紧张和价值观是如何在物质世界中带来物质变化的。[2] 作为建设性后现代主义的代表之一，格里芬所关注的更多的是人与世界、人与自然的关系问题。正如怀特海所认为的，一切事物都是主体，它们都有内在的联系，所有的生物都具有平等的内在的价值。从哲学的角度来看，建设性后现代主义最大的贡献在于扭转了我们的思维定式，拓展了我们的思维视野，激活了人们创造性思维的激情。后现代课程与教学也应当是多元与开放的，在后现代哲学的指引下，对话教学正是要寻求一条取代现代性单向独白式的权威教学，由现代性的工具化教育目标转向教育教学的内在价值追求。

此外，戴维·伯姆的《论对话》可谓是一部全面论述对话理论的专著。伯姆是 20 世纪著名的物理学家、思想家、哲学家。他出于对现代技术社会人类沟通问题的忧虑，通过自身的实践，提出了他的对话理论——"伯姆对话"（Bohmian Dialogue），经尼科整理编撰后出版即《论对话》。[3] 在伯姆看来，对话是一个多层面的过程，远远超过了传统意义上所指的谈话和交流范畴。该书论述了对话的意义、对话过程的基本原理、对话的方法等问题。他指出："对话是一种开放

---

[1] [美]大卫·雷·格里芬编：《后现代科学——科学魅力的再现》，马季方译，第 12 页。

[2] 卡尔·R. 莫普：《论云彩和时钟》，[美]大卫·雷·格里芬编：《后现代科学——科学魅力的再现》，马季方译，第 25 页。

[3] David Bohm, *On Dialogue*, Edited by Lee Nichol, London and New York Press.

的自由的环境,是一个空灵之境。"① 如果只想把自己的想法灌输给别人,或者戴着有色眼镜来看待别人的观点,就根本无法进行沟通。伯姆还提出了"知识库"(pool of knowledge)的观点,认为它是经过人类长期进化和积累而成的,包括内隐知识和外显知识,我们正是通过知识库来感知和认识世界的,并对自身的活动、事件赋予一定的意义。

2. 20世纪国外对话教学理论的发展

哲学思想总是为人类开辟认识世界的新视野,落实到教育领域,马丁·布伯尔、弗莱雷、佐藤学等的思想对对话教学的发展产生了较大的影响。

马丁·布伯尔提出了对话的教育价值问题,在其作品当中他从哲学的高度深入阐释了教育与对话的内在关系,其代表作品《我与你》富有开创性地建构了对话的哲学思想,其教育著作《论教育》《品格教育》阐释了对话教学的思想,为对话教学理论的发展提供了坚实的基础。总体来讲,布伯尔的对话教学思想是站在哲学的高度阐发的,并形成以"对话"为主线的教学观、宗教教育观和道德教育观。在《我与你》中,布伯尔首先说明了世界与人生的"二重性"问题,即"你"之世界与"它"之世界的对立,"我—你"人生与"我—它"人生的对立。人置身于二重世界之中,因此人具有两种截然不同的人生观。"我—它"的世界是指,人为了自我生存和需要,把他周围的存在者和事物都当作与"我"分离的对象,是与我对立、为我所用的客体。"我—你"的世界是指,人栖身于"你"的世界,在其间与存在着的"你"相遇。② 这种"我—你"的关系也即"对—说"(speak to)关系,而并非"我—它"关系中的"言及"关系(speak about)。"你"呈现在对话中,"我"生存于与"你"的关系里。"我"从不放弃对人之实在性的信仰,他走出去与人相遇,故而他与

---

① [英]戴维·伯姆:《论对话》,李·尼科编,王松涛译,教育科学出版社2004年版,第19页。
② [德]马丁·布伯尔:《我与你》,陈维刚译,生活·读书·新知三联书店2002年版,前言。

他们共居于实在之中。① "我—你"的"关系世界"又呈现出三种境界：其一是与自然相关联的人生，"此关系漂浮在幽冥中，居于语言无法降临的莫测深渊"。其二是与人相关联的人生，这是公开敞亮、具有语言之形的关系。其三是与精神实体相关联的人生。此为无可言喻但创生语言的关系。② 布伯尔还区分了对话的三种类型：真正的对话（genuine dialogue）、技巧性的对话（technical dialogue）和貌似对话的独白（monologue disguised as dialogue）③。应该说，布伯尔的对话教学理论创造了一种教育的理想境界，阐释了教育的真正意义和价值。从教学来看，只有当师生进入"我—你"的关系世界，打破独白与灌输，走向对话与相遇时，教育才真正地发生了。

将对话理论直接应用于教育领域，应该"首推当代巴西教育家保罗·弗莱雷"，"他倡导的对话教育在国际上获得了广泛的影响"。④ 保罗·弗莱雷（Paulo Freire）在其《被压迫者的教育学》中，在揭示灌输式教学弊端的基础上，深刻阐释了对话的实质、条件和特征，进而指出教育和教学应该是对话式的，是一种对话性、创造性的活动。弗莱雷认为："只有通过交流，人的生活才有意义。只有通过学生思考的真实性，才能证实教师思考的真实性。"在该书中，弗莱雷为我们呈现了两种教育形态。一种是"灌输式教育"（"banking" concept of education），一种是"提问式教育"（"problem-posing" education）。灌输式教育是把教育看作一种存储行为，教室作为"存储器"向学生这个"容器"灌输知识。"知识是那些自以为知识渊博的人赐予在他们看来一无所知的人的一种恩赐……他们否认了教育与知识是探究的过程。"⑤ 他认为，教育是一种自由的实践活动。对话关系是教育

---

① ［德］马丁·布伯尔：《我与你》，陈维刚译，生活·读书·新知三联书店2002年版，第86页。
② 同上书，第20页。
③ 同上书，第37—38页。
④ ［英］戴维·伯姆：《论对话·译丛总序》，李·尼科编，王松涛译，教育科学出版社2004年版，第11页。
⑤ ［巴西］保罗·弗莱雷：《被压迫者教育学》，顾建新等译，华东师范大学出版社2001年版，第25页。

作为自由的实践的精髓。弗莱雷的名言是：教育绝不是意见中立的过程。教育的功能是引导人们融入他们的社会，这是一种"自由的实践"（practice of freedom），让人们批判性地对待生活现实，发现并参与到对世界和生活的变革中来。① 此外，与后现代哲学的观点相似，弗莱雷把对话的精髓归结于"词"（word），词不仅是实现对话的工具，而且具有"行动与反思"的性质。人类不可能在沉默中生存，因此，人需要命名（name）世界，人类不是在沉默中，而是在词中，在行动—反思中被造就的。② 弗莱雷还具体论述了对话发生的条件：（1）缺乏对世界、对人的挚爱，对话就不可能发生。（2）没有谦虚的态度，对话也不可能发生。（3）对话需要对人类深信不疑，对他们的制造与再制造、创造与再创造的力量深信不疑，对人能变得更加完美的使命深信不疑。（4）离开了希望，对话也同样不能存在。希望扎根于人的不完善之中，人通过不断探索摆脱不完善——这种探索只有在与他人的沟通中才能实现。（5）除非对话双方进行批判性思维，否则真正的对话将无从谈起。③ 弗莱雷提出"对话教学"后，对我国教育界产生了较为广泛的影响。

日本学者佐藤学在其《静悄悄的革命》④ 等著作中，提出了"学习共同体"的概念。佐藤学称："课堂上正在发生着宁静的革命，建立以倾听和对话为基础的学习共同体。"学习共同体是对话的基础，是通过针对"同一性"的格斗而实现的尊重"差异"的共同体，是"交响乐般的共同体"⑤。而对差异的尊重是对话教学开展的前提，进而形成多声部的对话。在其《学习的快乐——走向对话》中，佐藤学将学习的传统归结为"修炼的传统"和"对话学习的传统"，前者是追求自我完善的行为，后者是通过与他人的沟通，展开探究对象意义

---

① Gramsci, Freire, *Adult Education*: *Possibilities for Transformative Action*, by Peter Mayo, Macmillan, 1999, ISBN 1-85649-614-7, pg 5.
② ［巴西］保罗·弗莱雷：《被压迫者教育学》，顾建新等译，第38页。
③ 同上书，第38—41页。
④ ［日］佐藤学：《静悄悄的革命》，李季湄译，长春出版社2003年版。
⑤ ［日］佐藤学：《学习的快乐——走向对话》，钟启泉译，教育科学出版社2004年版，第384页。

的行为。

佐藤学在其《教育方法学》中提出了学习活动所包含的"三种实践"：学习者不仅与教学内容相遇、对话，与教室内外的他人相遇、对话，也不断与自身相遇、对话。① 这种关于对话教学内涵的描述，包括了与文本相遇、与师生同伴相遇和与自身相遇的教学过程。这三种实践又是主客一体、不可割裂的整体。此外，佐藤学还对"课堂对话结构"作了深入的探讨，认为课堂中对话的基本单位可用"IRE"结构来表示，即由"教师主导的提问和指示（I）""学生的应答（R）"和"教师的评价（E）"组成。② 而这种结构的不断循环乃是课堂对话的显著特性。

日本佐藤正夫从"教学中的对话"的历史、性质、手段和模式等方面进行了深入的研究，认为教学中的对话作为一种教育现象，必然受到师生关系的制约，因此，教师的发问、激励对师生的对话具有重要意义。而且教学中的对话是以教师指导为特征的，就是说，教师制定对话的目标与计划，为引导学生发展智力与德性提供了一定的方向。佐藤正夫具体探讨了课堂上教师引导学生进行对话教学的手段：（1）发问。发问要明白、准确；发问应当是学生能够理解的；不应当过分运用二选一的发问；寻求定义的发问应审慎运用；应避免重复连锁式的发问。（2）刺激。包括语言刺激、实物刺激和手势刺激。

此外，美国尼古拉斯·C. 博布勒斯（N. C. Burbules）教授在其著作《教学中的对话——理论与实践》③ 中对对话教学进行了系统的探讨。亚历山大·M. 西多金（A. M. Sidorkin）博士在其著作《超越话语——教育，自我与对话》中从哲学批判的角度对教育中的对话进行了研究。④ 日本池野正晴提出，"对话"不仅应作为教育手段，而且应

---

① ［日］佐藤学：《教育方法学》，于莉莉译，教育科学出版社2015年版，第84页。
② ［日］佐藤学：《课程与教师》，钟启泉译，教育科学出版社2003年版。
③ N. C. Burbules, *Dialogue in Teaching: Theory and Practice*, New York: Teachers College Press, 1993, p.1.
④ A. M. Sidorkin, *Beyond Discourse: Education, the Self, and Dialogue*. New York: State University of New York Press, 1999.

作为教育的目的和内容。① 美国尼古拉斯·C. 博布勒斯与伯特伦·C. 布鲁斯（Bertram C. Bruce）认为："对话（dialogue）是一种教学关系，它以参与者持续的话语投入为特征，并由反思和互动的整合所构成。"②

（二）我国当代对话教学的研究现状与发展

自 2001 年教育部颁布《基础教育课程改革纲要（试行）》至今，我国新一轮基础教育课程改革（以下简称"新课改"）已有十余年之久。我国当代对话教学研究，正是在新课改的背景下逐渐升温并成为热点问题的，人们从不同的视角和层面对"对话教学"进行了研究。据 CNKI 统计，自 2001 年到 2012 年，公开发表的期刊论文以"对话教学"为题的共计 1297 篇，各大高校的硕士论文共计 102 篇，博士论文共计 6 篇。这些数据足以表明，在新课改实施的十余年里"对话教学"研究在我国受到广泛关注并逐步发展。这些研究涉及对话教学的各个层面，总体上可以分为对话教学的理论研究和实践研究等。

1. 相关著作

我国当代关于对话教学的著作有十余部，按照出版时间的先后，有金生鈜的《理解与教育——走向哲学解释学的教育哲学导论》③，该书用专章阐释了对话教学"师生关系"的特性；郑金洲主编，程亮、杨海燕、刘耀明等编著的《对话教学》，④ 系统论述了对话教学的相关理论；靳玉乐主编、沈小培、郑苗苗、李宝庆编著的《对话教学》，⑤ 结合大量案例系统地研究了对话教学的理论及其实践；王向华的《对话教育论纲》⑥ 从教育哲学的角度，系统阐释了对话、人类

---

① ［日］池野正晴：《走向对话教育——论学校教育中引进"对话"视点的意义》，钟启泉译，《全球教育展望》2008 年第 1 期。

② N. C. Burbules, & B. C. Bruce, "Theory and Research on Teaching as Dialogue," In V. Richardson (ed.), *Handbook of Research on Teaching* (Fourth Edition), Washington, DC: American Educational Research Association, 2001, p. 1113.

③ 金生鈜：《理解与教育——走向哲学解释学的教育哲学导论》，教育科学出版社 1997 年版。

④ 程亮、杨海燕、刘耀明等编著：《对话教学》，福建教育出版社 2005 年版。

⑤ 沈小培、郑苗苗、李宝庆编著：《对话教学》，四川教育出版社 2006 年版。

⑥ 王向华：《对话教育论纲》，教育科学出版社 2009 年版。

存在与教育之间的关系；屠素凤的《语文教学有效对话的实践探索》①探讨了语文教学的有效对话理论认识与课堂实践；张兰花、王西兰主编的《对话教学能力的培养》②论述了对话教学的理论、策略、评价等；王松涛的《对话教育之道 做自觉对话的教育者》③就教育中对话的意义与价值，如何将对话融入教学，如何做能对话的教师等进行了阐述；李森、伍叶琴主编的《有效对话教学——理论、策略及案例》④，深入探讨了对话教学的内涵和实践模式；张光陆的《解释学视域下的对话教学》⑤探讨了教学中师生交往话语的问题；沈晓敏的《对话教学研究》⑥探究了对话教学与公民素质教育、教材开发、策略指导等；李峰的《对话教学》⑦围绕品德课对话教学展开研究；黄伟的《提问与对话：有效教学的入口与路径》⑧，专门从课堂提问和对话教学的角度展开了论述。

专门研究语文对话教学的专著有王尚文的《语文对话教学论》⑨，邢秀凤的《语文课堂对话艺术》⑩，孙建军编著的《语文对话教学》⑪，以及孙建锋的《小学语文：享受对话教学》⑫等。王尚文的《语文对话教学论》从语文生活与对话谈起，探讨了语文教育中的倾听、语感等问题，探究了在阅读教学中的主体间性、张力、期待视野，以及写作教学中的倾听、自我话语等问题。该书提出了语文教育中"言语声音"是视域融合的最佳途径这一观点，并提出通过"对话"实现语文教育回归感性的教学本位。该书从语文教育的内涵和本

---

① 屠素凤：《语文教学有效对话的实践探索》，浙江人民出版社2009年版。
② 张兰华、王西兰主编：《对话教学能力的培养》，内蒙古大学出版社2009年版。
③ 王松涛：《对话教育之道 做自觉对话的教育者》，教育科学出版社2010年版。
④ 李森、伍叶琴主编：《有效对话教学——理论、策略及案例》，福建教育出版社2012年版。
⑤ 张光陆：《解释学视域下的对话教学》，中国社会科学出版社2012年版。
⑥ 沈晓敏：《对话教学研究》，北京师范大学出版社2014年版。
⑦ 李峰：《对话教学》，凤凰出版社2014年版。
⑧ 黄伟：《提问与对话：有效教学的入口与路径》，浙江大学出版社2016年版。
⑨ 王尚文：《语文对话教学论》，浙江教育出版社2004年版。
⑩ 邢秀凤：《语文课堂对话艺术》，东北师范大学出版社2005年版。
⑪ 孙建军编著：《语文对话教学》，复旦大学出版社2008年版。
⑫ 孙建锋：《小学语文：享受对话教学》，西南师范大学出版社2009年版。

质出发，探讨了语文对话教学的特征与策略。孙建军编著的《语文对话教学》结合案例探究了语文对话教学的概念和要素、特征、策略、途径和方法、评价等。

除了专著外，还有一些著作利用章节对语文对话教学展开了探讨。如倪文锦、谢锡金主编的《新编语文课程与教学论》①，靳健等主编的《中学语文课程与教学设计》②，王荣生的《语文科课程论基础》③ 等专门就对话教学的理论和实践探索展开讨论。《新编语文课程与教学论》从语文教学范式的时代转型入手，提出语文教学从"授受"走向"对话"的范式转向问题，并提出了语文对话教学的四大理论支架：指向自我实现的教学目的观、教学合作观、交往生成方法论以及深度师生关系的建构，该书还论及了语文对话教学的实践模式，以及"假对话"的表现形式和应对措施。靳健在《中学语文课程与教学设计》中，从古代教育思想的角度阐发了孔子、孟子等教学中所蕴含的对话教学思想和模式。王荣生在《语文科课程论基础》中，探讨了"阅读对话理论"与"教学对话理论"的内涵，进而提出对话教学理论在语文教学界"维权用法"等观点。

2. 相关论文

通过中国知网检索，2001 年至 2015 年以对话教学为题的论文共有 2049 篇。从图 0-1 可以看出其基本的关注程度和 15 年里的分布态势。

这些论文中关于对话教学的理论研究很多，如对话教学的本质和内涵、策略和方法、评价与反馈等。此外还包括课程标准与对话教学、教材研究、师生关系研究、课堂组织策略研究，以及对话教学的误区探讨等。关于对话教学研究的课程主要有语文、英语、数学、历史、音乐、物理、体育等，其中以关于语文和英语的研究居多。

关于语文对话教学研究的内容主要有：语文对话教学的本质和内

---

① 倪文锦、谢锡金主编：《新编语文课程与教学论》，华东师范大学出版社 2006 年版。
② 靳健、马胜科主编：《中学语文课程与教学设计》，高等教育出版社 2014 年版。
③ 王荣生：《语文科课程论基础》，上海教育出版社 2005 年版。

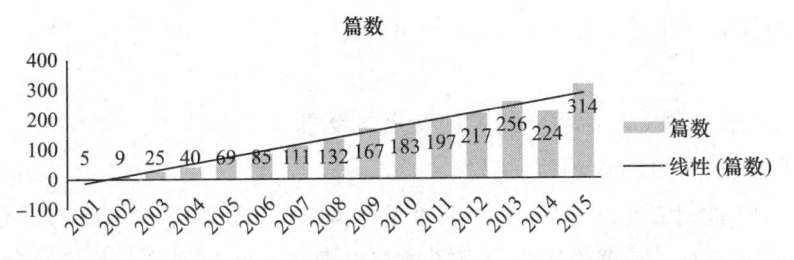

图 0-1　2001—2015 年有关"对话教学"的 CNKI 期刊论文统计

涵、语文对话教学实施的策略和方法、语文课程标准与对话教学、语文教材的对话研究、语文对话教学的师生关系、对话教学与语文知识建构、语文课堂对话教学以及语文对话教学的评价等。还有很多论文针对不同的教学内容，如阅读教学、写作教学、识字写字教学、口语交际教学、文言文教学、古诗词教学等展开具体研究，其中阅读对话教学研究是备受关注的焦点和热点。

从论文的影响来看，张增田、靳玉乐发表了关于新课程背景下对话教学研究的系列论文；[①] 张华就对话教学的含义、特征与价值、对话教学的知识观、方法论[②]等发表了系列论文；钟启泉的《对话与文本：教学规范的转型》[③] 和刘庆昌的《对话教学初论》也具有较大的影响；[④] 张光陆[⑤]就对话教学中教师与环境等问题发表了系列论文。关于对话教学的研究尤其以华东师范大学和西南大学居多，其博士、硕士学位论文的数量分别为 34 篇、32 篇，占到 CNKI 以对话教学为

[①] 张增田、靳玉乐：《新课程背景下的对话教学》，《西南师范大学学报》（人文社会科学版）2004 年第 9 期；张增田、靳玉乐：《论对话教学的课堂实践形式》，《中国教育学刊》2004 年第 8 期；张增田：《对话教学的课堂设计：理念与原则》，《课程·教材·教法》2008 年第 5 期。

[②] 张华：《对话教学：涵义与价值》，《全球教育展望》2008 年第 6 期；《解释学视域下的对话教学：特征与价值》，《教育发展研究》2011 年第 6 期；《试论对话教学的知识基础》，《全球教育展望》2009 年第 3 期；《重建对话教学的方法论》，《教育发展研究》2011 年第 11 期。

[③] 钟启泉：《对话与文本：教学规范的转型》，《教育研究》2001 年第 3 期。

[④] 刘庆昌：《对话教学初论》，《教育研究》2001 年第 11 期。

[⑤] 张光陆：《对话教学中的教师倾听》，《全球教育展望》2011 年第 10 期；《对话教学的课堂话语环境：特征与建构》，《全球教育展望》2012 年第 2 期。

题的优秀学位论文总量的 31% 和 30%。

（三）语文对话教学研究的特点与反思

1. 语文对话教学的内涵探讨

20 世纪末至今，我国关于对话教学的研究取得了丰富的成果，但总体来说，其理论建构研究还处于探索和发展的阶段，关于对话教学的理解和认识还存在很多争议和分歧。

张华指出："对话教学不是一种具体的教学模式、方法或技术，而是一种融教学价值观、知识观与方法论于一体的教学哲学。"[①] 刘庆昌认为，对话教学是以对话为原则的教学，是师生双方精神敞开的互动交流，是民主的、平等的教学，是沟通的、合作的教学，是互动的、交往的教学，是创造的、生成的教学，是以人为目的的教学。[②] 靳玉乐认为："对话教学是相对于传统独白式教学而言的，是以沟通性的'对话'为其本质教学的。"[③] 此外，作为"对话教学"的对立面，许多学者将靶子定位在传统教学的弊端上，如"灌输式的教授""只见知识不见人"现象等。钟启泉从"教学""教材"概念的重构出发，从教学范型的转换为"对话"教学创设了理论平台，他指出，相对于传统的教师向学生单向度传授的教学，现代教学则是多元化、高密度的交往过程，其间有"多种多样、多层次、多维度的交流情境与交流关系"。[④]

语文对话教学研究领域较早提出相关概念的是王尚文，他认为，语文教学活动是一种对话，是学生、教师、文本等主体间多重对话的交织，而且听、说、读、写实质上都是一种对话活动。[⑤] 郑国民、黄显涵在《对话理论与语文教育》中也列举了语文对话教学的特征：

[①] 张华：《对话教学：涵义与价值》，《全球教育展望》2008 年第 6 期。
[②] 刘庆昌：《对话教学初论》，《教育研究》2001 年第 11 期。
[③] 张增田、靳玉乐：《论新课程背景下的对话教学》，《西南师范大学学报》（人文社会科学版）2004 年第 9 期。
[④] 钟启泉：《对话与文本：教学规范的转型》，《教育研究》2001 年第 3 期。
[⑤] 王尚文：《对话：语文教学的新观念》，《浙江师范大学学报》（社会科学版）2001 年第 5 期。

首先，语文教学过程应该是师生基于真诚和爱的合作过程；其次，语文教学应该充满信任与希望；再次，语文教学应充满创新与追求；最后，学生在语文学习中应该具有批判性意识。①

从作为教学精神和原则的教育理念出发，对话教学的内涵可界定为：对话教学是一种开放的、参与的、探究的教学态度、思维和行为，强调在一定的知识问题情境中的反思、互动、生成和创造，并且以双方精神敞开和融合的民主、平等的师生关系为重要特征。从语文对话教学的独特品性来看，语文课程是在对话中促进学生积淀语文知识，历练言语能力、思维能力、审美能力及情感态度的实践活动。它具有主体性、言语性、思维性和知识性等特征。其中言语性是其显著性特征之一。言语活动本身就是一种对话活动，学习者总是通过阅读、背诵、复述、表达等形式，通过与教师、文本、教科书编者、学生的对话，实现言语对自身发展的促进。此外，从语文课程的内容来看，文学阅读的丰富性和多义性也决定了语文教学是一种对话的教学，在对话的环境中，体验、感受、发掘文本丰富性的过程正是语文教学的创造性特征之所在。

基于此，我们力图从两个层面揭示语文对话教学的内涵。一方面，语文对话教学具有对话教学的基本特征：在民主、平等的师生关系中，展开批判性的、反思性的教学，具有创造性和生成性，以主体性人格的培养和建构为旨归。另一方面，语文对话教学是一个主客一体的过程，它始终以语文知识问题情境为核心，通过学生、教师、教科书编者、文本之间的多重对话，实现学习主体的言语能力、思维能力、知识能力、审美能力等综合语文素养的提升。

2. 语文对话教学的价值分析

语文对话教学价值的探讨，主要包括对于语文对话教学的教学目的观、知识观、教材观和师生观的理解和认识。

（1）语文对话教学的目的观

从普遍意义上讲，对话的目的是交流与沟通。戴维·伯姆将对话

---

① 郑国民、黄显涵：《对话理论与语文教育》，《语文教学通讯》2003年第15期。

喻为一种流淌在人们之间的意义的溪流，它使所有对话者都能够参与和分享这一意义之溪，并因此能够在群体中萌生新的理解和共识。[①]教育家马丁·布伯尔也指出，教育的目的不是告知后人存在什么或必会存在什么，而是晓谕他们如何让精神充盈人生，如何与"你"相遇。[②] 因此，语文对话教学相对于以知识传授为中心的教育而言，是以人的发展和塑造为旨归的教育，是通过知识问题情境之下的多重对话，最终提升学生的言语能力、思维能力、情感能力、审美能力的过程。其中言语能力就包括听、读、说、写的能力，思维能力包括了对语文知识的识记、领会、运用、分析、综合和评论的能力，情感能力即学生对语文知识学习的意愿、行动、批评、建构和创造的能力，以培养学生良好的情感态度与价值观念。

（2）语文对话教学的知识观

语文知识具体包括语文的名物知识、方法知识和理论知识，分别使学生习得和掌握"是什么""如何是"和"为什么"。对话教学的知识观，是将语文知识与学习主体的建构与探究融为一体的，教学的状态是圆融汇通的，包含了学生知识能力、言语能力、思维能力和情感能力的共同发展的过程。因此，我们认为，语文对话教学的核心是创设一个语文知识问题情境，将语文知识与思维、言语、情感紧密地联系和统一在教学活动当中。

例如，藏区汉语教材中有一则寓言《自相矛盾》，故事本身浅显、易懂，如果老师仅局限于寓言故事的教育意义，对于寓言的"言"的理解不到位，那么就会造成"言不及义"的状况。因此，"言"本身是一个知识语境，学生只有真正理解了"言"的内涵，才能由"言"及"意"。

师：让我们首先看看"矛"是什么意思啊？

[①] ［英］戴维·伯姆：《论对话》，李·尼科编，王松涛译，教育科学出版社2002年版，第6页。

[②] ［德］马丁·布伯尔：《我与你》，陈维纲译，三联书店2002年版，第36页。

生众：古代兵器。

师：用来做什么？

生众：刺杀。

师："盾"呢？

生：古代用来抵挡、保护自己的。

师：世界上竟有如此锋利的矛，如此坚硬的盾，那么如果你是围观者，你会怎么想，怎么说？或者，请你首先告诉我，换做是你，会买吗？为什么？

生：不买，在吹牛。

师：你怎么知道他在吹牛啊？

生：他的矛最锋利，盾最坚固，是矛盾的。

师：对，因为他说的话自相矛盾。

师：好的，我昨天收到一张请假条："老师，我今天可能一定是生病了，请一天的假。"大家看有什么问题？

生：（略）

师：好，谁能用"自相矛盾"造一个句子？

生：（略）

执教的马老师从"矛盾"的"言"入手，进而上升到学生对于"意"的理解，再通过"造句"，进行言语训练并检验学生对"矛盾"的理解。因此，在语文对话教学中，语文知识既不是作为待传授的客观知识存在，也不是学生主观的理解，而是在学习者与环境交互作用的过程中逐渐建构形成的知识。

（3）语文对话教学的教材观

语文教科书是语文教学内容的重要载体，语文对话教学包含着教师学生与作者、教科书编者、文本之间的多重对话。王尚文在《语文对话教学论》中提出了"教材：特殊的对话者"的观点。李铁范、李旺兴在《论语文对话教学》[①]中探讨了对话型教材所应具备的特

---

① 李铁范、李旺兴：《论语文对话教学》，《课程·教材·教法》2006年第6期。

点：教材应是一种潜在的未完成的文本，教材设计要激发学生发现、分析、解决问题的兴趣，并且要注意通过创设各种有意义的情境，激活学生已有的体验，加强与生活的联系和沟通。对话教学的教材观是将教材看作最基本的文本资源，利用好教材开展学习者与文本、教科书编者以及与作者之间的精神交融和对话，而不是将教材看作唯一的、客观的知识载体。

例如，在我国新编教材中，一年级下册《姓氏歌》的课后习题是这样设计的：

1. 生字描红、书写（略）。
2. 朗读课文，背诵课文。
3. 照样子做问答游戏。
你姓什么？我姓张。什么张？弓长张。
你姓什么？我姓方。什么方？方向的方。
4. 选做：说一说班里的同学都有哪些姓？

在语文教材中，通过单元活动、课后开放性的习题、资料链接、问题探究等形式的设计，体现了语文对话教学的教材所应具备的丰富性、多元性、不确定性等特点。此外，教师对于教材的处理和使用，也应该基于对话教学的原则，让教材成为激发学生发现、体验、建构和创造的重要资源。

（4）语文对话教学的师生观

师生关系的重建是对话教学的显著特征。弗莱雷在其《被压迫者教育学》中提出了对话教学中师生角色的界定，认为"教师的学生"与"学生的教师"两种角色不复存在，取而代之的是一对新术语："称作教师的学生"和"称作学生的教师"。[①] 金生鈜认为，在教师和学生的教育交往中，对话和理解构成了新型的师生关系，即"我—

---

① ［巴西］保罗·弗莱雷：《被压迫者教育学》，顾建新等译，华东师范大学出版社 2001 年版，第 31 页。

你"的关系。这是第一人称和第二人称的关系,双方都亲临在场,在精神的深处被卷入、沉浸与被吸引到对话之中。① 这种从哲学角度看到的"我—你"关系,是一种主客一体的精神境界,而非将教育对象看作"它者"的主客二分的教育境界。这种师生关系具有平等、民主、沟通、理解和尊重差异性等特点。

3. 语文对话教学的策略与方法研究

对话教学在教学策略和方法上与以往的教学有何不同?一些研究者在谈及对话教学策略时,将小组合作法看作对话教学的典型策略。这种理解是不够准确的。一方面,教学方法本身是中立的,在不同的学习内容、不同的学习对象面前,教学方法是千差万别的,要根据实际情况因地制宜地确定。另一方面,评判对话教学的策略和方法关键是看教学是否具有了对话的特征。如果缺失了精神的平等、对个体创造性和差异性的尊重以及有效的知识问题情境下言语、思维的生成,都无法称得上是真正意义上的对话教学。从这个意义上讲,问答法也可能是在教师的权威引导下,对预设的标准答案的猜测;小组合作法也可能会流于表面的形式而缺乏实质的对话和交流。

从教学策略和方法来看,对话教学并没有特定的形式。如在新课程改革当中,尽管大力倡导参与式、启发式、合作式的教学方法,但传统的讲授法、练习法等同样是课堂中需要提倡的方法。从语文对话教学来看,教学的目的和关注的核心是促进学生的主体性发展,通过学习主体与教师、文本、作者、教科书编者等的多重对话活动,促进学生语文素养的提升。因此,"对话"和"讲授"并非对话教学方法的"两极"。波尔诺夫认为,"对话"代表了非连续的形式,"讲授"则指向和谐的、连续发展的"陶冶","讲授"和"对话"拥有各自的功能。而单向的"讲授"往往受权力性、非人性态度的左右,因此,为维护和实现现代的人性,"讲授"也必须是对话式的。②

---

① 金生鈜:《理解与教育——走向哲学解释学的教育哲学导论》,教育科学出版社1997年版,第137页。
② [日]池野正晴:《走向对话教育——论学校教育中引进"对话"视点的意义》,钟启泉译,《全球教育展望》2008年第1期。

有学者就重建对话教学的方法论问题展开了专门的研究，认为重建对话教学的方法论意味着走出技术主义的窠臼，让教学基于批判意识和反思性实践之上。① 这对对话教学的方法研究无疑具有积极的启示价值。因此，从根本上讲，语文对话教学本身有其哲学基础和价值追求，对话教学的提出并非为了发明一种新的教学模式或教学方法，而在于创造一种规避教学中所出现的控制与被控制、压迫与被压迫的新的教学哲学。② 这种新的教学价值观必然孕育着新的教学认识论和方法论的诞生。

4. 语文对话教学研究的问题与反思

（1）语文对话教学的基本概念需进一步厘清

在语文对话教学研究中，"对话式教学"与"独白式教学"常常作为对立的一组概念被提出来。有学者提出，对话教学要实现教育理念从"塑造"到"交往"、课程观从"蓝本"到"文本"、教育实践形态从"独白"到"对话"的转变。③ 又如"作为一种新的教学理念和教学形式，对话教学既是对'独白式'传统教学的解构，也是对新型课堂教学范式的重构"④。也有学者对这种说法提出了质疑："独白教学"本身是一个矛盾的词语，且"独白"本身不是教学。⑤ 将"对话式教学"和"独白式"教学作为一组概念提出的时候，是要强调教学中交往行为的特点。"独白式教学"尽管在概念上有待厘清，但作为对一种专制的、表演式的、唯知识中心论的教学现象的描述性表述，还是比较贴切的。它反衬出"对话教学"的民主和平等、理解和沟通、发现与创造以及以人的发展为中心等特点。

一些文章从研究的方便性出发，将"传统教学"作为"对话教学"的对立面。而"传统教学"的概念也有待厘清。何谓"传统教

---

① 张华：《重建对话教学的方法论》，《教育发展研究》2011年第22期。
② 张华：《对话教学：涵义与价值》，《全球教育展望》2008年第6期。
③ 蔡春、扈中：《从"独白"到"对话"——论教育交往中的对话》，《教育研究》2002年第2期。
④ 黄福艳：《关于语文对话教学的再思考》，《语文建设》2010年第4期。
⑤ 高向斌：《"对话教学"八问》，《教育科学研究》2010年第4期。

学"？是中国古代的"传统教学"还是20世纪的"传统教学"，抑或是20世纪末的教学？因此，如果从时间范畴理解"传统"二字，显然会产生歧义。因为通过对对话教学的历史考察不难发现，"对话教学"并不是作为时间范畴的"传统教学"的对立面和新生事物而提出的，时间范畴下的"传统教学"，蕴含着丰富的对话教学形态，是值得传承和发扬的。因此，在"传统教学"与"对话教学"的概念范畴里，"传统教学"的内涵就相当于"独白式教学"，即以话语霸权和专制为特征的教学，而非时间意义上的"传统"。

"对话教学"与"教学对话"也是常常被混淆的一组概念。有文章提到，"对话型语文阅读教学，顾名思义就是采取了教学对话方式的一种教学形态"。那么，"对话教学"与"教学对话"是同一的概念吗？"教学对话"偏重于将"对话"作为一种教学方法、教学手段、教学技术来看待，而"对话教学"则是一种融汇了教学价值观、知识观和方法论的教育概念。

关于语文对话教学，王荣生指出，语文教学中的"对话理论"具有双重的含义："阅读对话理论"和"教学对话理论"。"阅读对话理论"侧重于西方文学批评理论对阅读教学的影响，"教学对话理论"则源于解释学在课程与教学研究中的应用，与主体性教学、合作教学以及建构主义理论、批判教育学、后现代课程观也有直接的关系。[①] 王荣生对语文教学领域中两个概念的厘清，无疑是语文对话教学的重要理论发展，既指出了"语文对话教学"的独特性，又为进一步研究语文对话教学奠定了基础。这两个概念内涵和所指不同，但实质上二者是有相通之处的。阅读对话理论将引领语文阅读教学朝着文本解读的丰富性、多元性方向前行，尊重读者（师生）的理解，在读者（师生）的阐释中实现文本的"再创作"。这与阐释学下的教学对话所倡导的开放、多元、创生性的教学活动在理念上是一致的。究其原因，西方文学批评理论如复调理论、新批评理论、读者理论等，也是受到20世纪西方哲学转向的深刻影响而发展起来

---

① 王荣生：《语文科课程论基础》，上海教育出版社2005年版，第161—162页。

的。因此，阅读教学的对话理论所强调的文本多义性和不确定性特征，为创造性地、建构性地开展教学活动提供了保障；同时，对话教学所创造的教学实践环境，为形成丰富而多元的阅读阐释和创造提供了保障。这种良好的教学实践环境就包括：教师尊重和关注学生的个人阅读体验，学生拥有积极参与的阅读态度，不同的声音和批判质疑得到包容和鼓励等。

（2）语文对话教学须加强理论建构

语文对话教学作为一种教学理论提出，还需要进一步加强理论的建构。从内涵来讲，语文对话教学不但有着一定的哲学基础和价值追求，而且关于语文课程、语文教学、师生观、语文知识、教学策略与方法等，都应有不同于一般教学或一般对话教学的系统阐释。

张华提出，对话教学应具备三点基本价值。[①] 第一，创造与变革。"对话教学论"有着"创造教育学"（pedagogy of creation）或"变革教育学"（pedagogy of transformation）的特征。第二，丰满的人性。"对话教学论"是一种"人本教育学"（humanist pedagogy）。第三，批判性民主。"对话教学论"是一种"民主教育学"（democratic pedagogy）。这种新的教学价值取向必然孕育新的教学认识论和方法论。王向华指出，"在当前的学校教育现实中，从形式上看，对话使用比较频繁，但事实上只是被当作一种达到目的的手段或背景"[②]。正是由于这种对对话理论认识的不足与偏差，造成了对话教学交往在实践中的实质性缺失。她进一步指出，通过对话理论构建现代教育，重塑一个以对话为特征的教育世界，理应成为人类教育发展的一种追求。

语文对话教学的理论建构，需要从语文课程的理解开始。靳健提出，语文课程是教师以语文知识为中介，涵养学生的言语能力、思维能力和情感态度的一种实践活动，是学生积淀语文素养、发展主体性人格的一种学习过程。[③] 首先，对语文课程特性理解的核心是言语性，

---

① 张华：《对话教学：涵义与价值》，《全球教育展望》2008 年第 6 期。
② 王向华：《对话教育论》，《教育研究》2010 年第 9 期。
③ 靳健：《语文课程研究》，中国档案出版社 2002 年版，第 11—12 页。

包括聆听、阅读、对话、写作、探究、审美等方面，语文课程的"言语性"决定其与对话教学的适切性。自20世纪语言学发生转向以来，人们逐渐认识到语言并非传统观念中认识世界的一种"工具"，语言具有本体性，语言是存在的家。因此，学习语言的最好方法是"被语言说"，学生在与教师、与文本、与作者、与自我等进行多重对话的过程中，进行言语实践活动，从而提升学生的语文基本素养。离开了言语实践训练的语文教育，则背离了语文课程的基本特性和语文教学的规律。其次，语文阅读、审美等活动本身具有多元性和丰富性的特征，这决定了语文课程开展对话教学的必要性。语文课程培养的目标不是让学生掌握客观的、系统的语文知识，而是通过体验、感受、反思等过程，历练学生的言语能力和思维能力、丰富学生的情感体验、提升学生的审美情趣。在一个教师的"声音"为唯一权威的语文课堂内，学生从事多元解读和审美鉴赏的可能性非常小；只有当教师充分尊重文本的丰富性特征，尊重学生的主体人格和创造性时，阅读的丰富性才能在多元化的理解中得以彰显，学生创造性的言语实践才能受到鼓舞。在语文课程当中，文学作品占有相当大的比例，而文学的最大特征在于"想象"，这与对话教学所提倡的对差异性的尊重有着内在的契合性。正如伽达默尔所言，翻译所涉及的是解释，而不只是重现。[①] 正是基于语文课程的言语性特征和阅读鉴赏的对话性特点，开展语文对话教学是符合课程特性的，通过对话教学能够更好地实现语文课程的价值追求，培养学生形成独立、自主、自强、自律、合作、宽容的主体性人格。

基于语文课程理解的对话教学，还需进一步探究课程的目标、课程内容的选择、课程实施的策略以及课程评价的方法和手段等。这些都是语文对话教学理论所需要进一步加强建构的内容。

（3）语文对话教学须拓展实践研究

语文对话教学的理论建构与实践探索是相互支撑的。一方面，

[①] ［德］伽达默尔：《诠释学：真理与方法》，洪汉鼎译，商务出版社2010年版，第542页。

理论建构能够帮助我们进一步分析、梳理语文课堂教学活动,并且为语文教学提供理论建议与指导;另一方面,对于语文课堂实践的研究,能够促进语文对话教学的理论发展,在具体的语境下丰富对话教学理论的内涵。语文对话教学最终是以语文对话实践活动为旨归的。

有学者指出,对话教学在实践中出现的偏差主要表现为如下几个方面:"独白式"对话、浅层问答式"对话"、表演式"对话"、小组讨论式"对话"。这些"对话"的共同特征是:以"对话"的外在形式掩盖了学生在学习内容方面的沟通和建构过程。从语文对话教学的实践来看,关键不是看课堂上师生教学活动以何种形式开展教学,而是要看是否在一定的知识情境下,发展了学生的言语能力、思维能力、审美能力和探究能力等。因此,关于对话教学的实践研究还有待于深入。

从实践探索来看,首先,教师应该理解对话教学的内涵,而非望文生义、以偏概全或浅尝辄止。正如论述语文课程价值时所谈到的,通过对话理论构建一个现代的语文教育,塑造一个以对话为特征的语文教育世界,使语文教育进入一个理想的境界,这理应成为语文教育发展的理想追求。其次,设置有价值的知识问题情境,是对话教学有效开展的核心和关键。语文教学的有效对话,必须落实到具体的语文内容上来。离开语文知识的教学,是被掏空了内涵的教学,是失去了语文课程特征的教学。语文课程是"言语—思维之教"[1],所谓有价值的知识问题情境,即是否围绕语文课程的"言语—思维"的特性而设置知识问题情境。离开了这个本体,也就失去了语文对话教学的价值。最后,师生之间建立平等、民主的对话关系,是语文对话教学开展的基础和保障。

夸美纽斯在其《大教学论》中提出了"教学艺术的光亮是注意"[2]的观点。因为"谁也不能够在黑暗里面或闭着眼睛看见东西,

---

[1] 靳健:《语文课程研究》,中国档案出版社2002年版,第16页。
[2] [捷]夸美纽斯:《大教学论》,傅任敢译,教育科学出版社1999年版,第145页。

无论那件东西离他多么近"。对于教学而言，教师如果想用恰切的语文知识去照亮一个置身于探索中的学生，他就必须"把那件东西擦亮，使它发出光辉"，通过创设有价值的知识问题情境来吸引学生对话和探究的兴趣。这正是对话教学的本质：教师和学生通过对话实现彼此的照亮，其境遇性是对话教学的重要特征。

三 研究思路与方法

（一）基本思路

本书研究因循"提出问题""历史钩玄""实践探索""理论建构"的基本思路，围绕"语文对话教学"研究，首先从历史钩玄入手，挖掘作为母语教育的语文对话教学在历史上的理论与实践成果，为当代语文课程发展提供借鉴。在此基础上，围绕对话教学的研究内涵、概念、特征与类型进行理论建构，并进一步提出对话教学的机制与策略。最后在案例与反思当中，探讨语文对话教学的实践问题。推动语文教学走向有效性和创造性，促进青少年的语文素养提升。

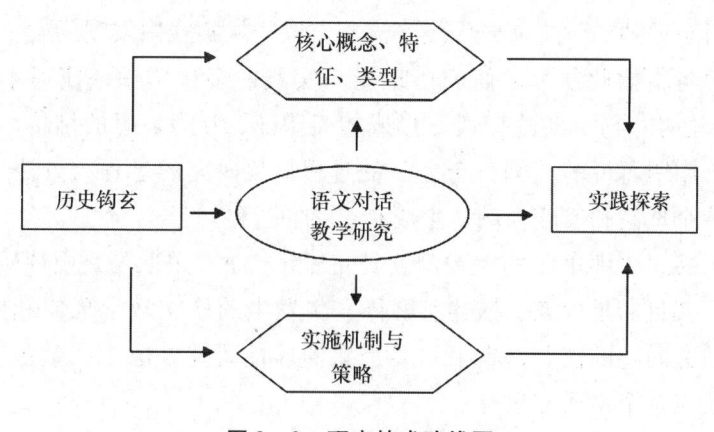

图 0-2 研究技术路线图

本书的研究思路基本因循"阶梯式研究设计模式"①。首先定义研究问题，然后进行文献综述，进而进行历史钩玄。在此基础上进行理论的建构，再通过实践研究的方法，对所研究的问题展开反思，对研究结果作进一步的分析和解释，最后修正假设并得出结论。这是一种理论与实践相结合的研究方法，一方面，在一定哲学思想的指导下，结合语文教学的历史发展和现状，通过历史钩玄与溯源的方法，从学理上辨明研究的问题，建构理论体系；另一方面，在实践当中不断探索和反思语文对话教学的价值和真谛，丰富对话教学在不同情境中的内涵。因此，从总体上讲，本书研究的路径并不是一种自上而下的"宏大理论"（grand theory）建构，而是借鉴马林诺夫斯基的"田野研究"方法，是从"在这里"（being here），"去那里"（being there），再"回到这里"（coming home）的研究过程。并始终将"语文课堂"作为本书研究的"田野"，与师生建立良好的沟通和交往关系，通过实践审视和反思语文教学，进一步促进理论的建构和完善。

"在这里""去那里""回到这里"这样三个阶段在本书中并没有截然的时间阶段划分，而是存在一定的渗透和交叉。在研究过程当中，笔者通常是带着理论思考进入中小学课堂，在课堂上进行观察，并及时与教师、学生展开深度交流和访谈，从实践中发现问题，完善理论思考，如此往复。研究中理论与实践的多次碰撞，使得本书的"理论建构"与"实践探索"形成相互印证、互为表里的结构。这也正是王阳明所说的"知行合一"的过程，从研究的过程与方法来看，也是一个理论和实践互动、生成和对话的过程。

本书"去那里"的实践调查研究部分，主要采取的是质性研究的方法，其目的是探究、描述、解释真实发生的语文教学现象和问题。根据研究问题的需要，本书主要采取的质性研究方法为课堂观察法、访谈法以及个案研究法等。

以下为本书的基本框架。

---

① 陈向明：《质的研究方法与社会科学研究》，教育科学出版社2000年版，第68页。

表 0-1　　　　　　　　　本书基本框架

章节	研究维度	内容聚焦	研究内容
引论	解决"为什么"的问题	总体设计	阐明选题缘由、研究史回顾、基本思路和方法
第一章	解决"是什么"的问题	历史钩玄	考察中国传统所蕴含的对话思想
第二章	解决"是什么"的问题	理论建构	界定核心概念，发掘基本特征、分类等
第三章 第四章 第五章	解决"怎么做"的问题	机制与策略	探讨有效性机制和创造性机制，实施策略，评价策略
第六章	解决"怎么做"的问题	实施与应用	案例探讨与反思

从以上基本框架中可以看出本书研究的思路。从语文对话教学的历史溯源到核心概念的界定，再到实施机制和策略研究，再到具体案例的探讨与反思，从而建立起关于语文对话教学问题全面而系统的理论和实践体系。

（二）研究方法

根据选题的实际特点，结合研究的需要，本书的总体研究方法是实证研究与理论研究相结合，具体包括文献研究法、访谈法、课堂观察法、问卷调查法、比较研究法等。

1. 文献研究

围绕核心问题，展开系统文献阅读与整理，开拓研究视野，做到对研究问题宏观系统的把握，并为调研做好充分准备。一方面较为广泛地占有文献资料，对文献进行研读和梳理，开拓研究的视野。另一方面对语文对话教学的历史和现状进行宏观把握，发现已有研究的不足和进一步改进的方向。例如，关于中国传统文化中所蕴含的对话教学思想和实践范式的发掘，需要在古代文献当中进行梳理、探究和提炼。文献法的恰当使用，使本书研究能够站在一个较高的平台上，广泛吸收国内外已有成果，发展语文对话教学的理论体系，为当下语文教学提供指导和启示。从而使得本书具有开拓性、前沿性和创新性。

2. 课堂观察法

课堂观察法的目的是让研究"回归田野",语文教学研究最重要的场域就是课堂。因此,课堂观察是最为直接地面对研究对象的方法,"课堂"相当于研究者的"田野"。通过课堂观察、深描等策略,理解对话教学在课堂"当下"的具体表现和状态,能够使研究者对研究对象有切身的感受和体验。课堂观察是本书研究的源头活水。文中的案例和课堂实录都来自于研究者的课堂观察,在本书中具有真实性、针对性、情境性和反思性的特征。教师们的案例和课堂教学活动设计,既是提出问题和发现问题的出发点,也为问题的解决提供了富于实践智慧的策略和方案。

3. 访谈法

本书采用的另一种重要的质性研究方法是访谈法。通过访谈（Interview）去追问现象之后的原因,就受访者所说的某一个观点、概念、语词、事件、行为进行进一步追问（probe）,以期获得更深层次的解释。[①] 访谈法主要包括教师访谈和学生访谈两个部分。

本书中教师访谈部分,主要针对"新手教师"和"专家型"教师展开。从这些被访谈的教师的具体情况来看,其教龄在3年和15年之间。在这些教师当中,既有"新手教师",他们具有教学热情,但对于教学的科学性还在探索阶段;也有教学经验丰富的专家型教师,他们在教学方面已经形成了相对稳定的风格,并且对语文教学有着个人独到的见解和认识。学生访谈的主要形式,是在某节具体的课堂教学活动后,对学生展开随机访谈,了解他们在课堂上的学习状况,以及对课堂上的某些现象的感想和认识。

本书设计了语文对话教学的访谈框架。本书主要落实的是教师课堂上的价值取向和思想认识,而价值取向和思想认识等层面的东西很难用量化的方法获得。笔者还随时就访谈中的问题和困惑进行追问,了解背后的深层次原因。通过访谈者与被访者的对话,双方可以形成相互激发,将访谈的内容引向深入。为了避免被访者产生不必要的担

[①] 陈向明:《质的研究方法与社会科学研究》,教育科学出版社2000年版,第190页。

心和顾虑，笔者在访谈之前往往会作一些铺垫，如自我表露，说明意图，随意聊天，调节气氛等，力争使访谈在一种愉悦、融洽的氛围中展开，让被访者在接受访谈的同时也获得一些反思与启示。

教师访谈设计的目的，是了解教师对"语文对话教学"的基本认识，包括对语文课程的基本认识和理解、对语文教学内容的把握、对师生关系的看法、对课堂小组讨论等教学方法的理解和评价等。对语文对话教学实施的可能性和实际困境进行分析和总结，进而提出相应的策略。概言之，即是发现问题、总结经验、提升认识。教师访谈的内容主要分为五个方面，即"什么是语文对话教学""语文教学的最核心的内容、价值在于什么""小组合作学习的效果如何""理想的语文课应该是怎样的"以及"语文课堂教学中理想的师生关系是怎样的"。

4. 案例研究法

结合若干教学案例，从对话教学的角度进行分析探讨，为本书提供进一步的实践支撑。

5. 比较研究法

通过比较研究，分析比较中国传统教育与西方教育中的对话教学思想，进行借鉴和学习，将视野放诸传统和现代、传承与变革的格局之中。从研究来看，对于中国古代语文教育的对话教学思想和资源的发掘显然还有待深入，通过比较研究，可以更好地提炼本土文化资源的精髓，从而对当下语文教育作更好的观照。同时，我们还须以全球教育的视界看待中国古代语文教育的对话现象，在东西方教育的异同比较中，反思当下语文教学的发展状况。

第一章 传统语文对话思想考察

20世纪，我国教学论研究更多的是对西方教育理论体系的借鉴和学习，而对几千年来中华文化中的优良教学传统则缺乏足够的关注。中国古代文化中的"民本意识"和"至善实践"传统，是现代中国乃至未来世界的精神瑰宝。"至善实践"之门由儒家代表人物孔子、孟子开启，之后又吸收了老庄"道法自然"和禅宗"直觉顿悟"等精神，经明代王守仁融儒道释学说为一体，提出知行合一的人格养成理论，遂酝酿形成了中国古代社会解放人性、挑战生活的先声。古代思想家旨在给人们展示一个主客交融、天人合一、实践审美、生生不息的"中国古代精神"，以涵养美丽人格的健康发展之路。

张志公认为，关于传统语文教育，人们往往会形成一种误解，"就是先在官学或者根据官学要求所办的学塾里教学《三百千》，接下去教学儒学经典，非常狭窄贫乏，目的就在于应科考，考中了去做官，既不提倡博学多闻，也不注意语文知识"[1]。事实上，封建社会不乏有识之士，他们早就提倡广泛读书，接触社会，获取多方面的知识、技能，也注意到教给学童一点必要的语文知识。也有学者提出，应该将传统的语文教育活动定名为"语文意识"，传统语文意识的基础是"正心诚意"，反对虚伪造作。[2] 如《大学》提出的"在明明德，在亲民，在止于至善"；孔子提出的"思无邪""文质彬彬"的君子

---

[1] 张志公：《传统语文教育教材论——暨蒙学书目和书影》，上海教育出版社1992年版，第5页。
[2] 张哲英：《清末民国时期语文教育观念考察——以黎锦熙、胡适、叶圣陶为中心》，福建教育出版社2011年版，第18页。

人格等。"语文意识"表现了古代语文教育追求"伦理性"目的的特征。而当今的"语文教育在客观上不断'教育学化',即越来越适合于现代教育制度的特点(有较强的西方文化特点),其自身所面临的争议却持续不断……而造成这种局面的一个重要原因恐怕就是忽略了在教育学'中国化'之前先要'化中国教育',即深入中国传统教育的土壤中去"①。纵观中国古代教育的发展,对话教学并没有作为独立的概念被提出,但先哲们的教育思想和语文教育实践中却蕴含着丰富的"对话思想",这对我们今天的语文教育教学具有积极的启发价值和意义。正如钱穆所言,我们需要一种"历史智识,随时变迁,应与当今现代种种问题,有亲切之联络",而"历史智识,贵能鉴古而知今"②。历史的智慧和知识是随时代而变迁的,应该把历史的智慧和知识与当代的种种问题密切联系起来,从而彰显历史智识的价值,即"鉴古而知今"。

本书主要从三个方面考察对话思想,即以德性探究为核心的"儒家对话思想",主张"不言之教"的内心体悟的"道家对话思想",以智慧启迪为目的的"佛教对话思想"。从教学实践的角度我们看到,孔子"兴观群怨"的教学范式可谓对话教学的典范。继孔子之后,孟子创造性地构建了诗教释义学。明代的王阳明开辟了"主客一体"的对话哲学观。老、庄思想当中的"不言之教"及其主体内心的感悟则是对话的另一种形态;佛禅之道也非常倚重对话,并由此开辟了中国佛学的顿悟、对话之路。基于传统文化的视野,系统地研究对话教学的思想形态及其当代意义,是教学理论重建的重大课题。③本章将逐本溯源地发掘传统教育的对话思想,以期对当代语文教学的健康发展资以借鉴。

---

① 张哲英:《清末民国时期语文教育观念考察——以黎锦熙、胡适、叶圣陶为中心》,福建教育出版社2011年版,第8—9页。
② 钱穆:《国学大纲》(修订本),商务印书馆1996年版,第2页。
③ 张华:《对话教学:涵义与价值》,《全球教育展望》2008年第6期。

第一节　儒家对话思想探析
——以孔子、孟子为例[①]

在中国传统教育发展的长河中，自汉代董仲舒提出"独尊儒术"以来，直到清末，儒家教育始终处于中心地位。孔子和孟子是儒家思想的鼻祖和滥觞，宋代朱熹将儒家思想推向一个新的高度，明代王守仁"知行合一"的心学理论为儒学开辟了新的方向。本节将探究被尊为"圣人"和"亚圣"的孔孟对话教学思想。

一　孔子情境化的"兴观群怨"教育思想

孔子的对话教学思想可以从两方面来考察。第一，孔子作为儒家学说的创始人，尽管"述而不作"，但其言论集《论语》很好地体现了中国古代的教学观念和模式，被认为是对话教学的一种典范。第二，其"兴观群怨"的语文教学范式，可视为中国古代语文对话教学范式的渊源。

作为孔子与学生对话教育典范的《论语》，记载了许多对话教学的例子。如《八佾》篇记载：

> 子夏问曰："'巧笑倩兮，美目盼兮，素以为绚兮'，何谓也？"子曰："绘事后素。"曰："礼后乎？"子曰："起予者商也，始可与言《诗》已矣。"

这是孔子与学生子夏的一段对话，体现了教师与学生之间相互尊重、参与、交流和启发的对话教学原则。当学生子夏向老师孔子请教《诗经》中诗句的意思时，孔子评价该句的言外之意是"绘事后素"，这本身是一个比喻的说法，子夏由此联想到"礼"的学习。孔子于

[①] 本节内容曾以"孔孟对话教学思想的内涵及其当代价值"为题发表在《教育探索》2012年第5期。

是感叹道:"你启发了我啊,我可以与你讨论《诗经》啦!"从这段话里可以看到,老师孔子对学生的创造性发现表示赞赏,而且善于培养学生的主体意识,注重激发学生的学习热情。"不愤不启、不悱不发,举一隅不以三隅反,则不复也。"同时,"我—你"境遇下的师生交往反过来促进了教师的发展。

又如《学而》篇记载:

> 子贡曰:"贫而无谄,富而无骄,何如?"子曰:"可也。未若贫而乐,富而好礼者也。"子贡曰:"《诗》云'如切如磋!如琢如磨',其斯之谓与?"子曰:"赐也!始可与言《诗》已矣,告诸往而知来者。"

这是子贡与孔子的一段对话,子贡问孔子:"贫穷而不谄媚,富有而不骄傲,怎么样?"孔子说:"这算可以了。但是不如贫穷乐道,富裕而好礼的人。"子贡又问:"《诗经》上说,'如切如磋,如琢如磨',就是讲的这个意思吧?"孔子说:"子贡呀,你能从我已经讲过的话中领会到我还没有说出的意思,举一反三,我可以同你谈论《诗》了。"这也是一段典型的对话教学案例。在师生对话的情境当中,孔子启发学生子贡发表对问题的看法,子贡由二人的对话联想到《诗经》中所讲的对美玉要进行不断切磋、琢磨的观点,即对一个问题的探讨在"可也"的基础之上还要进行精益求精的追求和探索。孔子非常赞赏子贡举一反三的学习态度,并提出学习者"告诸往而知来者"的学习品质。在这段对话中,教学的价值和意义是在师生对话当中生成的,在对话情境当中促进了学习者的发展。通过师生之间的对话活动,学习主体获得了知识的建构和人生的智慧,进而实现了对自我的塑造。

孔子的对话教学创设了一种平等、自由的教学情境。孔子善于因材施教,注重拓展文化视野,强调礼仪实践活动,使学生经常处于一种跃跃欲试、尽心而为的探索状态之中。《先进》篇中有一段课堂教学的描写,从中可以观察孔子的课堂对话教学形式:

子路、曾皙、冉有、公西华侍坐。子曰:"以吾一日长乎尔,毋吾以也。居则曰:'不吾知也!'如或知尔,则何以哉?"子路率尔而对曰:"千乘之国……"夫子哂之。"求!尔何如?"对曰:"方六七十……""赤!尔何如?"对曰:"非曰能之……""点!尔何如?"鼓瑟希,铿尔,舍瑟而作,对曰:"异乎三子者之撰。"子曰:"何伤乎?亦各言其志也。"曰:"莫春者,春服既成,冠者五六人,童子六七人,浴乎沂,风乎舞雩,咏而归。"夫子喟然叹曰:"吾与点也!"

这场课堂教学活动是在鼓瑟声中展开的,教学环境较为宽松、自然。老师首先让学生们说说自己的志向,并且请学生们畅所欲言。子路、冉有和公西华先后表明了自己的志向,孔子又鼓励曾皙说说志向,并对曾皙的发言表示赞赏。孔子讲求治国之道在礼乐教化,而曾皙寓志道于游艺。在他所描绘的蓝图中,春天、游人、沂河、煦风、歌声和谐地融为一体,无拘无束,自然亲切,我即宇宙,宇宙即我,礼治规范成为人们的自觉需求。这正符合孔子追求的礼乐教化相融合的理想境界。孔子教人,于诗之外。这与教师单方面的灌输式教学何其不同。其教学的内容寓于诗歌礼乐当中,教学的形式是师生之间平等地对话交流,教学的主旨在于促进学生主体的个性发展,教学的氛围自然宽松,不着痕迹。

从《侍坐》篇中,我们不但可以读出孔子诗教的理想追求和境界,而且可以看到孔子与学生的一种和谐自然的师生关系。朱熹注说:"曾点,狂者也,未必能为圣人之事,而能知夫子之志。故曰浴乎沂,风乎舞雩,咏而归,言乐而得其所也。孔子之志,在于老者安之,朋友信之,少者怀之,使万物莫不随其性。曾点知之,故孔子喟然叹曰:吾与点也。"[①]

明代王阳明的《传习录》中也有"侍坐"篇,是关于王阳明和

[①] 朱熹:《论语集释》。

他的学生王汝中、省曾一起探讨孔子。该文赞赏了孔子对学生个性的尊重。

  王汝中、省曾侍坐。
  先生握扇命曰："你们用扇。"省曾起对曰："不敢。"先生曰："圣人之学，不是这等捆缚苦楚的，不是装作道学的模样。"汝中曰："观仲尼与曾点言志一章略见。"
  先生曰："然。以此章观之，圣人何等宽宏包含气象！且为师者问志于群弟子，三子皆整顿以对。至于曾点，飘飘然不看那三子在眼，自去鼓起瑟来，何等狂态！及至言志，又不对师之问目，都是狂言。设在伊川，或斥骂起来了。圣人乃复称许他，何等气象！圣人教人，不是个束缚他通做一般，只如狂者便从狂处成就他，狷者便从狷处成就他，人之才气如何同得？"①

  老师王阳明将扇子让给学生，省曾称："不敢。"这激起了王阳明的感慨，并引用《论语》中的《侍坐》篇，和学生讨论孔子与学生的关系，启发学生们要理解师生关系的要义，鼓励他们向曾皙学习，不拘于外在的各种束缚。王阳明这样描述了他眼里的《侍坐》：当老师孔子问学生们的志向时，子路、冉有、公西华都神色庄重地认真回答，只有曾皙飘飘然的样子不把其他三人放在眼里，独自去弹起瑟来，这是何等的狂傲！回答老师问题时也是满口狂言。假如换了程颐先生，早就责骂他了。但孔子却还赞扬曾皙。这正是圣人育人的方式啊！王阳明认为，"圣人教人"，不是装作道学的模样，"不是个束缚他通做一般"，而是尊重因材施教，"狂者便从狂处成就他，狷者便从狷处成就他"。

  那么，宋代理学家程颐先生又是如何对待学生的呢？这也源自一段"侍行"的典故。《河南程氏外书》卷十二记载：

---

① （明）王阳明撰：《传习录》，于自力、孔薇、杨骅骁注译，中州古籍出版社2008年版，第334页。

>二先生与持国同游西湖,命诸子侍行。行次有言貌不庄敬者,伊川回视,厉声叱之曰:"汝辈从长者行,敢笑语如此,韩氏孝谨之风衰矣。"持国遂皆逐去之。①

大意是说,程颐先生游西湖时,命令学生们陪同。其间有的学生说话行为不够庄严敬慕,程颐先生回头一看,大声骂道:"你们跟随长者行走,怎么敢这样大声喧哗嬉闹?哎,孝道和严谨的风气已经衰落了。"然后把学生们都赶跑了。

我们看到,王阳明的《侍坐》篇通过比较孔子和程颐对待学生的故事,表明王阳明的师生观即要提倡一种自由平等的师生关系。当然,王阳明对程颐的批评,与我们后世理解"程门立雪"不在同一个语意层面上。《学记》上讲"师严然后道尊",程颐的学识为学生们所敬重,因此才会有"程门立雪"的佳话。但王阳明更为推崇孔子师生关系的境界,师生之间相互宽容、彼此尊重,而且有着更为深层次的师生对于"道"的体认,例如孔子对曾皙人生理想和追求的体认和赞赏。

孔子的对话教学过程可归纳为"兴观群怨"范式。② 孔子提出:"诗可以兴,可以观,可以群,可以怨,迩之事父,远之事君,多识于鸟兽草木之名。"(《诗经·阳货》)兴观群怨,即是指通过《诗经》的学习,培养学生的联想能力、提高观察力、锻炼合群性、习得讽喻方法的语文学习过程和范式。从现代教育的视角来看,"兴—观—群—怨"揭示了语文教学活动的基本过程,即"创设情境—观察体认—群体交流—得体表达",这是一个多元开放的能力习得和主体人格建构的过程。③ "兴观群怨"的教育范式对当代语文教学活动具有积极的影响,在"诗教"中,首先要求以"起兴"入手,"兴"

---

① (明)王阳明撰:《传习录》,于自力、孔薇、杨骅骁注译,中州古籍出版社2008年版,第334页。
② 靳健:《语文课程研究》,中国档案出版社2002年版,第128页。
③ 同上。

即"引譬喻连类"(孔安国语),开拓想象和联想,为对话教学创设情境;其次"观","观风俗之盛衰"(郑玄语),因言知政,因言知人,这是学习者与周围环境的对话;再次"群居相切磋"(孔安国语),与同伴进行对话、切磋;最后"怨",以"刺上政也"(孔安国语),抒发和表达自己的人生感悟和情怀。通过学习《诗经》实现对学习者主体精神的观照。由此可见,孔子的语文教育过程是一个充分调动学习者主动性和创造性的语文教育活动,蕴含着丰富而深邃的对话教学思想,其理论和实践都为语文对话教学提供了优秀的典范。

二 孟子以人为本的"知言养气"教育思想

孟子是孔子语文教育理论的发展者和践行者,其教学思想与孔子可谓一脉相承,其中"知言养气"理论直接秉承于孔子的言意观。但孟子突破了孔子"借诗言说""借诗言礼""借诗立人"的教育原则,创造性地建构了更具实践价值的"以意逆志""知人论世""知言养气"的诗教释义学。[①]

孟子在讨论如何解释《诗》的含义时,提出"以意逆志"的观点。孟子《万章》篇记载了咸丘蒙与孟子的一段对话,咸丘蒙请教孟子对《诗经》一段话的理解,孟子回答道:

> 是诗也,非是之谓也;劳于王事而不得养父母也。曰,"此莫非王事,我独贤劳也"。故说诗者,不以文害辞,不以辞害志,以意逆志,是为得之。

对此,后世学者给予了深入而丰富的解释。赵岐首先提出:"志"是"诗人之所欲之事",即作者所要表达的意图;"意"是指读者的心意,在阅读《诗》的过程中,要"以己之意,逆诗人之志,是为

---

① 靳健:《孔子、孟子对语文教育的理论建构与实践创新》,《甘肃联合大学学报》(社会科学版)2009年第5期。

得其实矣"(赵岐《孟子章句》)。在阅读的过程中,应该以读者的心意去追寻作者的原意。朱熹继承了这种说法:"当以己意迎取作者之志,乃可得之。"(《孟子集注》)现代学者朱自清也认为:"以意逆志,是以己意、己志推作诗之志。"(《诗言志辨》)

在阅读教学的过程中,师生以"以意逆志"作为基本的原则,决定着阅读教学的主导方向:"志"是主导性的,而"意"是以文本为基础的。正如美国学者霍拉勃所说:"在'文本—读者'交流中,'给予—接受'具有唯一的特点。读者必须在一定范围内由文本引导和控制……文本控制交谈的方式是交流过程中最主要的方面。"(《接受美学与接受理论》)①"以意逆志",正是读者借助文本与作者进行对话,超越历史的藩篱,达到精神的汇通。"以意逆志"说便成了传统语文教育"整体领悟文本"的滥觞。

为了避免只凭主观臆断歪曲诗意的现象,孟子还提出了"知人论世"的观点。"诵其诗,读其书,不知其人可乎?是以论其诗也,是尚友也。"(《万章下》)这体现了孟子对作者主体性人格的体认,同时这也是读者与作者在思想、情感、人格、志向上的交流和切磋。"知人论世"说进一步完善了"以意逆志"说。"以意逆志""知人论世"理念的提出,是孟子创造性地建构了我国古代具有实践价值的诗教释义学,对中国古代语文教育具有深广的影响。

孟子将孔子以"文本"释义为核心的教育观发展成了以"人的发展"为核心的教育观,因为无论是"以意逆志"还是"知人论世"观,都是在文本的理解和阐释的基础之上,以"读者"的心意揣度作者的意愿,以读者的视角观察作者所处的自然、社会处境,二者最终达成一种交融的境界,进而促进人的发展。在理解文本的基础之上,孟子提出了"知言养气"说,这是孟子语文教育的理想目标。"我知言,我善养吾浩然之气"(《公孙丑上》)。后来曹丕的"文以气为主"(《典论·论文》),以及唐代韩愈、清代桐城派等也都继承了孟子的气论。这里的"气",是通过文学涵泳之后形成的来自于君

---

① 转引自董洪利《孟子研究》,江苏古籍出版社1997年版,第118页。

子对大道的深切体认。因此，孟子的语文对话教学过程是通过对作品的涵泳、追溯作者的情志，进而达到提升阅读主体的精神境界的目的。这个教学过程显然包含了学习者与文本、学习者与作者、学习者与社会，以及学习者与自身的对话过程，其目标和归宿是回到主体本身。以伽达默尔的解释学观之，即在历史相对性和文化的差距性中达成不同主体"视界"的"融合"，在阐释对方的同时，理解、升华自我。

从现代语文教育的角度来看，"以意逆志、知人论世、知言养气"，正好形成了一个语文阅读教学的螺旋循环式过程。由学习者与作者对话，理解作者写作的时代背景和生活情境；到学习者与文本对话，体验文本的内涵和创造的意蕴；最后达成与自我的对话。通过体验作者的心灵世界、体验文本的意蕴，到反观自我、涵养自我的浩然之气，达到学习主体价值提升的目的。孟子"知言养气"论的进步意义在于借助"理解文本的意义"使得学习主体创造性地产生新的意义。因此，孟子的语文教育不同于孔子所提倡的以学《诗》为本体的语文教育，而是将促进人的发展作为教育的终极目的。其教学过程从总体上看，是在一种开放的教学情境当中借助《诗》来促进主体人格的发展，经过"知人""知言""知意"，最终实现"养吾浩然之气"的人的本体发展。[1]

三　孔、孟对话教学思想的启示

新世纪的课程改革强调："语文教学应在师生平等对话的过程中进行""学生是语文学习的主人""教师是学习活动的组织者和引导者""阅读教学是学生、教师、文本之间对话的过程"[2]。其中所倡导的语文教学理念，与我国古代孔子、孟子的语文教育思想有契合之处，并且孔子、孟子的教育实践也为当代语文对话教学提供了范式与指导。

---

[1] 靳健：《语文课程研究》，中国档案出版社2002年版，第135页。
[2] 教育部：《普通高中语文课程标准（实验稿）》，2003年。

（一）孔、孟对话教学蕴含着以"人的发展"为旨归的教育理念

在孔子的对话教学实践当中，教师本着"不愤不启，不悱不发"的教学态度，充分尊重教育的规律，通过师生对话来启发学生，使学生的个性在平等、自由的环境下得到健康发展，融礼乐教化为一体，最终培养出温柔敦厚的"君子"。由此，孔子的语文教育在对话中走向儒家教育的终极目标。孟子的"知言养气"借助所学的文本材料和对作者意图的追溯，通过"知言"达到"养吾浩然之气"的主体性发展的目标。

从对话教学的角度观之，语文课程本质上是一种对话的课程，是通过教师、学生、文本及环境的对话最终实现教师和学生主体的共同发展；是以语文知识为中介，涵养学生的言语能力、思维能力、审美能力、创造能力和情感态度的实践活动。正如在谈到孟子对话教学思想时，孟子与公孙丑对话中关于"浩然之气"的理解。"'敢问何谓浩然之气？'曰：'难言也。其为气也，至大至刚，以直养而无害，则塞于天地之间。'"公孙丑问孟子，什么叫浩然之气？孟子说，浩然之气很难描述清楚，如果大致来讲的话，它是一种充斥在天地之间，十分浩大、刚强的气。由此观之，语文课程作为母语课程，它所承担的任务不仅是作为交流的"工具"，如大多数国家的语言教育家对之已形成的共识，而且具有"培养民族性"的职责，如通过经典阅读传承文化和精神，促进学生主体人格的发展，是当代语文教育的重要目的之一。

（二）孔、孟对话教学具有情境性和多元融合的特点

中国古代语文教育是一种注重整体感悟和体验式的教育，教学过程往往是在由师生、生生、学生与文本，学生与环境等组成的动态的、多元融合的对话情境中展开和实现的。孔子在其教学实践中，始终贯彻着一种平等、自由的教学理念，学生主体的发展是在创设的情境当中，通过"观察体认、群体交流、得体表达"而逐步实现的。这里，对话不仅是教育交往的一种方式，而且是一种教育情境。师生通过共同的参与、合作、投入和创造，相互"敞开""接纳"和"倾

听",最终获得了理解和沟通。①

孟子的学程里包含着这样一种通透的语文对话学习过程：在"学生—教师—文本—作者"的多元对话情境中展开教学，并最终将教育的目标落实到主体的发展上。"以意逆志""知人论世""知言养气"的语文教学活动，是从理解文本意义、走进作者、促进学生发展三个方面建构语文对话教学范式的。孟子的对话教学思想对诊治当下语文阅读教学中所出现的搁置文本、空发议论、滥用情感的课堂流弊具有极强的针对性，也对当下忽视思维训练、忽视情感涵养的语文教学问题具有批判意义。

综而观之，以孔、孟为代表的中国传统语文教育是强调向内收摄、整体感悟、以生命为中心的教育。这与20世纪建构的以科学性、知识性为基础的语文教育有着很大的差异。20世纪语文教育受到西方科学精神的影响，努力建构外在的知识性体系，并逐步形成了一套系统的语文知识体系，例如强调"语、修、逻、文、字、词、句、篇"八字方针，强调以"双基"为核心的语文教育等。中国古代语文教育是一种整体感悟式的教育，向内收摄，关注的是主体的"生命"建构活动，并一直围绕着"生命"这个中心问题而展开，② 在语文教育中以学生的主体人格的培养和修炼为教育的核心目标。因此，当向外拓展的现代语文教育面临种种困境之时，许多学者把目光不约而同地投向了孔、孟的教育思想和理念，其对话教学的思想和范式无疑为当代语文教育提供了有效的可鉴之资。借用佛教"一心开二门"的观点，当代语文教育要打开两扇门，既讲求中国古代语文传统教育所提倡的向内收摄、追求整体性感悟的教育特点，也吸收20世纪语文教育向外拓展、讲求科学性的现代性特征，以期最终达到语文教育"视界融合"的新境界。

---

① 金生鈜：《理解与教育——走向哲学解释学的教育哲学导论》，教育科学出版社1997年版，第131页。
② 牟宗三：《中西哲学之会通十四讲》，吉林出版集团有限责任公司2010年版，第13页。

第二节　道家对话思想探析
　　——以老子、庄子为例

中国古代文人有"外儒内道"的传统精神，或曰"穷则独善其身，达则兼善天下"的思想。从中国古代整体语文教育的发展来看，如果将儒家语文教育看作一种显性的课程，其典型代表为"诗教"和"文教"课程的话，那么道家语文教育的影响就是一种潜在的课程资源，或称之为隐性的课程。当然，在语文教育的历史流变中，二者的显隐关系并非固化不变的。如魏晋时期，何晏、王弼就十分推崇"道"家思想。[①] 纵观中国古代的教育，儒道两家的教育思想可谓相互补充、相得益彰，二者的教育影响共同作用于个体的发展，具有积极、合理的价值和意义。总体而言，儒家思想主张积极"入世"，反映在教育上则主张修炼成为具有积极进取的主体性人格的君子。例如孟子的"知言养气"论，主张君子要"养吾浩然之气"，这里的"气"，即是通过文学涵泳君子对大道的体认。而道家主张"出世"，反映在教育上则具有超越世俗和功利性的教育价值取向；且尊重生命，崇尚自然，肯定了人与世界的和谐统一，认为"天地与我并生，万物与我为一"，在人与世界的关系当中体悟教育的要旨。例如老子主张"行不言之教，处无为之事"，庄子则提倡"道隐无名""心斋""坐忘""玄览"等思想。

一　老子"不言之教""师法自然"思想

老子的思想可谓博大精深。相对于孔子的诗教，老子更加注重自然无为的"道"。《史记·老子韩非子列传》记载，老子见孔子后，学生问孔子老子其人，孔子说，"龙乘风云而上九天也！吾所见老子也，其犹龙乎？"孔子的教育思想可以具体表现在"六艺"之教上，而老子的教育思想则更多地蕴含在其哲学思想当中，通过隐喻的方式

[①] 马良怀：《崩溃与重建中的困惑——魏晋风度研究》，中国社会出版社1993年版。

来体现。在老子的哲学思想中，总是将人的感悟与天地、自然相联系，从而形成了一种整体的宇宙感悟。例如：

> 有物混成，先天地生。寂兮寥兮，独立不改，周行而不殆，可以为天下母。吾不知其名，字之曰道，强为之名曰大……故道大，天大，地大，王亦大。域中有四大，而王居其一焉。人法地，地法天，天法道，道法自然。（二十五章）①

我们看到，在老子的观念里，生命和宇宙一起形成，在寂寥中独立追求，循环往复而不知懈怠，它就是天地万物生命的起源。老子进一步解释说，道、天、地、人是域中的四大，它们在循环往复中效法着"自然"，所以道、天、地、人都是"自然"的意思，即自然之"有"，是自然本体的存在。也就是说，老子总是把人的发展和宇宙的生成与变化联系在一起，人与自然、人与宇宙是不能分离的。以现代语文教育的视角观之，老子是在人与世界的关系中领悟体察教育的本质，在"行不言之教""常善救人"的教学方法论中追求"上善若水"般自然完善的主体人格，以及"大象无形"的理想审美境界。

（一）"上善若水"：主体人格发展的教育本体论

老子认为："上善若水，水善利万物而不争，处众人之所恶，故几于道。"（八章）其意思是世界上最好的"善"就像水一样，水常常利于万物却又不争夺名利，处在"低处""下位"之所在，因此，水的品行接近于"道"。这是老子关于主体人格发展的最高目标，即"至善"，像水的品性一样，利万物而不争。老子又讲：

> 知其雄，守其雌，为天下溪。为天下溪，常德不离，复归于婴儿。（二十八章）

---

① （魏）王弼注，楼宇烈校释：《老子道德经注校释》，中华书局2008年版。《老子》其他处引文皆出自此书。

这里，老子又将溪水作比，隐喻天下最好的德行。老子认为，明知刚健雄劲之力量，却主动选择了柔静雌弱的方式和态度，使自己像自然界的溪流一样。成为天下之溪流之时，自然美好的品行就常伴左右，人于是归复到婴儿的状态。溪流般知雄守雌，便回到了人的自然状态，如赤子一样。这种道德和品行的教育不是关注外在的行为表现，而是发觉和归复人的内心，追求本乎自然的最本真的状态。

守弱和回归自然的人格精神追求并不代表真正的"弱小"，而是另外一种形式的强大。老子因此指出，"弱之胜强，柔之胜刚。"（七十八章）老子认为，弱能胜强，柔能克刚。柔弱之物体只要遵循自然之道，做到"利物"与"不争"，其本质上却又是极其强大的事物。唐代韩愈在《太学生何蕃传》一文中说："譬之水，其为泽，不为川乎！川者高，泽者卑，高者流，卑者止；天将雨，水气上，无择于川泽涧溪之高下，然则泽之道，其亦有施乎！抑有待于彼者欤！"[1] 韩愈认为，高尚的品行就像湖泽一样，处于低处，似乎静止一般；河川处于高地，一直向下游流动。难道湖泽就没有作为吗？它是在等待时机。当水气升腾、风起云涌时，它化为普天甘霖的时机就到来了。高尚的品行犹如水，善利万物却不居功自傲，自然得到万物的敬仰。具有高尚品行的人还如赤子之心的婴儿，本真质朴，合乎自然而拥有着强大的内心世界。正如美国建设性后现代主义思想家格里芬所指出的："我们必须轻轻地走过这个世界、仅仅使用我们必须使用的东西、为我们的邻居和后代保持生态平衡。"[2] 我们看到，从教育的角度来看，老子为教育的人格目标树立了标杆，即"上善若水""归复于婴儿"的"至善"境界。语文教育的目标，最终是为学生形成正确的世界观、人生观、价值观奠定基础，促进学生良好个性和健全人格的发展。"上善若水"般自然完善的人格精神的追求，无疑代表了老子对"培养什么样的人"的本体论观点。

---

[1] （唐）韩愈：《韩愈文选》，童第德编，人民文学出版社1980年版，第14页。
[2] ［美］大卫·雷·格里芬：《后现代精神》，王成兵译，中央编译出版社2005年版，第227页。

（二）"行不言之教"：常善救人的教育方法论

老子认为，"是以圣人处无为之事，行不言之教"（二章）。同时又说，"知者不言，言者不知"（五十六章）。老子的"行不言之教"是以学习者主体的自觉和发展为前提的，这里蕴含着教育者对学习主体的潜能和人格精神的尊重。用现代教育的话语诠释即是在民主、平等的教育思想的观照之下，在教学中创设能够激起学习主体个人潜能的教育情境，极大地调动学习者的学习积极性。魏晋玄学家王弼在其《老子注》里说："以无为为居，以不言为教，以恬淡为味，治之极也。"① 他认为，无为、不言、恬淡的境界，才是至高无上的治平境界。这其中就包含着一种高妙的教育境界，教育乃是"不言之教"，在尊重学习者自身发展的基础上因势利导，激发学习者的潜能和智慧，而不是靠着外在的"说教"。在这种"不言"中取得"无为无不为"的理想教育效果。"不言""恬淡"即是对这种教育境界的描绘。

老子坚持圣人应该遵从天地自然的"道"，不做损伤人性的事，更不会发号施令，强迫人们去违背自己的本性。

> 天下之至柔，驰骋天下之至坚。无有入无间，吾是以知无为之有益。不言之教，无为之益，天下希及之。（四十三章）

在老子看来，至柔的精神可以驾驭至坚的东西，无形的力量可以穿透没有间隙的物体，因此，不言之教，无为之益，乃是最好的方式，可惜天底下很少有人能够做到。对于教育而言，这种春风化雨、润物无声的"无为""不言"的教育方式是值得发扬的，这需要教师从内心信任学生、尊重学生的主体人格和创造性能力。老子喜欢用水来象征自然和比喻人性中最美好的东西，水至柔却无坚不摧，教育若能做到"至柔"，便能发挥其最大的教育价值和功能。相比而言，"有为"是教育干预的行为表现，"有言"则是一种教育干预的言语

---

① 王弼：《老子注》，转引自熊铁基《中国老学史》，福建人民出版社2005年版，第223页。

体现，在教育行为和言语干预下，学习者成为被动的接受者，其主体性则难以发扬光大。不妨以"无为而为"和"不言之教"的方式，为学习者创造宽松、自然的学习情境，激发学习主体的内在动机和潜能，进而促使学习主体的提高和发展。

所谓"常善救人"，是指老子提倡有道者应当以"无为""不言"或"善言""善行"来从政或者实施教育，这样就可以顺着事物的本性发展。老子讲，"长而不宰，是谓玄德"（五十一章）。老子认为，引导人的成长而不是主宰人的发展方向，这是圣人最高尚的品德。

> 是以圣人常善救人，故无弃人；常善救物，故无弃物。是谓袭明。（二十七章）

其意思是，圣人善于使人自然生长，因此没有被遗弃的人；圣人也善于做到物尽其用，因此没有被废弃的物。这就叫作保持明镜。这里，老子还是强调教育需要因势利导地尊重学习主体，因材施教，促使人尽其才。

老子区分了四种境界，这对教育具有很大的启发意义。

> 太上，不知有之；其次，亲而誉之；其次，畏之；其次，侮之。（十七章）

老子认为，从政者分为四种境界，第一层次的境界是使人们感觉不到统治者的存在，第二层次的境界是使人们对统治者很亲切从而充满赞誉，第三层次的境界是让人们畏惧统治者，第四层次的境界则是人们不堪统治者的管理而以侮辱的方式进行反抗。这同样适用于教育。教育者如果能做到使学生"亲而誉之"，就已经非常不错了，但老子认为，这还不是"太上"的境界；"太上之境"乃是学生没有意识到教育者的存在，自然而然地做到了。所以说，不言之教、常善救人、不知有之的教育方法论，是要将教育的方向引向对生命内在特性的尊重，促进人的潜能的发掘，进而实现理想的社会境界。

(三)"大象无形":审美境界的体验过程

老子构建了一个理想的美学境界:

> 大白若辱,大方无隅,大器晚成,大音希声,大象无形,道隐无名。夫唯道善贷且成。(四十一章)

其意思是说,白是无污垢的,大白却好像含有污垢一样;方是有棱角的,大方反而没有了棱角;器是成形的,大器却是无形的;音是有声的,大音反而没有了声音;象是有形的,大象却看不见行迹;道应该是可以名状的,大道却没有名称。老子描述的是天地间的自然之美,它们与"道"是相通的,这世间的大白、大方、大器、大音、大象和大道一样,变幻无穷,若有若无,妙不可言。老子始终强调和坚持的是对自然大道的体认,其眼中的自然不是西方自然美学中的客观自然,而是一种宇宙感悟,是一种人与自然相与为一、和谐发展的审美体验。

例如,中国古代识字课本《千字文》能够流传使用1500年,除了其他因素的影响外,其中蕴含的宇宙感悟式的启蒙教育,也是流传千年的重要原因。其开篇即是"天地玄黄,宇宙洪荒。日月盈昃,辰宿列张。寒来暑往,秋收冬藏。闰余成岁,律吕调阳"。从天地宇宙,日月星宿,到四季的变换,首先为初学识字的孩子打开了宏大的视野,将人与自然和谐统一在一起。这种宇宙感悟、自然为美是独一无二的中国文化审美特征,将宇宙万物的变换流转与人的内心的感悟紧密相连。

老子还指出:

> 大成若缺,其用不弊;大盈若冲,其用不穷;大直若屈,大巧若拙,大辩若讷。躁胜寒,静胜热,清静为天下正。(四十五章)

> 信言不美,美言不信。善者不辩,辩者不善。(八十一章)

从文学阅读的角度来看，我们的教学应该透过文章表面的言辞之美，涵泳和体味文章中的"大美"和"大气象"。例如《红楼梦》里的人物林黛玉与香菱探讨学诗：

> 香菱笑道："据我看来，诗的好处，有口里说不出来的意思，想去却是逼真的；又似乎无理的，想去竟是有理有情的。"黛玉笑道："这话有了些意思！但不知你从何处见得？"香菱笑道："我看他《塞上》一首，内一联云：'大漠孤烟直，长河落日圆。'想来烟如何直？日自然是圆的，这'直'字似无理，'圆'字似太俗。合上书一想，倒象是见了这景的。要说再找两个字换这两个，竟再找不出两个字来。"

王维的《使至塞上》具有雄浑的"壮美"之境，因此，在文学阅读教学中，不但要理解"言语之美"，还要体味言语背后的气象与风格，在朴素中回归和发掘"大象""希声"之美。正如王国维在《人间词话》中所言："词以境界为上，有境界自称高格。"

概而言之，老子的哲学思想中的"上善若水""行不言之教""常善救人"以及"大象无形"等观念，蕴含着教育的本体论、方法论和审美境界的内涵。首先，它为我们提出了理想的人格教育目标，即师法自然，知雄守雌，功成不居。这种教育的本体论，超越了现代教育中对客观对象世界"征服""占领"的隐喻，而是追求人与万物和谐统一的"至善"境界。其次，它为我们构建了一种理想的师生关系——"不知有之"的"太上"境界，希望教育者看待教育如春风雨露般润物无声，充分尊重学生的人格和创造潜能，让教化的过程了然无痕。"不言之教"也是师生在静默中的一种对话，教师对课堂的驾驭看似不着痕迹，但实质上为学生提供了良好的学习情境，使得学生成长和提高的过程自然而然地发生。最后，它为我们树立了理想的文学审美境界，通过学习者与自然、宇宙的对话，追寻天地之大美。例如"大象无形"的理想审美境界的追求，这是引导学生学会与自然对话，用心灵感受自然之大美，人间之大道的对话过程，这是文学的最可贵之处，也是语文审美教育的理想境界。老子"不言之教""上善若水""大象无形"等哲学观念，对语文对话教学的理论建构具有积极的启示价值。

二　庄子"等量齐观""心斋坐忘"思想

庄子是道家学派的集大成者。在哲学上，直接激发了魏晋玄学及禅宗的思辨，在文学上，开启了后代浪漫主义创作的思想源泉。[①] 鲁迅评价《庄子》"汪洋辟阖，仪态万方"。《庄子》的审美追求表现为无所羁绊的精神和自由驰骋的"逍遥游"境界。"鹏之徙于南冥也，水击三千里，抟扶摇而上者九万里，去以六月息者也。野马也，尘埃也，生物之以息相吹也。天之苍苍，其正色邪？其远而无所至极邪？其视下也，亦若是则已矣。"（《逍遥游》）同时，他主张万物平等思想，天地万物与人都是在瞬间中永恒存在的。庄子的寓言是类比式的对话活动，通过大量的寓言故事，形象地将其思想内涵寓于对话形式当中。

（一）"等量齐观"的教育目的说

庄子在世界观和哲学观上很大程度地继承和发扬了老子的思想。老子讲道："天地不仁，以万物为刍狗，圣人不仁，以百姓为刍狗。"（五章）。这里就包含着等量齐观的哲学思想，意思是说，天道和人道都应任自然而已，并不加惠于物，而万物各有所用。庄子继承并发扬了老子的这种哲学思想，主张以开放的心灵观照万物，打破人类的自我中心，以宽容和理解的态度看待世界，理解事物的独特性和存在的合理性，确立一种"天地与我并生，万物与我为一"的平等哲学观念。《齐物论》通过大量的比喻、寓言反复论证了这种等量齐观的哲学思想。例如，庄子讲道：

毛嫱丽姬，人之所美也；鱼见之深入，鸟见之高飞，麋鹿见

---

① 陈鼓应：《老子注译及评介》，中华书局2003年版。

之决骤，四者孰知天下之正色哉？自我观之，仁义之端，是非之涂，樊然淆乱，我恶能知其辩！(《齐物论》)①

庄子提出了一个极富价值的命题，即"万物与我为一"的平等世界观。毛嫱丽姬，在世人眼里是最美的美人，但对于鸟兽虫鱼而言却没有任何审美的价值，纷纷逃离。孟子讲到的"仁义礼智"是人之四端，是为人的标准，但在庄子看来，社会也可能因此而混乱。因此，万物是差异性的共存关系，不能用一种标准去衡量和评价万物的差异性，更要破解人类中心主义的思想，主张万物平等。

庄子还通过"庄周化蝶"的寓言故事，启迪人们化解人性的偏执，呼唤一种平等精神。

> 昔者庄周梦为胡蝶，栩栩然胡蝶也。自喻适志与！不知周也。俄然觉，则蘧蘧然周也。不知周之梦为胡蝶与？胡蝶之梦为周与？周与胡蝶则必有分矣。此之谓物化。(《齐物论》)

从教育的角度来讲，这种等量齐观的平等世界观，对于教育目的的确立具有积极的启示意义，并在某种意义上揭示了教育培养目的的真谛。世界万物是丰富多彩的，其存在的形式也是千差万别的，对于这样一个千差万别、丰富多样的世界，人更应该学会以一颗开放的心灵去理解和包容世界上的万物，懂得尊重差异和不同；如果用一种真理或认识标准统摄千差万别的世界，这无疑是偏执而自大的。

在语文教学当中，首先应当提倡平等的师生关系、生生关系。庄子认为，主体间之所以存在观点的分歧和差异，是因为人有"成心"。"夫随其成心而师之，谁独且无师乎？"(《齐物论》)，成玄英认为，成心即"域情滞者，执一家之偏见者"②。因此，在教学当中，

---

① (清)郭庆藩：《庄子集释》，中华书局1997年版，第93页。以下《庄子》引文均出自此书。
② 参见蒋锡昌《庄子哲学》，成都古籍书店1988年版，第124页。

教师和学生都是有各自的"成心"的，教师应该充分尊重和理解学生。同时，学生之间也是存在差异性的，每个人的禀赋和才能各不相同，如果一定要按照一个尺度衡量出"高下"，无疑是对学生成长与发展的伤害。因此，语文教育的目的不仅是要掌握既定的、客观的知识，而且是要引导学生学会与教师、同伴展开对话，形成对于世界、同伴的理解和包容，在尊重和理解当中走向视界的融合，加深学生对于客观世界和关系世界的理解。其次应当追求宽厚质朴的语文教育境界。语文教育的目的不仅是为学生提供交际和思考的工具，作为母语教育，还要培养学生的人文精神和素养。在庄子思想的影响下，追求宽厚质朴的主体性人格精神是语文教育的大境界。这种宽厚质朴的主体性人格包含着对世界万物的尊重，不以高下、贵贱、多寡等为世界万物划分等级，而是学会站在不同立场上理解世界。

因此，庄子等量齐观的思想在语文教学中的启示是，师生、生生之间要建立一种平等、和谐、自然的关系，追求一种宽厚质朴的主体性人格精神的发展。

（二）"心斋""坐忘"的教育方法论

在《人间世》和《大宗师》中，庄子分别提出了"心斋"和"坐忘"的观念。

> 若一志，无听之以耳，而听之以心；无听之以心，而听之以气。听止于耳，心止于符。气也者，虚而待物者也。唯道集虚。虚者，心斋也。（《人间世》）

其大意是说：如果意念专一，排除干扰，专注听呼吸之气，因鼻息无声故不以耳听，而是用心来听，或无须再着意于听，而是听其自然，听之任之地听，意念归一，渐入混沌境界，心的知觉失去作用，最后不知不觉地进入虚无境界。"心斋"对后来的禅宗有着极其重大的影响，是中国禅宗的滥觞。"堕肢体，黜聪明，离形去知，同于大道，此为坐忘。"（《大宗师》）其意思是说，人应该抛开身体和思想的束缚，达到与大道相融为一的境界，这就是"坐忘"。

这种"心斋""坐忘"的方法，是道家修身的重要途径。那么，从语文教育的角度来看，"得意忘言"，教学应该追求对大道的体认，不仅着眼于所见的"言"，而且要通过想象和理解，达成与文本、作者的对话，在一种"虚静"的状态下进入更高层面的审美境界。例如，柳宗元的《江雪》，寥寥20个字，却有着文人画般的写意美，学习者通过阅读文本，体会"言外之意"，和"言外之象"，用联想和创意化入澄明境界的自然，净化自己的心灵，获得一种自由的体验。

庄子所说的"泰初有无，无有无名"（《庄子·天地》），是指庄子以"道"看待万物时，万物是道通为一的。这种思想与海德格尔的"在'无'中，万物和我们自己都沉入到了无所轩轾的状态"有着相近之处。庄子所提出的通过"心斋"和"坐忘"的方式来达到与道合而为一的理想境界，达到一种无知的、无区别的、静虚的、不可言说的境界，正如庄子所言，"知止乎其所不能知，至矣"（《庄子·庚桑楚》）。

魏晋时期的玄学家何晏、王弼等则更加明确地提出了"以'无'为本"的思想。王弼的"言不尽意""得意忘言"的观点，就是源于庄子的"言意观"。庄子在《外物》篇里说："得鱼忘筌，得意忘言。"对庄子而言，"道"或"无"是不能通过"言"来认识的，学习和体悟的过程是一种不可言说的过程。但这种不可言说的状态又是非常真实的状态，是在"静虚""尚无"的状态下开启了"悟道"之门，开启了人与万物合而为一的"得意"之门。后来王弼用他所提出的"得意忘言"方法，阐释了"言不尽意"论，僧肇又提出了"非有非无、有无双遣"的空宗中观方法论，进一步提出人们认识事物要破除偏见，不能只落一边，应该学会用"道"的大智慧观照世界万物。[①] 王弼等"得意忘言"和僧肇"有无双遣"的思想都得益于庄子"言意观"的启发。表现在语文教育中对审美境界的追求时，

---

① 靳健：《僧肇"有无双遣"方法论的哲学超越及其局限性》，《甘肃社会科学》2011年第2期。

则是要推崇朴素无为的、天然之美的境界。

庄子认为,"静而圣,动而王,无为也而尊,素朴而天下莫能与之争美",无为守静是天下的至美。继承《老子》"致虚极守笃静"的"玄鉴"思想,庄子主张"坐忘""心斋"的体道论。这包含着主体人格对自然之"道"的理解和体认的过程,"言",则如同"荃"和"蹄"一样,是学习和理解"大道"必不可少的形式与方式。对于文学作品的理解,正如《庄子·天道》所讲的"语之所贵者意也,意有所随。意之所随者,不可以言传也",因此,庄子提倡"物我两忘",即"我"与万物合二为一,是"物化"的过程。这种追求不仅是人生的自由境界,也是艺术的自由境界。

总体来讲,庄子学说的最高境界是一种审美境界。其等量齐观的教育目的观和"心斋""坐忘"的教育方法论,对当代语文对话教学具有积极的启示意义。道家强调审美过程是一种消除了各种外在的强制力量的自由的审美活动,是一种超功利的活动。正如庄子所言:

> 功成之美,无一其迹矣;事亲以适,不论所以矣;饮酒以乐,不选其具矣;处丧以哀,无问其礼矣。礼者,世俗之所为也;真者,所以受于天也,自然不可易也。故圣人法天贵真,不拘于俗。(《渔父》)[1]

他认为,礼仪是世俗规定的,真性才是禀受于天的,最好的审美状态是自然,审美过程的"至真"体验是自由的状态和境界。所以,圣人效法天道珍视真性,不拘泥于世俗,不拘泥于"言"和"象",而是得意而忘言,得意而忘象。在"静虚""贵无"的状态下达到理想的审美境界。这里需要指出的是,庄子所谓的"忘象""忘言",并非否定语言文字和形象的价值,因为要达到"得意"的境界,还需"立象""立言",这是不可截然分开的。

---

[1] 刘建国:《庄子译注》,吉林文史出版社1994年版,第622页。

第三节 禅宗对话思想探析
——以《坛经》为例

印度佛教传入我国后,经由汉代到唐代六百余年的流传,中国人创造了具有自己民族特色的佛教哲学。在唐代,出现了六祖慧能创始的南宗佛教,后来日益丰富发展,成为独树一帜的"中国佛教禅宗"。《坛经》是禅宗的重要佛学经典。禅宗及其佛学经典中蕴含着丰富的对话思想。

一 刹那顿悟,明心见性的教育目的观

在六祖慧能的时代,有"南顿北渐"之说,即以慧能为代表的南宗主张"顿悟",而以神秀为代表的北宗主张"渐悟"。"顿悟"的内涵是指人能够于一瞬间领悟人生本质、洞察宇宙真相,从而与自然冥然相合。这是一种发自心灵深处的豁然开朗,是超越时空、不可言说的精神体验。《般若经》说:"实相一相,所谓无相,即是如相。"揭示了顿悟的三种境界:一是满目"一相",视力所及皆为一是一的实相,只见"落叶满空山,何处寻行迹",表现的是寻求禅之本体而不得的迷茫心情,即"看山是山"之境。二是"无相",眼前所见并非实相,看"空山无人,水流花开";描写的是似悟而非悟的自然本真状态,即徘徊于"看山不是山"之境。三是彻悟"如相",有相无相,有无一如;动相静相,动静一如;来相去相,来去一如;于瞬间体验到了永恒,从一体悟透了万物,即"万古长空,一朝风月"的"看山还是山"之境。

这三重人生境界也是对人们认识事物过程的一种概括。例如在阅读教学当中,师生从感知文本开始,最初所见乃是具体的文字。如王维的《山居秋暝》:"空山新雨后,天气晚来秋。明月松间照,清泉石上流。竹喧归浣女,莲动下渔舟。随意春芳歇,王孙自可留。"首先大家能够感受到的是诗歌中的意象:空山、新雨、明月、松林、浣女、渔舟。这些意象是实在的,但诗人的诗歌中所蕴含的情感却在

"诗外",要透过意象体悟诗歌所表达的情感:诗人对这种世外桃源般宁静生活的向往之情。这是阅读的第二重境界。而诗人心灵的寄托最终归于眼前所见的秋山晚景,在这空山如洗的雨后,时近黄昏,明月初升,松林静而溪水清,浣女归而渔舟从。所有的情感和意境全在这眼前。言语与思想合而为一,情感与寄托合而为一。这正是语文学习的"顿悟"过程,如果只见"实相"而参不透意境,或只是追求"意境"而脱离了语言,那么都是有失偏颇的。只有当"实相"与"虚相"结合,由此及彼,由现象到想象,主客一体,有无一如,才能够真正领悟文学艺术的至美之境。

《坛经·顿渐品》说:

> 若悟自性,亦不立菩提涅槃,亦不立解脱知见,无一法可得,方能建立万法。若解此意,亦名佛身,亦名菩提涅槃,亦名解脱知见。见性之人,立亦得,不立亦得,去来自由,无滞无碍。应用随作,应语随答,普见化身,不离自性,即得自在神通,游戏三昧,是名见性。①

这就是禅宗所讲的"明心见性"之说。其大致意思是:如果开悟了自己的本性,也就可以不去追求菩提涅槃,不去追求解脱生死的智慧;不拘泥于一法才能获得万法。如果理解了此意,就叫作佛,就叫作菩提涅槃,就叫作解脱见知。识见本性的人,立文字与不立文字都可以得法,去来自由,没有阻滞。应用自如,随机对答,随处即是化身,一切都不离开自我本性,这就获得了随缘变化、自在无碍的神通,达到了游戏三昧的境界,叫作见识本性。由此可以看出,禅宗的刹那顿悟所触及的正是瞬刻的时间与永恒的宇宙、世界、人生之间的关系问题。

在禅宗看来,这就是真我,无自性、真佛性。这并不是我在理智、意念、情感上相信、属于、屈从于佛;相反,而是在此瞬刻永恒

---

① 《金刚经·心经·坛经》,陈秋平、尚荣译注,中华书局2007年版,第258页。

中，我即佛，佛即我，我与佛一体。① 这种对于佛性的看法，对教学来讲具有积极的启示。教学的最终目的是"明心见性"，通过与外在世界的对话，最终达成对自我本性的回归。

通过顿悟，达到明心见性的境界，"佛向性中作，莫向身外求。自性迷，即是众生；自性觉，即是佛"（《坛经·疑问品》）。在时间是瞬刻永恒，在空间是万物一体，这是禅的最高境界。领死如怡或宁静淡泊即来自长久追寻和执着之后突然解脱的精神快乐。"采菊东篱下，悠然见南山"，这就是宁静淡泊的顿悟之境；"人生自古谁无死，留取丹心照汗青"，这就是领死如怡的至境之悟。从一体感悟到万物，从瞬间领略到永恒，只要"心有灵犀"，只要刹那之间获得终古的体验，就是一种顿悟。顿悟不需要推理，顿悟不依靠诱导，顿悟是透过宇宙人生的任一具象窥见自我的最深心灵的反映。禅宗认为，佛性应该向自己内心寻觅，不能向外界索求。如果迷失了自我，就是芸芸众生；如果实现了自我，就是佛。实现自我的创造性价值，不仅是禅宗的最高境界，也是古代诗教个体人格发展的最美境界。这种"自性觉"的观点，与儒家"反求诸己"的思想有相通之处。

"刹那顿悟，明心见性"说明了禅宗对自由的人格主体精神的追求，教学的目的亦同。教育不仅仅是学习和追求外在的科学知识，更在于通过与知识的对话，形成对自我心性的回归。作为传统母语教育的语文教学尤其如此，我们不仅要学习"语言和文字"，使其成为沟通和理解世界的工具，而且能够通过语言文字的学习，陶冶自我的性情，达到一种人与自然、人与社会、人与自我的主客一体的和谐境界。

二 非关文字，以心传心的教育方法论

慧能本人即是不识文字却能够悟道的典范。《坛经·机缘品》谈道：

---

① 李泽厚：《中国古代思想史论》，安徽文艺出版社1994年版，第207页。

自黄梅得法，回至韶州曹侯村，人无知者。有儒士刘志略，礼遇甚厚。志略有姑为尼，名无尽藏，常诵大涅槃经。师暂听，即知妙义，遂为解说。尼乃执卷问字。

师曰：字即不识，义即请问。

尼曰：字尚不识，曷能会义？

师曰：诸佛妙理，非关文字。

尼惊异之，遍告里中耆德云：此是有道之士，宜请供养。①

"非关文字"即认为语言文字是公众的交际工具，是社会群体所遵守的共同规则，因此，任何语言、文字都只是人为的枷锁，是有限的、片面的、僵化的、外在的东西。② 如果要真正达到或把握本体，依靠这种共同的东西是很难实现的。只有凭个体的亲身感受领悟，或者"以心传心"的方式才有可能不被世俗的普遍性认识所束缚，从而达到智慧的境界。

"非关文字"与禅宗强调独创精神的宗旨是一致的。禅宗创造性地用"论""语录"和"偈颂"等代替了外国菩萨所造论，解脱了外来偶像的权威教条的羁绊，积极鼓励了思想自由和创新精神。如《坛经·顿渐品》说："生来坐不卧，死去卧不坐，一具臭骨头，何为立功课。"③ 禅宗认为，人们常用的概念语言把事物从整体中分割出来，成为有限而僵化的东西，它们远离了事物的真实性，所以要故意用概念语言的尖锐矛盾和直接冲突来打破这种执着，认为不能引起人们自身领悟的"功课"，是没有任何意义的，只有如"当头棒喝"一般，鼓励人们于"非关文字"处发现创造性，才是真正的价值所在。可见，禅宗的"非关文字"比玄学的"言不尽意""得意忘言"又推进了一步。它不只是"忘言"或"言不尽意"，而是干脆指出本体往往只有通过与语言、思辨的冲突或隔绝才能领悟。④

---

① 《金刚经·心经·坛经》，陈秋平、尚荣译注，中华书局2007年版，第212页。
② 李泽厚：《新版中国古代思想史专题》，天津社会科学出版社2008年版，第159页。
③ 《金刚经·心经·坛经》，陈秋平、尚荣译注，第254页。
④ 李泽厚：《新版中国古代思想史专题》，天津社会科学出版社2008年版，第161页。

由此可见，禅宗强调"非关文字""以心传心"的方法论，其实质是提倡学习主体与自身进行创造性对话的过程。在语文教学当中，既依托于语言文字又能够跳出语文文字的樊篱，在与自我的创造性对话中把握其中的真意与价值。这种方法论超越了现代语文课程作为"工具性"的属性，而是在不可言说中言说，在不可表达中表达，既不能落入平常的思辨、理性、言语中，又需要传达某种独特的意蕴。如有人问"什么是祖师西来意？"禅师回答曰"庭前柏树子"；又问"什么是佛？"禅师答曰"麻三斤"。这些都是佛教著名的公案，教人不要由执着于一种事物到执着于另一种事物。这种"一棒子打回去"的回答，其实是要提问者在惊讶当中受到启发和感悟。这对语文对话教学具有积极的启示意义，即语文思维的特点之一就是直觉形象思维，通过意象传达情感。我们要学习用创造性的方式表达和传递那些只可意会不可言传的东西。在"不说而说，说而不说"之间，禅宗"不立文字"，不涉理路，多用暗示、联想、比喻等方法表达含蓄深远的内涵。

在佛学思想的影响下，许多诗人以禅趣入诗，使得诗歌的意蕴发生了耐人寻味的变化。例如，北宋苏轼《琴诗》云："若言琴上有琴声，放在匣中何不鸣？若言声在指头上，何不于君指上听？"诗句打破了人们以往对"诗言志"的执着，在琴声的问题上发出了一个"非关琴声"的考问。又如苏轼的《惠崇春江晓景》："竹外桃花三两枝，春江水暖鸭先知。蒌蒿满地芦芽短，正是河豚欲上时。"苏轼在惠崇的春江晓景图上题诗，将青竹、桃花、春江、戏鸭、蒌蒿、芦芽、河豚诸种景物错落有致、动静相宜地呈现出来，使人如见其画。一个"知"字，画龙点睛，把"冷暖自知"的禅趣泼洒全诗，而又不着一点禅的痕迹。

三　自然和谐、物我一如的审美体验过程

禅宗认为，"悟道"不可强求，只能在日常生活中自然地获得，自然修炼过程有时候需要相当长的时间。"云覆千山不露顶，雨滴阶前渐渐深"，这句诗表达的就是一种漫长而有意义的生活式审美体验

过程。

《坛经·机缘品》云：

> 有僧举卧轮禅师偈曰：卧轮有伎俩，能断百思想。对镜心不起，菩提日日长。师（惠能）闻之，曰：此偈未明心地。若依而行之，是加系缚。因示一偈曰：惠能没伎俩，不断百思想。对镜心数起，菩提作么长？①

其意思是，有僧人转述卧轮禅师的偈颂，说卧轮禅师有本事，能消除各种各样的思虑，面对一切现象都不起念想，这样佛性就会日日增长。惠能听后说，这个人还没有明见自己的本心，如果按照这首偈来修行，反而是自己给自己套上枷锁。惠能于是又出示了一首偈：惠能没有什么本事，不能断绝各种思想，面对各种现象都会有一些想法，在此过程当中佛性自然而然地生长。

惠能认为，禅师僧人都生活在现实中，如果无视各种现象，不起各种念想，不仅不可能做到而且很痛苦；面对生活中的各种现象而超越生活现象，面对自己的内心世界而超越内心世界，这才是佛性的成长之道。禅宗提倡的是一种自然修炼的态度，追求的是一种自然修炼的境界，一种生活式审美体验过程。正所谓"平常心是道"，因此，学习和修炼的过程是一个与生活世界自然对话的过程，如果背离生活世界来奢谈精神的成长，无疑是不可取的。

唐代诗人常建《题破山寺后禅院》诗云："清晨入古寺，初日照高林。竹径通幽处，禅房花木深。山光悦鸟性，潭影空人心。万籁此都寂，但余钟磬音。"平潭静水中高山、旭日、竹林、飞鸟的倒影，似乎领略着"大象无形"的神奇；幽径深处的古寺、禅房、诗人、磬音的气流，仿佛传递着"大音希声"的美妙。自然的一切都在光和影之中流动，在静滤之中体悟，这是心灵在接受纯如恬淡的洗礼。"恬淡之境界"有出世之境界，也有入世之境界。出世之恬淡，是对

---

① 《金刚经·心经·坛经》，陈秋平、尚荣译注，中华书局2007年版，第250页。

污浊的洗涤，是对繁杂的根除，是对束缚之心灵的解放；恬静、淡泊、清净、幽远是一种令人神往的感觉，一种美妙无比的体验，一种灵魂出窍的享受。"户庭无尘杂，虚室有余闲"（陶渊明《归园田居》），"人闲桂花落，夜静春山空"（王维《鸟鸣涧》），表现的就是这种体验和享受。入世之恬淡，是对纯洁的留恋，是对自然的陶醉，是对自由的珍爱；牧笛、山花、泉流、童趣，人世间一切未经粉饰的自然与诗人的趣味融为一体的时候，就是入世之恬淡赐予人的最美好的心灵体验。"大儿锄豆溪东，中儿正织鸡笼，最喜小儿无赖，溪头卧剥莲蓬"（辛弃疾《清平乐·村居》），"开轩面场圃，把酒话桑麻"（孟浩然《过故人庄》），表现的就是这种入世之恬淡自在给人的享受。

禅宗讲佛性，实际上讲的是人性问题，就是绝对地肯定每个平凡人本性的圆满。不是让平凡的众生改造自己，去向一个绝对的神圣境界或精神本体看齐，而是在日常生活当中创造性地发现自我；不是个体寻找到清净自性的依据后可能成佛，而是这清净自性决定了个体本来就是佛。这样，作为宗教修持与信仰的佛理禅法，就演变为审美体验和认识方法；习禅不是以正视听或获得神通，而是对自我的发现与肯定。如探讨人性的独立与自由，正是从禅宗与古代诗教里找到了契合点，也找到了共通的审美发展。禅宗的思想对教育的影响应该进一步发掘。例如讲求"顿悟"以明心见性的观点，在西方教育理论中也有与之呼应者。雅斯贝尔斯就提出了"作为顿悟艺术的教育"，他认为，这是与人的理智相关的一个概念，"是灵魂的眼睛抽身返回自身之内，内在地透视自己的灵肉，知识也必须随着整个灵魂围绕着存在领域转动"，因此，教育就是引导"回头"即顿悟的艺术。[①] 这与禅宗彻悟"如相"的理念具有相通性，而"非关文字"的创造性思维的发展、"物我一如"的和谐对话理念等，都有待于在语文对话教学当中加以进一步发掘和借鉴。

---

① ［德］雅斯贝尔斯：《什么是教育》，邹进译，生活·读书·新知三联书店1991年版，第14页。

第四节 朱熹、王阳明对话思想探析

对中国古代对话思想的探析，除了儒、释、道三家代表人物孔子、孟子、老子、庄子和慧能而外，我们还需特别探讨宋代朱熹和明代王阳明的对话思想。朱熹和王阳明都属于儒学大师。从哲学上来讲，朱熹推崇的是"理"，而王阳明推崇的是"良知"。从教育来讲，朱熹整理了"四书五经"，并提出了著名的"朱子读书法"；王阳明与其弟子的言行被记载于《传习录》里，在对话中彰显其心学的理论和思想。这二人的学说所蕴含的对话思想，值得特别展开讨论。

一 朱熹切己体察中"讽咏涵濡"的教育思想

（一）"学达性天""文从道出"的理学思想

南宋朱熹哲学体系的核心理论是"性即理"。《论语·宪问》记载：子曰："莫我知也夫！"子贡曰："何为其莫知子也？"子曰："不怨天，不尤人，下学而上达。知我者，其天乎！""学达"的含义就是"下学上达"。朱熹在其《四书章句集注》中引用程子的解释："学者须守下学上达之语，乃学之要。盖凡下学人事，便是上达天理。然习而不察，则亦不能以上达矣。"其意思是说，《论语》所讲的"下学而上达"，是学者学习的要旨。即从"日用"上下功夫，才是上达天理的方法。如果对生活诸事都不能研习精通，那么做好学问是不可能的。在朱熹看来，世间万事万物都是有"理"的，而"理一"和"分殊"是相通的，只有通过"格物"的方法才能达到"致知"，达成日用功夫与天理体认的融合。《中庸章句》注曰：

> 命犹令也，性即理也，天以阴阳五行，化生万物，气以成形，而理亦赋焉，犹命令也。天是人物之生，因各得其所赋之理，以为健顺五常之德。所谓性也。[1]

---

[1] （宋）朱熹：《四书章句集注》，上海古籍出版社2001年版，第20页。

朱熹认为，理既是天地万物的本原或根据，也是人类社会最高的伦理道德或规范。气是理的安顿处、挂搭处，理与气相依不离。气充满于宇宙之间，贯穿于一切事物之中，"天地间无非气。人之气与地之气常相接，无间断，人自不见"（《朱子语类》卷三）。因此，气变化无穷，气无止息，气化生人、生物，"气聚则生，气散则死"，气的聚生散死，是生物的基本运动形态。

《朱子语类》卷一三九云：

> 道者，文之根本；文者，道之枝叶。惟其根本乎道，所以发之于文，皆道也。三代圣贤文章，皆从此心写出。文便是道。今东坡之言曰，"吾所谓文，必与道俱"，则是文是文而道自道，待作文时，旋去讨个道来入放里面，此是他大病处。

道与文犹如根本与枝叶，尽管根本与枝叶有分别，但实为一体。突破了前人文道为二、本末倒置的藩篱，在天人合一之境，揭示了道与文、善与美、内容与形式的完美统一。

站在当代教育的角度来看，既然万事万物都具有客观存在的"理"，那么我们就应该从实践当中去追求、发现、体悟事物的"理"，这正是学习探究的过程。例如，学习朱自清的《背影》，很多语文教师关注"父爱"主题，因此在教学中不断与学生探究和体味"父爱"的内涵，甚至离开文本来讲"父爱"。这样的文本解读忽略了"回忆性"散文的基本特征，忽略了文章中"两个我"的交织与对话的关系。孙绍振指出，《背影》的经典之处就在于"爱的隔阂"，"我""对父亲的爱的拒绝是公然的，而为父亲感动流泪却是秘密的。亲子之爱的这种错位，不仅是时代的，而且是超越历史的，表现了一代又一代重复着的普遍的人性"[1]。孙绍振的解读，正是从文本细读中钩其玄妙，以意逆志，发现、探究文本所要表达的思想和情感的过

---

[1] 孙绍振：《〈背影〉的美学问题》，《语文建设》2010年第6期。

程。因此，文本尽管具有"丰富性""多义性"的特征，但是我们应该尽量"知人论世""以意逆志"，通过文本细读，去把握文本的要旨。这也是朱熹"学达性天""文从道出"理学思想对语文教学的启示。

（二）"章句—训诂—讽咏—涵濡"学程

朱熹在其《诗集传序》中对学习《诗经》的过程与方法作了严格的规定：

> 本之二南以求其端，参之列国以尽其变，正之于雅以大其规，和之于颂以要其止，此学诗之大旨也。于是乎章句以纲之，训诂以纪之，讽咏以昌之，涵濡以体之。[①]

他认为，学诗要从《二南》开始，然后参照《国风》的各种变化，接着用《雅》来规正人的情感意识，最后通过《颂》而进入"理"的精神境界。"本端—参变—正规—和止"便是朱熹提出的诗教学程，这一程序是紧紧围绕《南》《风》《雅》《颂》的内容而展开的。《二南》本属于十五国风，朱熹却把它提前了，与《风》《雅》《颂》相并列，目的是以所谓《二南》表现的"文王之道""后妃之德"先入为主，正人视听，防止"邪正是非之不齐"的国风影响诗教归于"理"的终极目标。

从现代教学的理念观之，朱熹的《诗经》教学过程可概括为"章句—训诂—讽咏—涵濡"，其核心是围绕文本展开学习的过程。首先从"章句"开始，即离章辨句，分析古书章节句读的意思；然后"训诂"，对文本的内涵进行进一步的解释和说明；再到"讽咏"，通过讽诵吟咏以达成对文本思想价值的挖掘；最后为"涵濡"，也即滋润、沉浸在文本所蕴含的"理学"意味中。整个过程从文本开始，到沉浸于文本的理学意味结束，始终将学习的意义和价值熔铸于文本的理解和阐释当中。

[①] （明）朱熹：《四书五经》中册《诗经传序》，宋元人注，中华书局1985年版，序。

这种"以古治古"的学习方法，可以帮助我们反思当下的教学。例如，学习朱熹的《观书有感》："半亩方塘一鉴开，天光云影共徘徊。问渠那得清如许？为有源头活水来。""昨夜江边春水生，蒙冲巨舰一毛轻。向来枉费推移力，此日中流自在行。"这两首诗的题目是观书，全诗却不见书的踪迹。分别以"半亩方塘"和"江边春水"为比喻，说明读书的道理和心得。在教学中，可以首先从"章句"开始，分析七言绝句的特点；其次对诗歌的大意作"训诂"，如搞清楚"蒙冲""方塘"以及诗歌的含义；再通过"讽咏"，挖掘诗歌比喻背后的所指；最后，再次回到诗歌上，"涵濡"品味，在沉浸中体察诗歌的意味。

（三）"切己体察""虚心涵泳"的读书之法

南宋朱熹提出的"朱子读书法"是古代非常有影响力的读书方法，也是我国古代最系统的读书法。经由后学整理归纳为：循序渐进、熟读精思、虚心涵泳、切己体察、着紧用力、居敬持志。笔者以为，后两种方法"着紧用力"和"居敬持志"主要就学习和读书的态度、意志、恒心而言的，前四种正好构成了完整的语文阅读教学过程。

1. 循序渐进之法

朱熹对循序渐进的观点是："未得乎前，则不敢求其后，未通乎此，则不敢志乎彼，如是循序而渐进焉，则意定理明。"（《朱子大全·读书之要》）他还十分形象地指出："譬如登山，人多要至高处，不知自低处不理会，终无至高处之理。"（《朱子语类》卷八）读书就如同登山，没有积累就没有提高。

2. 熟读精思之法

朱熹认为，有些人读书"所以记不得，说不出，心下若存若亡，皆是不精不熟之患。"[1] 他提出阅读的标准是"使其言皆若出于吾之口，使其意皆若出于吾之心，然后可以有得尔"。意大利著名作家、诺贝尔文学奖获得者卡尔维诺指出："经典作品是那些你经常听人家

---

[1] （宋）朱熹撰，（宋）张洪编：《朱子读书法》，中国书店出版社2015年版。

说'我正在重读……'而不是'我正在读……'的书。"① 用程颢程颐的话来讲,"看得烂熟""成诵在心乃可"。这看上去是一个笨办法,但除此之外,别无巧径。前文中探讨语言学习规律,就是由"言语"到"语言"的内化过程,那么这里最好的办法就是熟读精思。如学习《论语》,能够将其中的内容熟读背出,并能在一定的情境下恰如其分地引用原文以表达自己的心意,只有这样,才算实现了与《论语》的对话。

3. 虚心涵泳之法

朱熹谈道:"读书且须玩味,不必立说,且理会古人说教通透。"虚心涵泳的阅读方法,即不要先入为主地下结论,而应该沉静下来仔细沉潜玩味。如"吃果子一般,劈头方咬开,未见滋味便吃了;须是细嚼,则滋味自出,方始识得这个是甜是苦,是甘是辛,始为知味"。

4. 切己体察之法

朱熹认为:"读书不可只就纸上求理义,须反来就自身上推究",如果不能"体之于身",那么即便"广求博取,日诵五车",也无益于学。例如《大学》,它强调了读书人做事的章程,我们知道了这个章程,那么就必须践行,这样才能有所得。

二 王阳明体用不二的"知行合一"教育哲学

王阳明是明代杰出的哲学家、军事家、教育家。他的学说不仅在当时,而且在后世,不仅在中国,而且在世界各地,尤其在日本、东南亚等国家,都有着广泛的影响。其著作《传习录》三卷,是王阳明思想的代表之作。张岱年在《关于新儒学研究的信》中说:"牟宗三不仅要在中国文化中为儒学争正统,而且要在儒学中为陆王争正统。"这里的"陆王",即是心学代表人物陆象山和王阳明。王阳明推崇程颢与陆象山的思想,认为"心"与"理"不是两件事。陆象山说:"宇宙便是吾心,吾心即是宇宙。"他认为,宇宙间的一切现象都是"吾心"派生的,如果宇宙间的有些事物和吾心不相接,那

---

① [意大利]伊塔洛·卡尔维诺:《为什么读经典》,译林出版社2012年版,第4页。

么这些事物对于我来说也是没有意义的。王阳明心学以心即理、知行合一、致良知为基本范畴，提倡体用不二，在自觉行为中肯定人生价值，认为人性需求即伦理规范。这种心学理论及其不假外求的实践方式构成了王阳明哲学知行合一、体用不二的特征。他认为，知与行浑然一体，不能分离。在自觉行为中肯定人生价值，就是知行合一的真谛。良知实践不离见闻，不离生活，但又不受见闻之知与生活条件的限制，完全取决于心之本体的驱动与行为。

（一）"心即理，理即性"的对话哲学

王阳明接受了陆象山"心即理"的观点，在《答顾东桥书》中说：

> 心即理也，学者，学此心也；求者，求此心也。孟子云："学问之道无他，求其放心而已矣。"非若后世广记博诵古人之言词，以为好古，而汲汲然惟以求功名利达之具于其外者也。①

其大意是说，心便是理，所学的即是此心，所求的也是此心。他引用孟子的话，说明学问之道就是"求其放心"而已，并不是离开了"此心"，去追求外在的功名利达。其观点不同于朱熹的"即物而穷其理"的"格物"论，他认为"格物致知"不能"求理于事事物物之中"，而只能求理于自己的内心。

其代表作《传习录》（下）中有一段非常经典的对话：

> 先生游南镇，一友指岩中花树问曰："天下无心外之物，如此花树，在深山中自开自落，于我心亦何相关？"先生曰："你未看此花时，此花与汝心同归于寂，你来看此花时，则此花颜色一时明白起来。便知此花不在你的心外。"②

---

① 张祥浩：《王守仁评传》，南京大学出版社 2006 年版，第 408 页。
② 同上书，第 418 页。

这段话讨论的核心问题为心是物的本体，其重心并不在心外有物还是无物上，而是物与心有何关联的问题。花树在深山中自开自落，不以人心为转移，这是不争的事实。友人所肯定的，阳明并没有否定。阳明认为，心物不相接时，心是心，物是物，心不知物，而物亦不应心，心物阻隔，体用为二。当心物相接时，心感物而体发于用，物应心而用接乎于体，心物相通，体用为一，物得心之用而显现了价值和作用。

　　这段对话非常形象地概括了"对话教学"的内涵和真谛。对话教学是一种意义的流淌和在"关系"中对彼此创造性地激发，客观的外在事物如同"岩中花树"，如果你没有与之"相遇"，则"花与汝"同时归于沉寂，只有当这"岩中花树"触动你的时候，你们在对话和交流当中才彼此成长和产生存在的价值。显然，这是典型的心学观点，但其中蕴含的价值恰恰说明了教学的意义。"花与人"，本身是"物与物"之间的关系，但在王阳明心学观照下，则把它看作"人与人"之间的关系，这是一种审美的境界，即将物与人融为一体，人才能与物"相遇""交流"和对话。这也就是布伯尔所强调的"我—你"的关系，只有在"我—你"这种关系当中，才可能实现双方的"相遇""对话"与"交流"，而不是主体与客体之间"我—它"之间彼此疏离的关系。因此，布伯尔讲只有"我—你"的关系才被称为"关系"世界。[①]

　　无论王阳明的"人与人"的关系还是布伯尔的"我—你"关系，都是强调"人"对于世界的认知方式。当人将世界看作"被征服"的客体时，促使人不断探究外部世界，并用科学主义的方式划分世界；但是人如果仅仅停留于这种"征服"态度的话，就将失去精神的自由和家园。庄子在《齐物论》中讲到"天地与我并生，而万物与我为一"时，并不是说"我"的寿命长到可以与"天地""万物"一样，而是强调只有当"我"存在之时，"天地""万物"对我才有价值和意义，随着"我"生命的消亡，"天地""万物"对我而言也

---

① Martin Buber, Ich und Du, Heideberg Verlag Lambert Schneider, 1977: 9–12.

同样消亡了。庄子生活在政治十分黑暗的战国中后期，宋康王杀人如麻，人民生活朝不保夕，庄子叹曰："方今之时，仅免刑焉。福轻乎羽，莫之知载；祸重乎地，莫之知避。"（《人间世》）足见庄子超然的人生智慧与态度了。相比于陈子昂"念天地之悠悠，独怆然而涕下"，王阳明和庄子的哲学显得十分明澈。

（二）知行合一、体用不二的学习观

人们往往把"知行合一"当作王阳明的心学命题，当作一个古代哲学范畴，这其实更是古代社会理想的文化人格的一种范式，而王阳明就是"知行合一"的创造者和践行者。

王阳明在《答顾东桥书》中说：

> 夫问、思、辨、行，皆所以为学，未有学而不行者也。如言学孝，则必服劳奉养，躬行孝道，然后谓之学，岂徒悬空口耳讲说，而遂可以谓之学孝乎！学射，则必张弓挟矢，引满中的；学书则必伸纸执笔，操觚染翰，尽天下之学无有不行而可以言学者，则学之始，固已即是行矣。①

他以学孝为例，论证了知行合一的至善实践价值；又通过学射和学书来说明知行之间的关系。他认为：

> 知是行的主意，行是知的功夫。知是行之始，行是知之成。
> 知之真切笃实处，即是行；行之明觉精察处，即是知。知行工夫本不可离，只为后世学者分作两截用功，失却知行本体，故有合一并进之说。真知即所以为行，不行不足谓之知。②

他所提出的"知行合一"说，在其心学体系中有着特殊的含义，

---

① 顾树森：《中国古代教育家语录类编》下册，上海教育出版社1983年版，第202页。
② 同上书，第201页。

他认为，知与行是浑然一体的，真知即所以为行，不行不足以谓知。例如，离开了实践本体而向外获取的"道德知识"就不能称之为至善之道，离开了良知本体而确立的行为规范也不过是一纸空文。真正的道德在于实践主体与道德知识之间不可分离的知行合一的实践。

王阳明是彻底地坚持主客一体的哲学家，而对话教学正是一个主客一体的过程。对话教学是在言语实践当中学习语言，即在"听、读、说、写"的实践活动当中培养学生的情感态度，即愿意、行动、反思、建构和创造；同时历练学生的思维能力，即识记、判断、分析、综合、想象等的过程。这是一个"知行合一"的过程，正如王阳明所言："知之真切笃实处，即是行；行之明觉精察处，即是知。"用知行合一的观点来看语文教学的工具性和人文性，会发现这是一个不可割裂的两个方面，不能离开言语实践谈道德修养，也不能离开言语实践谈传统文化的熏陶。正如洪堡特所言："民族的语言即民族的精神，民族的精神即民族的语言，二者的同一程度超过了人们的任何想象。"① 言语实践的过程包含着思维训练、情感态度和审美体验的过程。

（三）"歌诗—习礼—诵书—宣志"的综合性实践课堂

王阳明在教育上的创见，与其心学理论是相通的，体现了他"知行合一、体用不二"的哲学思想。王阳明学程可以概括为"歌诗—习礼—诵书—宣志"几个步骤，他每日安排课程为：①考德（以每日清晨谈话的方式）；②背书诵书；③习礼或课艺；④诵书讲书；⑤歌诗。② 王阳明要求：

> 凡诱之歌诗者，非但发其志意而已，亦所以泄其跳号呼啸于咏歌，宣其幽抑结滞于音节也。导之以礼者，非但肃其威仪而已，亦所以周旋揖让，而动荡其血脉，拜起屈伸，而固束其筋骸

---

① ［德］洪堡特：《论人类语言结构的差异及其对人类精神发展的影响》，姚小平译，商务印书馆1997年版，第50页。

② （明）王阳明撰：《传习录》，于自力、孔薇、杨骅骁注译，中州古籍出版社2008年版，第284页。

也。讽之读书者,非但开其知觉而已,亦所以沈潜反复而存其心,抑扬讽诵以宣其志也。①

其意是说,通过吟诗唱歌的开导,不仅能够开发学生们的志向和兴趣,而且在歌咏中消耗学生们蹿跳呼叫的精力,在音律中抒发学生们的抑郁和不快。用礼仪开导,不但可以严肃仪表,还可以在打躬作揖中活动血脉,在叩拜屈伸中强健筋骨。教导学生们读书,不但可以开发其智力,而且可以在反复研讨中存养心性,在抑扬顿挫的朗诵中弘扬志向。通过言语诵读,不但可以引导志向,而且可以开导性情,不但可以开发智力,而且可以存心养性,这是一个主客一体的过程。王阳明讲学遵循的是知行合一、主客不二的实践方法论。他讲学的功能不仅涉及德育和智育,而且重视音容威仪、心理疏导、健身强骨、团队精神等的培养。他的讲学过程循序渐进,内容充实而形式活泼,气韵流动而富有活力。这种讲学特点,正好是今天的学校教育所缺失的。

总体来讲,王阳明心学在中国哲学史上占有重要一席。晚明袁中道说:"自东越揭良知,以开天下学者,若披云见日矣。"明末史学家兼文学家张岱也说:"阳明先生创良知之说,为暗室一炬。"王阳明心学强调"心即理"的人生论,强调"知行合一"的认识论,以及强调"致良知"的修养学说。其哲学思想与布伯尔"我—你"的关系哲学有共通之处,与对话教学的内涵是相契合的,这是一种"相遇"的哲学,在相遇中"明白起来",在体用不二的综合性实践中获得对世界的感知和理解,并进而促进自我主体的自由发展。

---

① (明)王阳明撰:《传习录》,于自力、孔薇、杨骅骁注译,中州古籍出版社2008年版,第280页。

第二章 语文对话教学的本质、特征、类型

第一节 核心概念

一 对话教学

"对话"在英语中为"Dialogue",该词源于希腊词"dialogos"。Dia 意味着"through"即"穿越",Logue 的意思是"词"(the word),意味着"思维""概念""言语"等。因此,从词源学的角度来讲,"对话是超越两人、两人之间和通过两个人的言语"(a speech across, between, through two people)。[1] 对话并不局限于两人之间,它可以在任何数量的人之中进行,甚至当一个人的时候,只要他抱持对话的思维和精髓,便也可以实现"与自身的对话"。因此,伯姆认为:"这样来理解对话,就意味着对话仿佛是一种流淌于人们之间的意义溪流,它使所有对话者都能够参与和分享这一意义之溪,并能够在群体中萌生新的理解和共识。"[2]

在汉语当中,"对话"是一个现代词汇,《现代汉语词典(修订本)》对它的解释为[3]:"两个或更多的人之间的谈话""两方或几方

---

[1] Crapanzano, V., *On Dialogue*, In Maranhão, T. (ed.), *The Interpretation of Dialogue*, Chicago: University of Chicago Press, 1990: 276

[2] [英] 戴维·伯姆:《论对话》,李·尼科编,王松涛译,教育科学出版社 2004 年版,第 6 页。

[3] 中国社会科学院语言研究所词典编辑室编:《现代汉语词典(修订本)》,商务印书馆 1998 年版,第 318 页。

之间的接触或谈判"。从汉字的角度来看,"对"有几层意思:① 其一是"应答",如《诗经》所讲的"听言则对,诵言如醉";其二是"向着",如"对案不食";其三是"匹配,敌手",等等。而"话"的含义②包括"言语",例如,《诗经·大雅》中"慎而出话,敬而威仪";还有"谈论""议论"之义。因此,从汉字溯源的角度我们可以看到,"对话"是发生在相互之间的、以言语形式等为中介的应答或交流的活动。单就词源学的考证来讲,作为现代汉语词汇"对话"的内涵是明确而单纯的,但从历史文化的范畴来看,人们赋予了"对话"以丰富的内涵。对话不仅是指外在形式上的交流活动,而且更为看重的是其内在的意义内涵的交流与生成。

继"对话"的内涵后,我们来进一步理解"教学"。《学记》讲道:"学然后知不足,教然后知困;知不足,然后能自反也,知困,然后能自强也。是故教学相长也。"《学记》将"教学"定位为师生之间相互促进、共同发展的活动。中国古代有着对话教学的渊源。孔子提倡"诗教",即通过学《诗》,培养"温柔敦厚"的君子,并提出了"兴观群怨"的对话教学模式。孟子提出了"知言养气"的教学方法,通过与作者、与文本的对话,最终促进学习者形成"浩然之气"。至唐宋时期,"文教"发扬光大,韩愈在继承孟子"养气论"的基础上,进一步提出了"气盛言宜"的创作观,"气盛,则言之短长与声之高下者皆宜"(《答李翊书》),进而提出"吟诵—博览—提要—钩玄"的学程。朱熹继承了儒家教育思想,立四书,办书院,并确立了一系列《学规》,提出了"博学之、审问之、慎思之、明辨之、笃行之"的"为学之序",等等。这些中国传统意义上的对话教学思想和模式,对我们今天的教育仍然具有积极的启示价值。中国传统的母语教育由"诗教"到"文教"的发展过程,其中一以贯之的是独具中国传统文化特色的"气论",无论是诗教中相观而善的"群

---

① 广东、广西、湖南、河北辞源修订组,商务印书馆编辑部编:《辞源》,商务印书馆1988年版,第476页。
② 同上书,第1572页。

怨",还是文教中修辞以明道的"气盛言宜",抑或庄子"虚而待物"的"心斋",都始终围绕着学习主体的"养气"展开。其方法众多,诸如"吟诵""博览""涵泳""宣志"等,但指向却是同一的,即促进学习者自身内在之气的养成。

20世纪以来,"对话理论"受到越来越多的关注和重视。从哲学来看,巴赫金、哈贝马斯、伽达默尔、格里芬以及伯姆等的哲学思想都为对话理论的发展提供了依据和支持。例如,巴赫金从文学理论角度提出的对话理论,强调了"差异性""未完成性"。正是由于人们在思想观念和价值立场上差异性的存在,对话才有可能和必要;同时,"未完成性"是巴赫金对话理论非常重要的观念之一,对话永远是指向未来的,是指向未完成的区间的,这种未完成性决定了不断生发新的观点的意义和价值。如对于小说而言,作者不是创作了文本而只是参与了文本,对文本的解释永远是一个未完成的系统。巴赫金的对话理论本质上是从不同社会阶级的视角阐释文学现象,力图摆脱特权、阶级、禁令,展示人们自身生存的自由形式。巴赫金的对话理论使我们认识到对话的必要性和价值,差异性是对话的前提,而"未完成性"则是对话的意义。又如哈贝马斯的"交往行为理论"关于教学中"师生关系"的启示,伽达默尔的释义学理论之于语文阅读教学的启发,以及格里芬等对于经验和感觉的唤醒等,对语文对话教学的发展都产生了深刻的影响。

从对话教育的角度来看,马丁·布伯尔、保罗·弗莱雷、雅斯贝尔斯、伯姆、佐藤学等思想家和教育家对教育的发展有着积极的影响。布伯尔确立了"我—你"关系(I-You)和"我—它"(I-It)关系。"我—它"关系是一种以工具主义为特征的关系,是将主体与他者看作一种征服与被征服、利用与被利用的关系,主体关注的是"他者"的价值和用处。而当我们进入审美境界时,这种"人与物"的关系就发生了转变,成为"人与人"的关系。在布伯尔看来,真正的关系是"我—你"的关系,是一种相互的双向的关系。在"我—你"关系当中,彼此双方都全身心地投入其中。教学就应当是一种"我—你"的关系,教师不是将学生看作被训练和灌输的"客体",

而是在相互交往和对话中实现彼此的价值和意义。保罗·弗莱雷的对话教学理论影响深远。他在《被压迫的教育学》中，批判了麻痹、抑制创造力的"灌输式教育"，认为灌输式教育的出发点是把人误解为客体，① 教育变成了一种类似于"储存"的行为，教师通过灌输把学生视为"存储器"。这种灌输式教育的弊端就在于忽略了人的探究和实践，忽略了学生的创造性。因此，弗莱雷提出的对话教育，首先要构建一种新型的师生关系，教师在与学生交往中要成为学生的合作伙伴。在教学当中师生双方都应该以爱、平等、谦逊、信任的态度投入其中。其次，教学的过程就是师生思维活动的过程。教学是一种学习的情境，"可认知的客体成为认知主体——一边是教师，另一边是学生——的中介媒体"②。对于教学内容而言，灌输式教育是教师在书房或实验室备课，认知可被认知的客体，然后在教室向学生阐释这一客体；对话教育则是将教学内容看作唤起师生双方进行批判性思考的媒介。德国存在主义哲学家雅斯贝尔斯对教育的理解是"人的灵魂的教育，而非理智知识和认识的堆积"③，因此他大力提倡苏格拉底式的教育，教师和学生处于平等的地位，教学双方均可以自由地思索，没有固定的教学方式，只有通过无止境的追问而感到自己对绝对真理竟一无所知。④

从学习心理学的角度，罗杰斯的学习理论对传统教育进行了批判，他认为，传统教育的主要特征是：教师是知识的拥有者，学生是被动的接受者；教师是权力的拥有者，学生是服从者；教师可以通过各种方式（如演讲、考试、分数甚至嘲弄）来支配学生的学习。如同"壶杯"教育理论（a "jug and mug" theory of education），教师如同"壶"，拥有着知识，学生如同"杯"，消极等待壶的灌输。因此，

---

① [巴西] 保罗·弗莱雷：《被压迫者教育学》，严振国等主编，顾建新等译，华东师范大学出版社 2001 年版，第 29 页。

② 同上书，第 31 页。

③ [德] 雅斯贝尔斯：《什么是教育》，邹进译，生活·读书·新知三联书店 1991 年版，第 4 页。

④ 同上书，第 8 页。

罗杰斯也提出了要废止传统意义上教师（teacher）的角色，以促进者（facilitator）取而代之。从而使学生的学习具有个人的价值和意义。[1] 语言学家韩礼德提出了"以语言为核心的学习理论"，当个体发生语言行为之时，其学习行动也就发生了。[2] 因此，言语实践活动是语文对话教学的核心因素。而且，韩礼德指出，人总是在一定的社会文化结构当中理解语言，因此，我们需要设置"语文知识问题情境"，让学生在教学的共时情境中理解和生成言语。

基于以上观点，我们认为，教学本身就是一种对话活动，换言之，教学的本质即在于对话。教学活动是汇集了诸多因素的对话和交流的过程。其中包括教师、学生、文本、作者、环境、自我，甚至不在场的想象。对话教学的最终目的是促使学习主体在教学情境当中能够参与、体悟和分享的"意义之溪"，并在该过程当中生发出创造性的理解和体验。由此可见，"对话教学"概念的提出，是以对话的精神和原则来俯瞰教学活动的过程，是在构建一种有效的教学过程——一种主客一体的教学模式。

二 语文对话教学内涵的发展

人们关于语文教学的内涵，经历了漫长的探讨和摸索。从对传统伦理性教育的反叛，到对西方和苏联教学理论的移植和模仿，期间还经历了"文化大革命"时期"政治语文"阶段，到21世纪语文课程改革的推进，关于语文教学本真价值的探讨从未停息。因此，我们应立足于母语教育的视角，根据语文课程的特点，建构一种更为符合其本真价值的教学思想。首先，我们对母语教育的发展过程作一基本的梳理，从总体发展的脉络来看，呈现由传统到现代，由科学化教育到主体性教育发展的特点。语文教学的内涵，随着时代的变迁也不断地发生着变化。

---

[1] 施良方：《学习论》，人民教育出版社2001年版，第392页。

[2] Halliday, M. A. K, 1978, "Towards a Language-based Theory of Learning," *Linguistics and Education*, 93.

（一）由伦理性教育向知识性教育的转变

中国古代母语教育，是属于文史哲不分家的伦理性教育。其基本的教育目的是培养"文质彬彬"的君子。清末帝国主义列强的入侵，打破了我们传统的教育体制和教育价值观。当时，有识之士纷纷提出"师夷长技以制夷"，洋务派的教育家们则主张兴办洋务学堂，其中开设外国语、自然科学、实用科学等课程，并派遣留学生学习西方教育体制，翻译出版西学书籍，这一系列教育举措加速了中国母语教育由传统的伦理性教育向现代知识性教育的转变。

洋务派教育家、改革家张之洞的观点很具有代表性："今欲强中国，存中学，则不得不讲西学。"① 西方教育思想中影响较大的如赫尔巴特的教育思想和理论，就较早地介绍引进现代启蒙中的中国国门。② 之后，赫尔巴特的学生莱茵在原先赫尔巴特四阶段教学模式的基础上进行了改造，发展成为后来在中国广泛流传的"五段教程"，即预备、提示、比较、概括、应用。此外，20世纪50年代初，苏联凯洛夫的《教育学》被引入中国，在国内产生了巨大的影响。凯洛夫的教学观念概括起来即强调三中心论：一是以教师为中心；二是以课堂为中心；三是以书本知识为中心。他所推崇的知识中心的教学理念，旨在使学生获得各门学科的系统知识。如在语文教学理论方面的"知识"取向主要体现在对"字、词、句、篇、语、修、逻、文"的"八字宪法"的推崇，以及对"双基"——基本知识、基本能力的重视上。

20世纪以来，"知识"取向的教学理论成为中国语文教学理论建构与发展的主导方向，在这种教学理论的主导下，教学的目的在于探究外部的客观知识，并力图建立一套系统的、以知识和学问为中心的语文教育体系。它打开了语文教育教学的"科学"之门。

---

① （清）张之洞：《劝学篇》，中州古籍出版社1998年版，第90页。
② 1901年，近代教育家罗振玉、王国维在上海创办《教育世界》，翻译介绍了日本人岛端转译的美国人查勒士·德·曷尔毛所著的《费尔巴图派之教育》，费尔巴图（今译赫尔巴特）的教育理论便在中国传播开来。1806年，赫尔巴特的《从教育目的引出的普通教育学》于1936年由商务印书馆出版了尚仲衣的中译本。

(二) 主体性教育对知识性教育的挑战

我国主体性教育的发展，其源头可以追溯到杜威的教育思想。杜威认为："学校科目互相联系的真正中心，不是科学，不是文学，不是历史，不是地理，而是儿童本身的社会活动。"① 以儿童的发展为中心，以活动为中心，在做中学，是杜威主体性教育的核心内容。杜威的教育理念在20世纪上半叶对我国的语文教学产生了巨大的影响。陶行知等教育家不但在理论上大力宣扬杜威的主体性教育思想，而且在实践当中进行了有益的教育改革。黎锦熙在语文教学方法方面的探索也有着主体性教育的基本理念。1924年，黎锦熙出版了我国第一部中文教学法专著《新著国语教学法》，其中提出了"三段六步教学范式"：第一段，理解，包括预习和整理两步骤；第二段，练习，包括比较和应用两步骤；第三段，发展，包括创造和活用两步骤。② 该教学范式非常重视学生在教学中的主体地位，注重培养学生的学习兴趣，使学生主动地获取知识、形成能力、发展智力。到了21世纪初，我国推行新课程改革。改革的主要目的是改变"过于注重知识传授的现象"③，提出了"知识与能力，过程与方法，情感态度与价值观"的三维课程目标体系，突出了学习者在教学活动中参与、合作、对话的过程，引导学生在参与、对话当中进行知识建构和情感体验。总体而言，这种主体性教育的观念是对人的发展主旨的回归，同时也使教育从抽象的知识教条式的教育向生活实践教育回归。有专家认为，这是现代教学论的新的生长点。④

我国新课程改革在全国推行十余年，也受到了一些专家的质疑。王策三认为，我们的教育在向所谓的"素质教育"转轨的过程当中，出现了"轻视知识"⑤的现象。这其实也是主体性教育所产生的弊

---

① [美] 杜威：《学校与社会·明日之学校》，赵祥麟等译，人民教育出版社1994年版。
② 黎锦熙著，黎泽渝、马啸风、李乐毅编：《黎锦熙语文教育论著选》，人民教育出版社1996年版，第438页。
③ 钟启泉：《发霉的奶酪》，《全球教育展望》2004年第10期。
④ 靳玉乐、李森：《中国新时期教学论的进展》，重庆出版社2001年版，第512页。
⑤ 王策三：《认真对待"轻视知识"的教育思潮》，《北京大学教育评论》2004年第7期。

端，在 20 世纪的美国也出现过，"八年研究"后，就有人质疑杜威的"儿童中心论"，认为它轻视间接地获取科学文化知识的途径，从而降低了学校教育的质量。

（三）对话教育对主体性教育的推进

我们认为，主体性教育尚不足以表达语文教育的理想状态。佛教讲求"不落两边"的境界，而主体性教育也是突出了一边。佐藤学称之为"主体性神话"，即在教学当中将学生的"需要、愿望、态度"理想化，他认为："在教材、学生、教师等同时介入的教学过程中，单将其理想化是不行的，学生自立、自律的学习必须在与教师的互动中、在与教材、教室中的学生以及学习环境的关系中来加以认识。"① 而现代哲学的转向也带来了由过去的"主体性哲学"、由以人为主体、人通过认识而征服客体、征服自然的"人类中心主义"转向侧重于人与人之间相互理解的哲学，进而转向了同相互理解紧密相连的语言哲学。②

对话教学从根本上是以释义学视界融合以及主客一体哲学为根基的，是对教学当中主客关系和价值的重新建构；它指向了语文教学论的新时代，同时也是世界其他国家母语教学理论发展的方向。

三 语文对话教学

语文课程的性质决定了语文对话教学的独特个性。从语言本身的属性来看，人们通过语言达成理解和沟通，语言是人存在的家。亚里士多德说：人是有逻各斯的动物。西方所谓"逻各斯"的本来意思即是"语言"，而非"理性"，语言就包含了"思维、概念、规律"等。人依靠逻各斯，就能超越当前在场的东西以进行理解和沟通。因此，如伽达默尔所言，语言的根本特点就是能表达出不在场的、隐蔽的东西。思维也只能在语言中进行，我们通过学习语言、学习讲话而

---

① ［日］佐藤学：《静悄悄的革命——创造活动的、合作的、反思的综合学习课程》，李季湄译，长春出版社 2003 年版，第 17 页。
② 张世英：《进入澄明之境——哲学的新方向》，商务印书馆 1999 年版，第 16 页。

成长，而形成概念，而认识世界。因此，语文学习更需要我们打破僵死的抽象概念，从而进入活生生的情境当中，在交谈、对话中构建不在场的意义和价值，通过想象和对话，使一方进入和参与到另一方的世界中去，从而实现真正的对话和沟通。[1] 这里，我们看到，语文教学当中的对话可能是学习者与文本的对话（实践性对话），可能是与作者的对话（交流性对话），也可能是与同伴或教师的对话（实践性对话），还有可能是与自我的对话（反思性对话）。无论何种形式的对话，判断语文对话教学的关键要看是否实现了理解和交流的价值。因此，以语言本体观来看，语文教学活动的本质是一种对意义构建的对话过程。

语文教学以"语言"为本体的对话教学观是有其哲学基础的，其核心的哲学理论为海德格尔、伽达默尔等的释义学理论，中西方哲学当中主客一体的哲学思想。海德格尔的"现象学"是作为本体论意义上的方法论探究和阐释被遮蔽的现象，使其存在的意义彰显出来的哲学。海德格尔强调语言与存在的本质关系，认为"语言是存在的寓所"[2]。语言首先是存在的语言，存在也只有通过语言才能显现，存在"永远在走向语言的途中"[3]。因此，语言是一种本体，而不仅仅如传统反映论哲学所认为的是主体反映客观世界的工具，离开语言，则无物存在。语言为我们设立了思想和存在的边界。在言说的过程当中，我们发现自己；我们通过言说的方式，成就了自己，也只有当我们倾听并指向存在的言语时，才能在言语中获得真理。海德格尔的释义学对对话教学尤其是语文对话教学具有积极的启示价值：语文学习正是在言语实践的对话中实现理解和解释的可能和价值。海德尔格的学生伽达默尔则将释义学理论进行了发展和推进。在伽达默尔看来，"对文本的理解和解释不仅是一个科学关心的问题，而且是整个人类

---

[1] 张世英：《进入澄明之境——哲学的新方向》，商务印书馆1999年版，第17页。

[2] ［德］海德格尔：《诗，语言，思想》，转引自刘放桐等编《新编现代西方哲学》，人民出版社2000年版，第494页。

[3] ［德］海德格尔：《基本著作集》，1978年版，第239页；转引自刘放桐等编《新编现代西方哲学》，人民出版社2000年版，第494页。

世界经验的一部分"①，因为"理解"就是事物的本质属性，哲学释义学就是通过研究和分析理解的种种条件和特点，来论述作为"此在"的人在传统、历史和世界中的经验，以及人的语言本性，最后达到对于世界、历史和人生意义的理解和解释。② 对于语文教育而言，理解文本和阅读文本的过程，就是从文本中接受有价值的东西，然后将它"阐释"成我们自己理解世界的方式。理解和阐释过程的关键在于我们的"经验"——海德格尔所说的前有、前见、前设——的开放性和有限性构成了经验的一般结构。伽达默尔认为，释义学经验既不像科学那样是独白式的，也不像黑格尔普遍历史那样是辩证式的，而是一种对话的模式，理解的本质特征是一种对话事件。例如，对于传统的开放即是与传统进行对话的过程。再如，我们阅读范仲淹《岳阳楼记》的过程的本质，就是用我们现有的经验、以我们自己的方式与传统文化进行对话的过程。对话使得问题得以揭示出来，使得新的理解成为可能。与此同时，语言是释义学的缘起和归宿。且不说解释和理解始终是一种对话的形式，语文教学本质上就是在交流中发生的事件；释义学的理解和阐释本身也就是一个语言现象，文化传统和历史都表现为语言，也即写下的"文本"。因此，语文教学对文本的阅读和阐释从言语实践开始并以言语实践结束，这正是释义学对于语文对话教学的启示和价值之所在。

因此，从现代释义学的哲学观念出发，对话的过程就是追寻"意义"的过程。我们看到的文本是一个共时性的符号系统，对于文本意义的追寻，不是取决于其历史的发展，而是取决于共时的系统状态，这就包括了文本、读者、环境等因素，在多种共时因素的对话当中形成作品的意义和价值。伽达默尔释义学观照下的对话，"因为不存在先在的结论和固定的答案，那些假设、偏见、历史解释从中不断得到新的解释，对话也具有更大的开放性和启发性。对话可以无休止地进

---

① ［德］伽达默尔：《真理与方法》，1975 年版，第 11 页；转引自刘放桐等编《新编现代西方哲学》，第 496 页。
② 刘放桐等编：《新编现代西方哲学》，第 498 页。

行下去"①。在语文教学活动当中，学习者与文本、同伴、自我的交流过程是一个不断反思的过程，理解和反思成为释义学观照下对话教学的重要特征——对话的过程就是对话主体双方视界的融合过程，正是在这样一种对话的过程中，理解和意义便产生了。正如伽达默尔所言，历史理解的真正对象不是事件，而是事件的"意义"。语文教学的过程不是让学生理解既定的、科学的、历时性的语文知识，而是理解对话关系中的、生成性的、共时性的语文知识的"价值"。因此，如果没有真正的对话发生，语文教学就是低效甚至无效的。

语文对话教学的哲学背景，首先是建立在以释义学为基础的主客一体的哲学观念之上的。现代哲学是建立在以笛卡尔哲学为代表的主客分离的二元论思维模式基础之上的，把语言看成是主体的"再现"，是"表象"客体的工具，语言是主体（人）的语言。海德格尔提出"语言是存在的家"这一著名命题，把语言的工具地位提升到了"先在""客观"这一层次。语言是存在的规定性；存在者之存在，其意义在于语言；也即"语词破碎处，无物存在"。哈贝马斯提出的"交往行为理论"，打破了现代哲学的主体性神话，强调的是"互为主体性"特征。二者可谓殊途同归。其次，这种主客一体的哲学观念同时也源自于中国的传统哲学。从中国古代儒家代表人物孔子、孟子开始，即强调"我欲仁，斯仁至矣"及"知言养气"的"言义一体"的母语教育观，之后又吸收了老子、庄子"道法自然""天人合一"的思想以及佛教禅宗"直觉顿悟"的思想。到明代王阳明融儒道释三家学说为一体，提出了"知行合一"的人格养成理论：发展了孔子的道德实践理论，批判了宋代朱熹格物致知、假以外求的理学思想；吸收了禅宗修炼生活、顿悟自然的实践方式，摒弃了佛家漠视亲情、淡出伦常的行为规范；遵循了道家向往自由、不为物役的心理路程，克服了老庄游离社会、远观现实的避世态度。所以，王阳

---

① 钟启泉、高文、赵中建：《多维视角下的教育理论与思潮》，教育科学出版社 2004 年版，第 14 页。

明的思想成了中国古代社会解放人性、挑战生活的先声。① 总体看来，中国古代思想家旨在展示一个主客交融、天人合一、实践审美、生生不息的"中国古代精神"。如牟宗三认为，这种主客一体的思想是一种"不徒是外在的，且亦是内在的，是则彻上彻下，彻里彻外，已至通透之境"的哲学。②

从语文对话教学的外部特征来看，主客一体的语文对话教学是学生、教师、文本、环境之间的理解与交流，追求的是教学理念的公平、师生关系的民主、教学氛围的自由、教学过程的合作意识与心灵开放。从语文对话教学的内部特征来看，语文教学是学习者与文本、作者、同伴、自我等因素之间意义的流动和生成，追求的是"知人论世""以意逆志""知言养气"、个性表达及经验分享。因此，语文对话教学是对这种主客交融状态的教学理念与实践的归纳和概括。

基于释义学和主客一体的哲学观，我们认为，语文对话教学的内涵是以语文知识为媒介，涵养学生的言语能力、思维能力、审美能力及其情感态度的有效性、创造性的实践活动。其定义的外延一是指重建学习者与客体（语文知识与语文能力）的文化性实践关系，即求真的关系；二是指重建学习者与自身（情感行为与创造能力）的存在性实践关系，即求善的关系；三是指重建学习者与他人（合作精神与分享能力）的社会性实践关系，即求美的关系。

从内部特征来看，语文对话教学是将教学过程看作将意义和价值熔铸于言语实践的活动过程。言语实践活动熔铸了教师、学生、文本、环境诸多方面的因素，进而形成一个互相依存、不可分离、共同发展的学习共同体。因此，言语实践性是语文对话教学中最重要的内核，言语实践链接了教师、学生、文本、作者乃至教科书编者之间的对话。从外部表现来看，语文对话教学是一种开放的、参与的、探究的教学过程，强调在一定的知识问题情境之下展开教学，并且具有批判性、反思性、创造性的特质，民主、平等的师生关系是其重要特

---

① 靳健：《王阳明心学及其宇宙论审美境界》，《甘肃社会科学》2012 年第 2 期。
② 牟宗三：《中西哲学之会通十四讲》，上海世纪出版集团 2008 年版，第 198 页。

征。因此，语文对话教学具有三方面的特征。首先，语文对话教学是主客一体、圆融会通的教学活动，追求语文教育至真、至善、至美的境界。其次，语文对话教学是以言语实践性为核心的教学。最后，语文对话教学提倡以语文专业内涵为基础的民主、平等的师生关系。

需指出的是，对话教学讲求的"向外拓展"与"向内收摄"都是相对而言的"内"与"外"的关系，对于具体的教学活动来讲，这本身是一个"主客一体""一心二门"的过程。正如王阳明所讲的"夫礼无内外，性无内外，故学无内外"，其意是说，既然天理没有内外之分，人性没有内外之分，学问和学习也就没有内外之分了。他进一步解释道：讲习讨论，未尝非内也；反观自省，未尝遗外也。夫谓学必资于外求，是以己性有外也，是"义外"也，"用智"也；谓反观内省为求之于内，是以己性为有内也，是"有我"也，"自私"者也，是皆不知性之无内外也。故曰"精义入神，以致用也，利用安身，以崇德也""性之德也，合内外之道也"。①

其大意是说，当我们"讲习讨论"的时候未尝不是"内"，当我们"反观自省"的时候未尝就遗弃了"外"。如果认为学问或学习只是一味地向外的探求，就是认为人性有"外在"的部分；如果认为反观自省只是在内心的探求，就是认为人性有"内在"的部分。这两种观点都是不懂得人性没有"内外之分"。所以，《周易》说："精义入神，以致用也，利用安身，以崇德也。"所谓的内外实际上是一致的。《中庸》讲，人性是"合内外之道也"。对于语文对话教学来讲，在我们"向外探究"知识学习的过程当中，就蕴含着自我反观内省的过程；而当"向内收摄"，追求内心的精神体悟时，必然与一定的知识、文本、交往、关系等相联系。因此，"向外探究"和"向内收摄"并不是对话教学的两个阶段或者两个步骤，而是"主客一

---

① （明）王阳明：《传习录》（中卷），中州古籍出版社2008年版，第250页。其中"精义入神，以致用也，利用安身，以崇德也"语出《周易·系辞下》，意为精研义理达到神妙的境界，便可以运用；运用所学而安身，可以提高品德修养。"性之德也，合内外之道也"语出《周易·系辞下》，意为精研义理达到神妙的境界，便可以运用；运用所学而安身，则可以提高品德修养。

体"的同一过程，本身并没有学习的"内外"之区别。

第二节　语文对话教学的特征

　　基于释义学和主客一体的哲学观，语文对话教学是以语文知识为中介，涵养学生的言语能力、思维能力、审美能力及其情感态度的有效性、创造性的实践活动。这一定义看似简单，却包含了语文教学的本真内涵。语文对话教学具有三个方面的特征。首先，语文对话教学是主客一体、圆融会通的教学活动，追求语文教育至真、至善、至美的境界。其次，语文对话教学是以言语实践性为核心的教学。语文对话教学是在言语实践当中积淀语文知识、历练思维能力和审美能力的过程。语文知识、思维能力和审美能力都是附着、依托在言语实践活动当中的，这也是一个主客一体、不可分割的过程。不能离开语文的言语实践活动来构建一套外在于学习者的客观语文知识；同样，离开了语文知识内涵的语文对话教学同样也会成为无本之木，无源之水。最后，语文对话教学提倡以语文专业知识内涵为基础的民主、平等的师生关系，在知识内涵的探究当中形成对话的、平等的师生关系；同时，这种师生关系应具有理解、批判的精神，在此之上创造性地构建师生共通的精神家园。

一　主客一体，圆融会通：至真、至善、至美的境界

　　语文对话教学是一种主客一体、圆融会通的教学过程，首先，它向外拓展，将"至真"的语文知识作为语文对话教学的内核和基础；其次，它向内收摄，将"至善"的道德情操和精神陶冶作为语文对话教学的价值追求；最后，在"至真""至善"的基础之上，形成语文对话教学"至美"的境界追求。一言以蔽之，语文对话教学是融"真、善、美"为语文内涵的主客一体、圆融会通的教学过程。我国国学大师王国维在1903年发表的《哲学辨惑》里说道："今夫人之心意，有知力，有意志，有情感。此三者之理想，曰真，曰善，曰美，哲学实综合此三者而论其原理者也。教育之宗旨，亦不外造就真

善美之人物，故谓教育学上之理想，即哲学上之理想无不可也。"①语文教育作为母语教育，其根本的旨归乃是促进"人"的发展，王国维以哲学精神引入教育实践，也正是为教育确立了宏观的指导思想和价值取向。语文对话教学正是从母语教育哲学思考的角度着眼于一种"关系的重建"，这就包括：第一，向外拓展，重建学习者与客体世界的文化性实践关系；第二，向内收摄，重建学习者与自我的存在性实践关系；第三，一心二门，建构学习者与他人的社会性实践关系。三者不可分割、表里如一、主客一体、圆融会通。

（一）向外拓展，建构学习者与客体世界的文化性实践关系

建构学习者与客体的文化性实践关系，这是语文对话教学对"至真"的追求，是语文对话教学向外拓展的过程。我们认为，语文教育作为母语教育，其文化内涵和知识内涵是语文不可或缺的内核。这是学习者与客体世界的对话过程，其中就包括了学习者借助与文本的对话，实现对语文知识的探索，对文学作品的存在方式、文体、类型、意象、格律等内部特性的探索，乃至对作者、社会、思想以及其他艺术等外部世界的探索和认知。

语文课程对于"至真"的追求，须和语文知识相关联。但我们发现，新课程改革以来的语文课程标准，无论是2001年《义务教育语文课程标准（实验）》，还是2003年《高中语文课程标准（实验）》，关于"语文教学内容标准"都是缺失的；2011年颁布的《义务教育课程标准》对此进行了修正，其第二部分由原先的"课程目标"改为"课程目标与内容"，下面分设"总体目标与内容"和"学段目标与内容"。但实际上只是在形式上体现了"内容"二字，在具体内容方面并没有实质性的改观。

例如《义务教育语文课程标准》（2011年）中"学段目标与内容""第三学段（5—6年级）的"习作"目标为：

1. 懂得写作是为了自我表达和与人交流。

---

① 佛雏：《王国维学术文化随笔》，中国青年出版社1996年版，第56页。

2. 养成留心观察周围事物的习惯，有意识地丰富自己的见闻，珍视个人的独特感受，积累习作素材。

3. 能写简单的纪实作文和想象作文，内容具体，感情真实。能根据习作内容表达的需要，分段表述。学写读书笔记，学写常见应用文。

4. 修改自己的习作，并主动与他人交换修改，做到语句通顺、行款正确，书写规范、整洁。根据表达需要，使用常用的标点符号。

5. 习作要有一定速度。课内习作每学年 16 次左右。

《美国宾夕法尼亚州〈阅读与写作的学术标准〉》[①] 对 5 年级 "写作" 的要求为：

1. 写作的程序

（1）写作前的准备工作：明确写作的对象和意图；选题；收集素材；突出观点，缩小题目范围；选取最有利于写作对象和写作意图的最佳写作形式。

（2）草稿：草拟一份草稿，清晰、准确地表达信息/观点。

（3）修改：仔细推敲草稿，更加突出文章论点、组织结构、内容；听取信息反馈，认真考虑他人的建议；修改草稿。

（4）编辑：校对拼写、语法、标点和文体错误。

（5）出版：显示、保存最后的定稿。

2. 写作的质量

（1）写作主题思想明确、突出：明确写作的对象和任务；确立并保持一个明确的意图；保持单一的叙述方式；清楚地表达思想。

（2）使用符合主题的内容（略）。

---

① 引自联合国儿童基金会、教育部基础教育司合作项目：《基础教育课程改革资料选编》，第 425 页。

(3) 文章文体风格上的要求（略）。

3. 写作对技巧、惯用语和句子完整方面的要求

(1) 使用必要的工具和方法帮助正确拼写。

(2) 正确使用大写字母。

(3) 正确使用标点符号：句号、惊叹号、问号、逗号等。

(4) 正确运用名词、代词、动词、形容词、副词、连词、介词和感叹词。

(5) 写作完整的句子：简单句和复合句，陈述句、疑问句、感叹句和祈使句。

通过比较可以看出，我国新课程的语文课标对"教学内容"的要求只是一个基本目标的规定，如写作目的是"自我表达和与人交流"；写作的内容是学写"读书笔记"和"常见应用文"；写作的基本要求是"要有一定速度，课内习作每学年16次左右"。对"如何写""怎样写""写作的具体要求"等内容则一笔带过。而美国宾夕法尼亚州的"标准"则清晰地对写作的"内容"进行了规定。包括了关于"写作过程"的内容规定，由"写作前的准备、草稿、修改、编辑、出版"几个方面组成，并且对各方面都作了详细的要求，这是关于"如何写"的过程知识；还包括了"质量的要求"，即对写作的"主题、内容、文体、风格"的明确要求，这是关于"写什么"的内容知识；最后还包括了"方法的要求"，如"写作技巧、惯用语、句子表达"等，这也是关于"如何写"的内容知识。有了详细的内容标准，语文课程的教学过程才有所依托和参考。从目前语文课程标准来看，"内容"标准的缺失，使得语文教学失去了"知识"的媒介。我们很难想象，一门缺失了内容标准的课程如何在实际当中指导教学的有效开展。语文"课标"的内容标准，从根本上讲包含着语文课程的各种类型的知识，而正是对这些语文知识探究的过程，构成了语文教学活动的重要媒介，它是语文教师在教学活动当中具体实施的核心依据。

我们认为，本书研究所提倡的语文对话教学，首先是一种以语

文知识探究为核心的教学。语文知识是语文对话教学开展的基础，这也就涉及语文对话教学的知识观问题。对话教学的知识观，即语文教学活动是以语文知识为媒介、学习者在对话过程当中建构语文知识，创造性地理解语文知识的过程。语文教学的本真状态是学习者与语文知识的建构和创造融而为一的过程，往往是通过"语文知识问题情境"来激发学生积淀语文知识，并同时促进思维能力、言语能力、审美能力等语文素养共同发展的过程。正如张志公所言，语文课"是以知识为先导以实践为主体并以实践能力的养成为依归的课"。

语文知识有三种类别，一是名物知识：包括作家作品、常用字词、文学典故、文化常识等；二是方法知识：包括造字方法、修辞方法、阅读方法、写作方法等；三是理论知识：包括文学理论知识、古代汉语知识、审美鉴赏知识等，[1] 这些知识构成了语文课程的知识系统，包含着广博而深刻的人文积淀和文化内涵。但如果不是与学习者"相遇"，它们对学习者而言是无意义的。心理学家安德森把现代知识分为事实性知识、概念性知识、程序性知识和反省知识。[2] 名物知识当属于"事实性知识"，如术语知识、具体细节和要素知识；方法知识当属于"程序性知识"，如语言使用的技能、方式知识等；理论知识当属于"概念性知识"，如原理和概念知识、理论、模型和结构知识等。在这三种类别的知识中，没有论及"反省认知"的知识，这也是安德森对布鲁姆知识分类的补充，是有待反思的语文知识体系的建构。《学记》讲：

> 今之教者，呻其占毕，多其讯，言及于数，进而不顾其安，使人不由其诚，教人不尽其材，其施之也悖也，其求之也佛也。夫然，故隐其学而疾其师，苦其难而不知其益也。虽终其业，其

---

[1] 靳健、赵晓霞：《把语文课上成语文课——由程翔老师的一节"课堂作品"说起》，《语文建设》2012年第2期。

[2] ［美］安德森等编：《学习、教学和评估的分类学》，皮连生主译，华东师范大学出版社2007年版，第26页。

去之必速。教之不刑，其此之由乎！①

这里的意思是说，如今教书的人，只知道念诵书简，提出很多难的问题，发言时又未能首先从文本的意义出发，急于追求快速进步，给学生灌输大量的语文知识，不顾学生能否适应。结果使学生学习没有诚意，教育人也不能遵照教育的规律，因此学生不能尽其才，学习不能达到应有的目的。像这样，学生便会对学习感到痛苦，并厌恶老师，对学习的困难感到畏惧，不懂得学习的好处。学生虽然勉强完成了学业，但学到的东西很快就忘了。教育之所以不能成功，原因就在这里吧！通过《学记》里的这段话，我们发现，这是强调了教师对教学内容的充分理解：当教师未能深入理解教学内容时，学生的学习就徒有其表，如郑玄所谓的"教者言非，则学者失问也"②。安德森对于知识分类的价值，就在于通过分类而对应不同的认知策略。例如在语文教学中，名物知识一般用知道、回答、识记、复述、连接、背诵等行为动词作为引领的学习过程；方法知识一般用应用、练习、诵读、转换、模仿、策划作为行为动词引领学习过程；理论知识一般用分析、比较、发现、分类、理解、鉴赏等行为动词作为引领的学习过程。③

张载认为，圣明的教育，就像庖丁解牛一般，知道其间隙从而能够游刃有余地实施。这段话对我们的启示是，学习的过程一定要追求学生之"安"，将教学内容和价值的探究与学生的实际学习情况很好地结合起来，否则就是一种外在的繁复庞杂的知识教育，从学习的结果来看，学生很快就会忘记。这正如奥苏贝尔所说的"意义学习"，当学生认知结构中新旧知识的相互作用导致新旧知识的同化

---

① （清）孙希旦撰，沈啸寰、王星贤点校：《礼记集解·学记第十八》，中华书局1989年版，第964页。
② 同上。
③ 靳健、马胜科主编：《中学语文课程与教学设计》，高等教育出版社2014年版，第136页。

时，不仅新知识获得了意义，而且旧知识也获得了新的意义。① 这即是学习者与"知识"相遇的对话过程，是求得学习者之"安"的过程，也是学生对知识的同化和接受过程。语文对话教学是以语文知识为核心，通过学生与语文知识的对话从而促使学生与客观存在的语文内涵发生对话，进而实现与文化精神的对话，生成语文教学的独特意义和价值。

那么，如何使学习者与语文知识、文化精神的对话开展得更为有效？我们认为，这正是语文对话教学的策略之一——创设一个"语文知识问题情境"（而非"知识情境"），使得学生在言语实践中建构和积淀语文知识。语文知识问题情境是指教师在课堂教学当中创设的引发学生学习、探究兴趣的语文知识性问题，让学生在与有价值的语文知识的对话过程中，达成学生的前有、前见、前设与语文知识的相互碰撞、对话、融合，最终促进学生语文知识的建构和主体价值的生成。正如弗莱雷所主张的那样，"对知识客体的好奇心以及对阅读理论性读物和进行理论性讨论的意愿和开放性至关重要"②。如果学生既没有必需的认识上的好奇心，也缺乏对所学新知识客体的某种愉悦感，就难以形成真正意义上的对话。语文知识问题情境将语文知识的学习过程与学生思维、言语、情感历练紧密联系和统一在教学活动当中。

例如，兰州市孙老师在识字教学当中创造性地使用"每周一字"的方法，不同于传统教学中"三字两词"或"四字两词"机械地书写办法，要求学生根据每周学习的生字，发挥想象进行描绘，既包括文字部分的"字里行间"和"字字珠玑"栏目，又包括绘画部分。如"马"字，一位学生为这个字画了一匹美丽的骏马，还在"字里行间"中写道："乱花渐欲迷人眼，浅草才能没马蹄""春风得意马蹄疾，一夜看尽长安花""葡萄美酒夜光杯，欲饮琵琶马上催"。在

---

① 施良方：《学习论》，人民教育出版社2001年版，第246页。
② Poulo Freire and Donaldo Macedo, "A Dialogue: Culture, Language, and Race," *Harvard Educational Review*, Vol. 65, No. 3, Fall 1995, p. 382.

"字字珠玑"中写道:"马到成功、单枪匹马、人仰马翻……"因此,我们可以看出,对于语文对话教学而言,语文知识既不是作为一种待传授的客观存在,也不是学生的主观理解,而是学习情境当中学习者与文本、与作者、与环境交互作用,逐渐建构语文知识的过程。

向外拓展,建构学习者与客体的文化性实践关系,还包括处理好语文对话教学的教材观问题。教师教材观是教师对教材的本质、属性、功能、作用、评价标准等方面的基本认识与看法,反映了教师对教材的思想观念、思维方式和价值取向。[①] 美国教育家戈温(D. B. Gowin)认为,教材是好的思想或情感的媒介,是思想或过程的权威记录,是概念或知识实体的编制者,是增加意义和丰富经验的刺激物,是具有可促使新事件发生潜能的过去事件的记录。[②] 语文教科书是语文教学内容的重要载体,对话教学的教材观是将教材看作最基本的文本资源,利用教材以开展学习者与作者、与教科书编者、与文本之间的多重对话。

新中国成立以来,在相当长一段时间里实行的是"一纲一本,编审合一,高度统一"的中央集权化的教材政策。新课程标准实施以来,延续了20世纪80年代教材多样化的探索和尝试,并于2001年颁布《基础教育改革纲要(试行)》:"实行国家基本要求指导下的教材多样化政策,鼓励有关机构、出版部门等依据国家课程标准组织编写中小学教材。"2001年6月,教育部颁发了《中小学教材编写审定管理暂行办法》,改原来的审批制为"立项核准制",实行项目管理。在此背景下,语文教材也出现了空前繁荣的局面,各大出版社如人民教育出版社、北京师范大学出版社、江苏教育出版社、语文出版社等纷纷编撰出版教材,打破了以往"统编教材"一统天下的局面。而且各大出版社的语文教材都力求创新,从编排体例到内容形式等都形成了一定的特色。如北京师范大学版语文教材以主题单元为编排体

[①] 靳玉乐、王洪席:《十年教材建设:成就、问题及建设》,《课程·教材·教法》2012年第1期。

[②] 江山野:《简明国际教育百科全书·课程》,教育科学出版社1991年版,第129页。

例，1—6年级语文教材每个主题单元包括了2—3篇课文和一个语文天地，语文天地包括了巩固和扩展练习、课堂与课外活动、日积月累、金钥匙等。突出以学生兴趣为先导，让学生学会学习的特点。人教版的语文教材注重语文与生活的联系，例如7—9年级，按照人与自我、人与自然、人与社会三大板块组织单元，每个单元由"阅读"与"综合性学习·写作·口语交际"两部分组成，写作和口语交际整合于综合性学习之中，突出新课程的自主、合作、探究的学习方式的培养，教科书力求富于开放性。因此，靳玉乐指出，在新课程改革的背景下，以往的静态、封闭、保守的教材观发生了变化，教材更多的被认为是一种教学材料与课程资源，是师生展开教学对话的文本、媒介和工具，其开放性、动态性、生成性、整合性、有机性受到更多的关注和重视。[①] 到了2016年，语文课程推行"部编教材"，从原先的"一纲多本"又回到新课程改革前"一纲一本"的状况。我们发现，"部编教材"在教材内容和形式的编撰上都下了很大的功夫，也有很多可取之处。

无论是"一纲多本"还是"一纲一本"，对于语文教学而言，我们应该充分意识到教材并不是唯一的、客观的知识载体，而是对话教学活动的重要凭借和载体，应该提倡对文本的多元解读、关注到教材的开放性、生成性等，从而激发学生在发现、体验和对话中形成语文教学创造性的知识建构和言语实践。

（二）向内收摄，建构学习者与自身的存在性实践关系

向内收摄，即学习者与自身的存在性实践关系的构建，这是一个关涉到语文对话教学的价值问题，是语文教学追求"至善"的过程，是学习者通过言语实践最终反观自身、促进自我发展的过程。这在中国传统母语教育当中尤为鲜明。中国传统母语教育十分注重学习者主体精神的养成以及独立人格的培养。以孔子为代表的"诗教"课程，就是以《诗》的审美趣味净化、美化学习者的品德情操，历练、涵

[①] 靳玉乐、王洪席：《十年教材建设：成就、问题及建设》，《课程·教材·教法》2012年第1期。

养学习者的言语行为的母语教育实践过程。诗教的终极目标是培养"自强不息""厚德载物""文质彬彬""温柔敦厚"的君子。它的逻辑起点是学《诗》,"不学诗,无以言",进而不断提升言语能力并陶冶情操,在"诗礼乐艺"融会贯通之中涵养美丽人生,张扬主体人格。正如《论语》所说:"兴于诗,立于礼,成于乐"(《泰伯》),"游于艺"(《述而》)。这是孔子诗教哲学的核心理念。① 思无邪,是心灵净化美化的一种至境;温柔敦厚而不愚,则是个体情感行为表现出来的一种倾向水平。君子修身从学诗开始,通过礼的活动,在乐与艺的熏染中,追求"十有五而志于学,三十而立,四十而不惑,五十而知天命,六十而耳顺,七十而从心所欲不逾矩"(《为政》)的天人合一境界。从"诗教"的教学过程来看,学习者与世界的关系是一种和谐自然的关系,教育是以人的发展为出发点和旨归的,最终培养文质彬彬、温柔敦厚的君子,强调的是学习者在"诗礼乐艺"中的自我反思和提升,其最终目的是一种"至善"的人格精神的追求。

因此,语文对话教学的"至善"目标,与中国古代母语教育对学习者的精神陶冶和理想人格追求的目标是相吻合的。孟子继承了孔子"诗教"的基本理论,倡导"知言养气""诐辞知其所蔽,淫辞知其所陷,邪辞知其所离,遁辞知其所穷。生于其心,害于其政。"(《孟子·公孙丑上》)在孟子看来,不同类型的言辞具有不同的功效和特点,而君子要善于培养心中的正气,即"我知言,我善养吾浩然之气"。孟子所言之"气"开了中国古代母语教育"气论"的先河。"其为气也,至大至刚,以直养而无害,则塞于天地之间。其为气也,配义与道;无是,馁也",意思是说天地之间充斥着一种"至大至刚"的"正气",人要在其内心培养这种饱含"义与道"的正气。老子在《道德经》第五十五章中也讲到"含德之厚,比于赤子",都是要提倡人的一种精神气度,当我们的德行修炼达到一定的境界之时,就像婴儿一般自然天成。庄子也讲求"气""若一志,无听之以耳,

---

① 靳健:《我国古代语文课程的性质、特征及其教育功能》,《教育研究》2006年第2期。

而听之以心；无听之以心，而听之以气。听止于耳，心止于符。气也者，虚而待物者也。唯道集虚。虚者，心斋也。"（《人间世》）这段话也是中国传统"气论"的滥觞，听止于耳，心止于符，那么"气，虚而待物者也"。在庄子看来，"虚""空"就如同是心的房子一样，因此，"心斋""坐忘"乃是庄子教育的方法论。

　　唐代韩愈也提倡"气盛言宜"的观点，他认为，浩然之气如果充盈于内心和四体，为文时就可以做到自然流畅又切中要害。明代王阳明等提出了心性之学。"知是行的主意，行是知的功夫。知是行之始，行是知之成。"（《传习录上》）王阳明认为，人性需求就是伦理规范，道德意识和实践功夫融为一体，只要有开始就会有成就。此皆是将"善的形式"向里收摄，以立善的形式之根。[1] 所以，"善的道德"便形成了中国文化的特质，"至善"便成了中国道德、中国精神、中国传统文化的表征。它是主客一体的过程。母语教育的最高目标是培养具有"浩然之气"的君子，培养"厚德如赤子"的具有完美人格精神的人。我们看到，这种"至善"的追求过程是始终强调学习者内心的对话和反思的，正如孔子所言"我欲仁，斯仁至矣"，母语教育向内收摄的"至善"追求，并不是要构建一套外在于"我"的道德体系和标准，而是在主客一体的对话当中实现自我精神修炼的过程，学习者内心的"正气"在"诗礼乐艺"中自然而然地生成，在"知言"的同时获得了内心情感和精神的升华，这正是古代母语教育对当今对话教育的最好启迪。

　　这种"至善"的对话实践也是语文对话教学目的观的体现。《义务教育语文课程标准》（2011）的"前言"即指出："语文课程对继承和弘扬中华民族优秀文化传统和革命传统，增强民族文化认同感，增强民族凝聚力和创造力，具有不可替代的优势。"这是强调了母语教育的德育功能。我们认为，母语教育对民族精神的培养具有重要的价值，因为言语的传承本身就包含着民族文化精神的传承，中国古代

---

[1] 靳健、赵晓霞：《生活论德育理念的逻辑悖论》，《西北师范大学学报》（社会科学版）2012 年第 12 期。

母语教育中强调"向内收摄",培养具有"浩然之气"的君子,的确是当代语文对话教育的重要组成方面。

从普遍意义上讲,对话的目的是交流与沟通。戴维·伯姆将对话喻为一条流淌在人们之间的意义的溪流,它使所有对话者都能够参与和分享这一意义之溪,并因此能够在群体中萌生新的理解和共识。① 教育家马丁·布伯尔也指出,教育的目的不是告知后人存在什么或必会存在什么,而是晓谕他们如何让精神充盈人生,如何实现"我与你"的相遇。② 因此,语文对话教学"至真""至善"的目标是以知识问题情境为中介和基础,以人的个性、人格的发展和精神陶冶为旨归的教学过程,是通过学习者与同伴的对话、与自我的对话,在提升学生的言语能力、思维能力、情感能力的过程中,提升学习者的主体精神和完善人格的过程,在情感领域逐步培养学习者意愿、行动、批评、建构和创造的实践能力,并内化为良好的情感态度与价值观念。例如戴老师的课堂作品《我有一个梦想》,由对西方人追求民主、自由的民权和精神的主旨探析,到引导学生对"中国梦"的体悟,激发和培养学生的"中华民族复兴之梦"。正是由言语实践到精神境界提升的过程,这个过程强调言语本身所承载的精神气度对学习者内心的震撼和感染,是通过言语实践构建学习者与客体的文化性实践关系、与自身的存在性实践关系的对话过程。

(三)"一心二门",建构语文对话教学理想的"至美"之境

"一心二门",源于佛教《大乘起信论》。按照佛教本身的讲法,所谓"二门",即一门为真如门,一门为生灭门。真如门相当于康德所说的智思界(noumena),而生灭门就相当于感触界(phenomena)。③ 中国古人较为重视人生的感悟,尤其对人生全体,对德行,

---

① [英]戴维·伯姆:《论对话》,李·尼科编,王松涛译,教育科学出版社2002年版,第6页。
② [德]马丁·布伯尔:《我与你》,陈维刚译,生活·读书·新知三联书店2002年版,第36页。
③ 牟宗三:《中西哲学之会通十四讲》,吉林出版集团有限责任公司2010年版,第83页。

对未达到德行时人生的痛苦和烦恼有着清楚的观念，而对于外在的知识了解不通透，并不是如孟子所言"求则得之，舍则失之"（《孟子·告子上》）就能把握和到达的；而现代人是以知识笼罩全体，而且对于知识有着自以为清楚的观念，这其实是另外一种迷信，即迷信科学和权威。[1] "一心二门"打开的是人的两种智慧，即德行之知与见闻之知。儒家传统所强调的德行之知属于"智知"，如王阳明所言"致良知"，就是一种"智知"。一切科学都是从经验开始的，而经验始于见闻，西方传统重视见闻之知，即"识知"。例如希腊的欧几里得开辟的纯粹形式的几何，康德称之为知识的革命，是对现象的深入探究和把握。再如西方的语言学研究也是一门非常精准的科学研究，在形式的研究上可谓透彻、系统、精微。我国20世纪语文教育重视科学的"语法""语音"教学，也即是对西方重视科学知识学习的借鉴和引入，其深层的哲学意蕴完全不同于中国传统的以德行为旨归的母语教育。蔡元培在其《对于教育方针之意见》一文中，提出了语文教育的两重属性："国语国文之形式，其依准文法者属于实利，而依准美词学者，属于美感。"[2] 即语文教育既有实用的一面，也有审美的一面，二者共同统一于语文教学当中。

从中观佛学的思想来看，"不一、不异、不来、不去、不生、不灭、不常、不断"，在般若智慧的普照之下，化掉一切执着，是由见到了"实相"而生发来的，否则就成为"现象"（phenomena），作为现象就有了"一、异、来、去、生、灭、常、断"，科学知识即是从现象中来的。中观佛学理论的主要观点是"非有非无""体用一如"；其主要方法是"不落两边""有无双遣"。鸠摩罗什在《注维摩诘经》中说："佛法有二种：一者有，二者空。若常在有，则累于想著；若常观空，则舍于善本。若空有迭用，则不设二过。"[3] 他从缘起性空出发，论证了"非有非无"的中观理论，他认为，如果执着于

---

[1] 牟宗三：《中西哲学之会通十四讲》，第86页。
[2] 蔡元培：《对于教育方针之意见》，高平叔编：《蔡元培教育文选》，人民教育出版社1980年版，第6页。
[3] 许抗生：《僧肇评传》，南京大学出版社2006年版，第113页。

"有",就会妄生欲念;如果执着于"空",就会放弃善行;执着于任何一边,都是不当的。所以采用的方法应为"有无双遣""言有而不有,言无而不无",才是符合中观佛学思想的。鸠摩罗什的空宗思想探讨的是个体意识如何突破世俗观念的桎梏,非有非无,有无双遣,实现自身的创造性价值的问题。僧肇笃信"非有非无",坚持"有无双遣"的观点,并以此观照万物,动静一如,去来一如,实而不有,虚而不无;虚心冥照,妙契自然,有无均无所累,我与自然会通圆明。[①]佛教"非有非无、有无双遣"的空宗中观的方法论,警示人们认识事物需要破除偏见,不能只落一边,应该用智慧观照万物。

这与康德的经验实在论是相通的。按照康德的观点,现象是某种东西现于我们的眼前（appears to us）,现象即感性所呈现给我们的,没有离开感性主体而独立存在的现象,只有当一物体与感性主体发生关系而被感性主体感知时才具有实在性。因此,康德的经验实在论与中观佛学的"一心二门"都强调了感知主体与客体的一种不可二分的关系。正是基于这种"一心二门"的哲学思想,语文对话教学一方面要打开向外探究的"至真"的大门,另一方面要打开向内收摄的"至善"的大门,二者不可偏废,不可执着于一边,落于一边,在主客一体的相遇当中,实现语文对话教学的"至美"之境。总体来讲,"至真""至善""至美"的境界是语文对话教学的整体追求,并没有先后难易的次序,立足于"真""善"以达到"美"的境界。

二 语文对话教学是以言语实践性为核心的教学

提倡语文对话教学的言语实践性,还需从语文课程性质的探讨开始。自语文独立设科以来,语文课程的性质之争从未停息过。民国时期,语文课程的名称由初期"壬子学制"的"国文",到后来"壬戌学制"的"国语"与"国文"并存的转变,反映的是对语文课程性质不断探索的过程。周予同在《对于普通中学国文课程与教

[①] 靳健:《僧肇"有无双遣"方法论的哲学超越及其局限性》,《甘肃社会科学》2011年第2期。

材的建议》①中指出，关于中学国文教授的目的有"两种错误的认识"："一种是认为中学校含有狭义的职业学校的性质，所以教授国文主张绝对的即时的实际应用，而抛弃一切所谓国故的概要和文学的涵养"；"一种是将中学的性质和大学文科相混……"这便涉及中小学语文课程的性质之争，是将语文课程仅仅作为一种应用的工具还是作为国学传承的载体？

2001年"语文课程标准"确立语文课程性质为"工具性和人文性的统一"之后亦受到诸多质疑。有学者认为，"工具性"和"人文性"的分歧在于，工具论者认为语言在人之外、可以脱离人而存在，而人文论者认为语言就是人本身。②潘新和在其《语文：表现与存在》一书中指出："言语创造欲和言语上的自我实现，使人之所以为人，是人的确认。"③我们认为，工具性、人文性是模糊性概念，这种表述实际上降低了语文课标的导向作用。④教育部2011年颁布的《义务教育语文课程标准》，与《全日制义务教育语文课程标准（实验稿）》相比而言，对于课程性质的规定，由原先的"工具性与人文性的统一"，修订为"综合性、实践性课程"，且是"工具性与人文性的统一"。课标组专家巢宗祺指出，2011年的"新课标"对语文课程性质的界定主要表达了两层意思：第一，说明课程内容和目标应聚焦于"语言文字运用"。第二，说明语文课程的"实践性、综合性"特点。质言之，语文课程是一门学生学习如何运用祖国语言文字的实践性课程。⑤正是着眼于语文课程的性质，我们认为，语文对话教学是以言语实践性为特征的教学。⑥

---

① 周予同：《对于普通中学国文课程与教材的建议》，《教育杂志》1922年第14卷第1号。转引自赵志伟编著《旧文重读》，华东师范大学出版社2007年版，第23页。
② 王尚文：《一弦一柱思华年——我看语文教育60年度理论争鸣》，《人民教育》2009年第9期。
③ 潘新和：《语文：表现与存在》，福建人民出版社2004年版，绪论。
④ 靳健：《后现代文化视界的语文课程与教学论》，甘肃教育出版社2006年版，第61页。
⑤ 巢宗祺：《关于语文课程性质、基本理念和设计思路的对话》，《语文建设》2012年第3期。
⑥ 赵晓霞：《深化语文课程的实践特性》，《语文建设》2013年第2期。

(一) 语文对话教学强调言语实践性的学理分析

2011年"课标"不但在"课程性质"中明确提出了"实践性",而且在其他部分也不断强调该特性。例如,在第一部分讲如何正确把握语文教育的特点时指出,"应该让学生多读多写,日积月累,在大量的语文实践中体会、把握运用语文的规律";在"课程设计思路"中指出,"语文课程应注重引导学生多读书、多积累,重视语言文字运用的实践,在实践中领悟文化内涵和语文应用规律";在第三部分"实施建议"的"教学建议"中指出,"重视学生读书、写作、口语交际、搜集处理信息等语文实践,提倡多读多写……让学生在语文实践中学习语文"。

为什么要强调语文课程的实践性?这是由语文课程的独特性所决定的。语文课程作为母语课程,我们认为,言语性是区别于其他课程最为显著的特性。[①] 学习语文的过程实际上也是被祖国的语言文字同化和顺应的过程,对祖国语言文字的掌握和实践水平决定了学生语文素养的高低。语文素养的高低既有实用的成分在内,也有文化的成分在内,但都是语文的言语实践性所派生出的特性,因此,言语实践性是语文课程最为本质的属性。西方语言学领域将语言现象划分为"语言"(langue)和"言语"(parole),并进一步区分了二者的关系。现代语言学的奠基人索绪尔认为,语言是一种社会现象,是由全体社会成员共同遵守的一种特殊规范;而言语是一种个人的活动,是个人的意志或智力的行为。[②] 基于此,李维鼎等学者进一步认定,"语文课"本质上就是"言语课"[③],其中"言语作品"是教学内容的主体,"言语活动"是教学活动的主要形式。因此,学习母语的最好方法是"被语言说",通过听、读、说、写等言语实践活动,提升学习主体的语文素养,这是一个动态的言语范畴,而非静态的作为抽象分析的

[①] 靳健:《后现代文化视界的语文课程与教学论》,甘肃教育出版社2006年版,第61页。

[②] [瑞士]费尔南迪·德·索绪尔:《普通语言学教程》,高明凯译,商务印书馆1980年版。

[③] 李维鼎:《语文言意论》,上海教育出版社2000年版,第61页。

语言范畴。而且，言语活动所有的价值和内涵都"主客一体"地附加在了言语实践当中，言语产品是承载文本作者、教材编者、教师及学生等的共同精神的家园。换言之，只注重作为规律和本质的语言科学范畴的语文教育，而离开了言语实践活动的语文教育，是背离了语文课程的基本特征和规律的。

也正是基于此，巢宗祺认为，开设语文课程的目的，不是落在关于语言、文字的知识系统和学科规律的理论体系上，课程内容不是语音学、词汇学、语法学、语用学、文字学、文章学、文学的知识拼盘，而是要让学生学会"运用"或者说"驾驭"语言文字这种工具，是要通过运用语言文字的范例和实践，学习如何在生活中、在语文课程和其他课程的学习中，以及将来在各种不同的工作领域里，运用好语言文字。[1] 但需补充的是，我们并非完全排斥系统的语文知识，2011年义务教育课程标准就将"不宜刻意追求语文知识的系统和完整"的表述删除了。吕叔湘早在《关于中学语文教材的几个问题》一文中指出，有的教师认为语文知识对学习写作没有作用，主张取消，这只能说明过去我们讲语文知识的时候，照顾系统性多了点，照顾实用性不够。因此语文教师只有具备了系统的语文知识，才能保证语文教学的严谨、科学和规范性，我们强调的是在义务教育阶段不应以成"学"的系统知识传授为目的。

把"言语实践性"作为语文课程的基本性质明确地提出来，不仅是对语文教育规律的客观真实的反映，而且是充分认识言语教学，加强言语教学，提高语文教学效率的根本保证。我们认为，当前语文教学令人不够满意的是，好多中学毕业生往往字写不正确，书读不顺畅，话说不明白，文章写不通顺，语文知识也较贫乏，总的来说，就是缺少实际运用语言文字的能力，未能在语文方面奠定扎实的基础。所以语文教师要千方百计地将教学的重心落实到充分、完善地发展言语实

---

[1] 巢宗祺：《关于语文课程性质、基本理念和设计思路的对话》，《语文建设》2012年第3期。

践的教学上来。① 语文课程的言语实践特性决定了在语文教学当中，我们应当尤其强调"听、读、重读、抄写"② 等。同样需指出的是，强调实践性并非将语文教学简化为"训练"，用解释学大师利科的话来讲，言语哲学是一个主客未分的世界，人类通过书写确立了生命的表现。语文教学对话的过程是对人类精神和文化的追寻和相遇，在言语实践中，包含着情感的熏陶、审美的提升、人格的健全、文化的传承等语文课程培养的目标，因此，言语实践中贯穿和渗透着知识与能力、过程与方法、情感态度与价值观的多维目标，且这是一个不可割裂、浑然一体的过程。正是语文课程"言语实践性"的根本特点，决定了语文教学应该是一个以言语实践为核心的对话教学活动过程。

（二）语文言语实践性的内涵

2011年《义务教育语文课程标准》明确将"实践性"作为语文的"课程性质"之一。而对"语文实践"内涵的理解，可谓仁者见仁，智者见智。作为一种实践活动，我们认为其实践特性的内涵至少应该包含以下三个方面的特性。

第一，语文实践是学习者言语涵养的过程。语文课程的言语实践性是语文课程最为本质的属性，这既指学生运用语言文字的"听、读、说、写"能力，同时也指在言语涵养的实践当中继承和弘扬中华民族的传统文化，增强民族认同感、凝聚力和创造力的过程。这其实是一个"主客一体"的过程。从后现代哲学的角度来讲，语言是存在的家园，人学习语言文字的过程实质上也是被语言文字同化和格式化的过程，因此，在学习者进行言语涵养的"听、读、说、写"实践过程当中，蕴含着母语教育中的文化意蕴和精髓；在提升学生"听、读、说、写"等运用和驾驭祖国语言文字的实践能力的同时，也是传承和弘扬母语文化的过程，言语实践将语文的多重价值凝聚到了教学当中。

第二，语文实践是学习者语文思维培养的过程。从思维的类型和

---

① 靳健：《现代语文的学科性质与性质观》，《西北师范大学学报》1997年第2期。
② ［捷］夸美纽斯：《大教学论》，傅任敢译，教育科学出版社1999年版，第159页。

品质来看，语文包含着言语形象思维、文章逻辑思维和语感直觉思维等，以其独特的方式区别于其他课程的思维培养。因此，在听、读、说、写的实践活动当中，在感性认识尤其是记忆表象和想象的基础之上，以文字、语言、材料、主题、结构、文体等为对象，将语文思维的凝固形式转化为学习者同化顺应的心理结构之中。缺乏思维引领的语文教学实践将变成教条式的机械记忆。语文思维客观地存在于教育活动的始终。语文独特的言语形象思维、文章逻辑思维和语感直觉思维等思维活动的发展、思维水平的提高，是学生主体个性成熟与健全的标志。

第三，语文实践必须以语文知识为中介。张志公在1985年的一次讲话"关于改革语文课、语文教材、语文教学的一些初步设想"中，提出了"按照知识与实践的合理关系组织语文课"的设想，并指出"不能把语文课搞成一门纯粹的知识课，而是以知识为先导以实践为主体并以实践能力的养成为依归的课"，这一论述无疑准确地道出了语文课知识与实践的关系。语文课程知识可以分为三大类：一是名物知识，如作家作品、常用字词、文学典故、文化常识等，这是让学生明白"是什么"的知识。二是方法知识，如造字方法、修辞方法、阅读方法、写作方法等，这是让学生掌握"如何是"的知识。三是理论知识，如文学理论知识、古代汉语知识、审美鉴赏知识等，这是让学生探究"为什么"的知识。[1] 有的语文课变成了道德教育课，在形式热闹中忽略语文知识，殊不知，语文知识是培养学生言语能力和思维能力的基础。就语文知识本身而言，它是思维和智慧的结晶，而其形式是静态的现成的。但在教学当中，应把知识看作认识的过程和求知的方法，这是现代动态的知识观。[2] 因此，以语文知识为中介的语文实践是在引导学生理解"是什么"的名物知识，或探究"如何是"的方法知识，或再发现"为什么"的理论知识的过程当

---

[1] 靳健、赵晓霞：《把语文课上成语文课——由程翔老师的一节"课堂作品"说起》，《语文建设》2012年第2期。

[2] 余文森：《论有效教学的三大理论基础》，《课程·教材·教法》2012年第2期。

中，理解和建构其学习主体的语文知识，从而将知识转化为学生的素养。

（三）语文对话教学加强言语实践性的实施策略

那么，在具体的教学当中如何体现语文课程的实践性呢？我们认为，应该始终注重把握教学是指导和促进学生言语能力生成和发展的原则，可从以下三个方面着手。

1. 关注文本，言语积累

2011年《义务教育语文课程标准》反复强调，语文课程的建设"应继承我国语文教育的优良传统，注重读书、积累和感悟，注重整体把握和熏陶感染"，并且确定了义务教育阶段学生所要达到的刚性要求：认识3500个左右常用汉字，背诵优秀诗文240篇（段），课外阅读总量应在400万字以上，等等。我们认为，无论是在指导思想上的宏观倡导还是在具体篇目上的具体要求，都体现和突出了语文言语积累的重要性。

在现实教学当中，有的教师偏重于对语文静态知识的讲授，而忽略文本的阅读和言语的积累，这是偏离了语文学习的核心的。如果在教学当中忽略文本，那么言语积累便失去了抓手，学生所学习的语文知识往往成为空中楼阁，有骨架而无血肉，有理论而无实践，从根源上忽略了学生语文学习的言语性原则。例如，一位教师在讲授初中课文《范进中举》时，首先介绍科举制度、科举制度的由来、社会效应、八股文、作者吴敬梓、《儒林外史》、章回体小说等；然后用了五张具有代表性的插图概括全文的情节发展，进而引导学生分析人物命运和特点。从这个课例可以看出，教师在课堂上所呈现的知识不可谓不丰富，但始终没有结合文本来指导学生阅读和理解。第一部分用15分钟浏览了大量名物知识，但这些知识都处于文本的外围，是一种即成的静态的知识学习过程。第二部分用五幅插图来概括故事情节和人物形象，更是用一种看似便捷的方式替代了文本阅读的过程。从本课例可见，忽略文本，使得语文学习一直停留在言语实践的"外围"，学生没有得到言语历练和熏陶，而是用一种抽象概括的方式取代了语文特有的直觉思维、形象思维。

因此，教师在学生文本生疏、阅读有限的情况下只注重客观知识教授的做法，甚至通过大量做题试图找到"举一反三"的规律，这就是古人所讲的"躐等而上"。结果是花了很大的工夫，得到的却是似懂非懂、一鳞半爪的印象。[①] 正如在上述课例中，学生通过学习各种"客观知识"，只知范进是"儒林群丑"之一，却无法理解范进可爱的一面。而文学作品的魅力正在于对人性的揭示，剥离文本谈先入为主的知识概念，使得语文课失去了源头活水。因此厚积薄发，注重博览，关注文本，言语积累是回归语文对话教学的言语实践性的良方。

2. 朗读背诵，知言养气

朗读和背诵，这也是我国传统语文教育所提倡的重要教学方法，其积极合理之处值得今天的我们借鉴和弘扬。知言养气，源于孟子的"我知言，我善养吾浩然之气"（《公孙丑上》），到唐代韩愈讲求"气盛言宜"，到清代桐城派的"因声求气"，都强调了在语文学习过程中，言语实践对学习主体精神的促进和升华价值，是我国传统的语文学习方法的典范之一。"言"即是文辞之美，"气"即读者阅读文章所产生的与作者、与文本的精神共鸣。桐城派代表人物姚鼐认为："大抵学古文者，必要放声疾读，又缓读，只久之自悟；若但能默看，即终身作外行也。"（《惜抱轩尺牍·与陈硕士书》）其意即是说学习古文，必须要放声诵读快读，再慢读，久而久之便能自己悟出其中的意味；如果只是默默地看书，那么终身都是外行人啊。清代梅曾亮也认为，朗读比看书好处多，因为看书只用五官之一官即眼睛受益，而诵读用眼看，有口发声，再入耳，使得多个感官受益，并进而形成"气"。"气"乃是人的精神所在，通过诵读，使得读者身上的"气"与作者之"气"相融合，从而达到主客一体的境界，通过言语的交融达到对自身精神境界的提升。

开明书店创办人章锡琛回忆他的启蒙教育时讲到，开始读书，只

[①] 赵志伟编著：《旧文重读——大家谈语文教育》，华东师范大学出版社2007年版，第239页。

教孩子读，读会了就背诵；到了节日，如端午、乞巧、重阳等，要温书背书；年终要把一年来读过的书全部背出。张元善认为，这叫"立体的懂"，其关键就在于"熟读背出，把所有的书都全部装在脑子里"①。即便不能做到对经典语文篇目的全部背诵，一定数量的言语积累的"坦途"无疑还是诵读。朱熹认为："人读史书，节目处须背得，始行。"通过背诵才能够真正掌握语言的表达形式和所指的内容，内化为学习主体的语文素养和能力，进而在实践当中举一反三。王力也讲："背诵是传统的好方法，可以加强感性认识。通过熟读和背诵，对古代汉语能有更多的体会，不但古代的词汇和语法掌握得更加牢固，而且对古文的篇章结构和各大家的风格，也能领略得更加深刻。"②例如一位教师讲授《出师表》第二课时，学生通过第一节课的学习已经对文章熟读成诵、烂熟于心，因此在教师引导学生对文章的思想情感进行分析、理解时，学生便水到渠成、信手拈来了。学生每提出一个观点，都能够纯熟地引用《出师表》原文加以论证支持，实现了真正意义上的"与作者、与文本的对话"。最后教师和学生分工合作朗诵了全篇，无论在情感和气势上都达到了审美的境界，使得《出师表》的精神意蕴得到淋漓尽致的展现。

因此，通过朗读背诵达到"知言"，然后达到"吾善养吾浩然之气"的境界，正所谓"知言养气"，进而达到提升学习主体精神境界的目的；既历练了学生的言语实践能力，又提升了学生的文化素养，二者如同一个硬币的两面，主客一体，不可分割。

3. 涵泳体察，精思笃行

"博览"和"诵读"的过程也蕴含着语文教学"涵泳""笃行"的方法。涵泳体察，是一种整体的言语理解策略，是以学生语文素养的发展为旨归的语文教学方法。它不像近现代过分强调科学性的语文教学方法，对汉语语言机制和文学作品进行肢解性解读。如对词性、

---

① 周振甫：《怎样学习古文》，中华书局1992年版，第6页。
② 王力：《王力论语文教育》，唐作藩、李行健、吕桂申编，河南教育出版社1996年版，第6页。

句式作科学性分析，文学课也上成了结构分析课；如至今仍然具有影响力的凯洛夫五环节教学方法，谨遵"起始阶段（介绍作家作品、解释生词难句）—阅读分析阶段（总结段落大意、分析人物情节）—结束阶段（概括中心思想、总结写作特点）"的模式，过度关注语文知识的客观性而失之偏颇和刻板。文学作品的阅读方法少不了整体的"涵泳体察"，这是对学习主体的语文素养培养和创造性精神的发展。

"涵泳体察"，是力求言语的"内部"与"外部"的统一，力求在"言尽"与"意达"之间的张力关系中探其精微，并建立起学习者与作者、教材编者、文本之间对话的"理解场"。曾国藩在《谕纪泽》中讲道："涵者，如春风之润花，如清渠之溉稻。泳者，如鱼之游水，如人之濯足。善读书者，须视书为水，而视此心如花、如稻、如鱼、如濯足。"在他看来，解说文义是容易的，而深入涵泳、体察才是真正的读书之法。这里将读书比喻作春风、清渠对花和稻的润泽，也即教育的"化之"境界，非常形象地描绘了语文教学主客一体、不落两边的交融状态。这里的言语实践性是立足在学生自身对言意关系的内在体认上的。例如语文课《故都的秋》，很多老师在分析文本的基础上引导学生理解秋的"悲凉"。但通过对文本的涵泳体察，我们不难发现，作者"悲秋"的背后是对"故都的秋"的深深的眷恋和热爱，以及他对于美好事物的执着与况味。因此文末才会有此感慨："秋天，这北国的秋天，若留得住的话，我愿把寿命的三分之二折去，换得一个三分之一的零头。"这正是身处乱世而恬淡自若的知识分子积极心态的写照。

在涵泳体察的基础上，还须引导学生"笃行"，即引导学生创造性地运用语言，生成言语作品。这里的"精思笃行"强调的是语文言语的最终产品，也即"说写"输出的成分。通过博览积累、知言养气、涵泳体察，最终落实到了精思笃行上来，这是语文对话教学当中的积极检验和反馈。

由此可见，语文对话教学首先是以言语实践性为特征的。言语实践性既是语文课程性质的核心，也是语文教学过程当中始终坚持的核心和要义。坚持以言语实践为核心的语文对话教学，就是将教学活动中多重对话的价值熔铸在言语实践活动当中。

三 语文对话教学体现民主、平等的师生关系

以上从语文对话教学的本质、内涵的角度对其特征进行了阐释和分析，而从教学活动的表现来看，语文对话教学总是在一定师生关系中展开的，师生关系构成了语文对话教学的重要因素。

（一）师生关系的内涵和价值

在教学活动当中，人是最为积极主动的要素，是教学活动的发起者、承担者和维护者。其中，学生的活动——学，与教师的活动——教，构成了教学赖以进行的统一的活动体系。[1] 因此，师生关系是教育活动的表现形式，进一步讲，师生关系是教育本身的表现方式，它不仅是教育发生的背景，而且本身就是有意义的教育活动，具有教育性。[2] 师生关系本身具有对个体精神的陶冶和培育功能。

从以往对于师生关系的理解来看，它往往被视为教育活动的附属品，而很少关注其本质特性。例如，"知识中心论"下的语文教学，就是将教学活动看作传授语文知识的过程，学生就是知识的接受者和"容器"，教师则成为知识的传授者。在这种主客二分的关系当中，教学的目的就是用知识填充和接受的"事际关系"过程，作为精神的人的自觉交流和理解的关系就被忽略了，师生关系因此也就失去了作为"人际关系"教育的意义。语文对话教学中的师生关系是从师生关系作为教学活动不可割裂的重要教育因素的角度来看的，追求的是在一种学生与教师以语文知识问题情境为前提和背景下，在对话和交流中实现精神的互动、思维的历练以及情感的共鸣的一种人际关系。它指的不仅是一种外在的人际关系表现，而且是一种以语文素养的提升和文化陶冶为基础的内在的精神交流关系。

---

[1] 李秉德主编：《教学论》，人民教育出版社 2001 年版，第 103 页。
[2] 金生鈜：《理解与教育——走向哲学解释学的教育哲学导论》，教育科学出版社 1997 年版，第 125 页。

就教学过程中师生的地位和关系而言，近现代教育史上存在两种截然不同的观点。其一是"学生中心论"；其二是"教师中心论"。前者以卢梭、杜威等为代表。"学生中心论"的主要观点认为，学生学习的过程是一个自然的过程，教师的作用在于引导学生产生学习的兴趣。其中杜威就主张，教师在教学中应当作为"看守者"（watcher）和助手（helper）。后者以赫尔巴特为代表，他反对18世纪启蒙主义影响下的"自然教育"，认为"把人交给自然，甚至引向自然，并在自然中锻炼只是一种蠢事"[①]。以教师为中心的教学，强调外部条件对行为的影响。从理论分析来看，上述两种观点都有偏颇之处，因为教学活动是一种辩证的关系，走向某一极端都会影响实践当中的收益和效果。从主客体的角度来看，近年来主要出现了"主导教学论"——强调以教师为主导，以学生为主体；"双主体论"——教师和学生都是教学当中的主体；"过程主体论"——教的过程当中以教师为主体，学的过程当中以学生为主体；以及"阶段主体论"——根据不同阶段的学习，主体承担者有所变化。[②] 从以上观点来看，以教师为主体或以学生为主体、以教师为中心或以学生为中心，都只是突出了关系层面中的一个方面，而且始终不是将这种"关系"作为一个整体来看待的。

近年来，师生关系问题引起国内外教育理论界的关注和探讨。例如受到马丁·布伯尔哲学思想的影响，人们认识到，我们应该在教学活动中努力构建一种真正的人际关系。在布伯尔看来，世界是一种关系的世界，它不是"我—它"的"我—物"的主客对立关系，而是一种"我—你"的"人—人"关系。有学者认为，在教师和学生的教育交往中，对话和理解构成了新型的师生关系，即"我—你"的关系。这是第一人称和第二人称的关系，双方都亲临在场，在精神的深处被卷入、沉浸与被吸引到对话之中。[③] 这种从哲学角度看到的

---

① 张焕庭：《西方资产阶级教育论著述》，人民教育出版社1979年版，第278页。
② 李秉德主编：《教学论》，人民教育出版社2001年版，第105页。
③ 金生鈜：《理解与教育——走向哲学解释学的教育哲学导论》，教育科学出版社1997年版，第137页。

"我—你"的关系，呈现出的是一种主客一体的精神境界，而非将教育对象看作"它者"的主客二分的教育。这种师生关系具有平等、民主、沟通、理解和尊重差异性等特点。师生关系的重建是对话教学的显著特征。弗莱雷在其《被压迫的教育学》中提出了对传统教学中师生角色的否定，取而代之的是"称作教师的学生"（teacher-student）和"称作学生的教师"（students-teachers）。教师和学生在平等的对话关系中彼此交流和学习，相互获得精神的陶冶和提升。教师和学生成为同一个教学过程的共同负责者，在此过程中，他们共同成长。[①] 因此，语文对话教学的师生关系强调的是一种"主体间性"，或者称之为"交互主体"，在教学过程当中，谁也不是主体，谁也不是对象，不存在控制和被控制的问题，不是将某一种观点强加给对方，而是在相互的理解和共鸣当中寻找到语文教学的价值和内涵。

语文对话教学首先强调教学的过程是一个主客一体的过程，我们评价一堂课的有效性时，关键看在语文教学当中是否有创造性的言语实践，是否有及时的反馈，是否有言语产品的生成和精神境界的提升。以这些课堂评价标准来反观教学活动中的师生关系，我们认为，评价师生关系的标准即看它是否有利于学生创造性思维的养成，是否有利于学生言语产品的生成，是否有利于学生精神境界和文化素养的提升。因此，我们不主张离开语文教学活动的内涵来看待师生关系，将师生关系游离于语文教学活动之外而讲求所谓的民主、平等。因为离开语文教学的内涵和母语教育的价值追求，师生关系的民主、平等、自由等只是一种大而空的口号，停留于理念层面而无法"落地"。

《学记》讲："安其学而亲其师，乐其友而信其道，是以虽离师辅而不反也。"[②] 朱熹对这句话的解释是，学习者在深入学习的过程中，能左右逢源而感到快乐，在学习者身上看不到"艰难烦苦"的迹象，就做到了"内则信乎己之所得，外则乐乎师友之相成，至于学

[①] ［巴西］保罗·弗莱雷：《被压迫的教育学》，严振国等主编，顾建新等译，华东师范大学出版社2001年版，第3页。

[②] （清）孙希旦撰，沈啸寰、王星贤点校：《礼记集解·学记第十八》，中华书局1989年版，第962页。

之大成而强立不返也"①。学习由此达到了一种境界，即便离开老师也不会回到学习的原初状态。其中"安其学"是基础，进而"亲其师""乐其友"是学习的过程和状态，最后达成"信其道"的理想境界。《学记》中所描述的"亲师乐友"即是一种良好的师生关系，这种良好的师生关系并不是一种单纯的外在关系，而是熔铸于"安其学"的过程当中所形成的关系，"安其学"是师生关系的基础和内核。这也正反映出语文对话教学师生关系的内涵和本质。

（二）语文对话教学师生关系的特征

在以知识传授为中心的教学观指导下，师生关系是在完成教学任务中形成的附属品，重在知识的传输和接受；对话教学的师生关系则是一种积极的教育力量，在语文教学活动当中，形成人与人之间的精神交流、合作态度，在相互的启迪中实现自我价值，因此，良好的师生关系是对话教学的一部分，是教育的本体价值追求。其特征有二。

1. 以语文专业内涵为基础的民主、平等的师生关系

语文对话教学是以一定的语文专业内涵为基础和依托的，在此过程当中形成师生民主、平等的对话关系。以下为一位老师的公开课《游褒禅山记》中的一个小的活动设计——找同学一起当老师。

师：我认为，你们都是我们的老师，在这堂课上，我要向大家好好学习。因此，我要找一位同学和我一起来当老师，谁？

生：（众口推荐，不一而足）

师：好，我们就有请这位女同学来和我一起当老师。

生（众）：（热烈鼓掌）

（观察：整节课上，该生一直站在讲台上听课，当学生讨论时，她偶尔在教室中来回穿行，整堂课下来，并未发言。）

从这一教学活动环节的设置来看，老师在理念上强调一种平等的师生关系，并且这种理念得到了全班学生的热烈支持和响应。但在实

---

① （清）孙希旦撰，沈啸寰、王星贤点校：《礼记集解·学记第十八》，第964页。

际的课堂教学当中,这种新异的做法却未能取得良好的效果。因为老师在整堂课上依然是话语权的绝对拥有者,"老师学生"的被动地位并未因站在讲台上这一举动而发生改变,这位"老师学生"有"老师之名",却没有获得与老师进行平等对话的机会和权力,反而成为一种变相地"被压迫者的教育"。因此,实现师生平等的对话教育,并不是外在形式和口号上的"师生平等",而是强调师生在精神交流上的自由和平等。作为语文课,离开了以知识为媒介的言语实践活动、审美探究活动,所有的所谓师生平等的形式都是有名无实的。

又例如在某师范大学的课堂上,周老师讲到"师生关系"时,让同学们结合自己上学时的经历和感受谈谈对师生关系的理解。一位同学说道:

> 记得上高一时,来了一位刚毕业工作的女老师当班主任。她一开始就主张和同学们建立一种平等、民主的关系。但是由于她刚刚走上工作岗位,在班级管理上缺乏经验,处理很多小事时也不够明智,引起同学们的不服气;同时在教学上也因为是新人吧,教学的能力也未能得到全班同学的认可。有一次,老师可能也是想要追求一种"民主、平等"的师生关系,于是在班会课上让大家对她提意见。我现在想,她这样做实在是难能可贵的,能在同学们面前敞开心扉,是需要勇气和魄力的。但是那次班会课的结果非常糟糕,有几位同学向老师提出了尖锐的意见,老师当面就向同学进行解释,最后上成了一节"吵架课"。所以,我想,民主、平等的师生关系在实践当中实施并不是如我们想象的那样容易。

从这个案例来看,这位同学从教育理论的视角反观自己亲身经历的"民主、平等"的师生观,是将理论与实践紧密结合的一种教学反思。该同学首先认识到,一种表面上"民主、平等"的师生观在教育实践当中几乎是行不通的,其客观的结果是同学们对老师的不认同甚至反感;其次,该同学也认识到老师这种"民主、平等"教学理念的可贵之处，可见学生对"民主、平等"的师生关系的渴望和期待，因此，尽管很多同学并不认可该老师的行为，但他们还是发自内心地对该老师的坦诚和热情给予了理解。

那么，这位老师本着"民主、平等"理念试图构建良好的师生关系，最后竟然演变成为不愉快的"吵架"，何也？通过分析案例我们发现，并非该老师"民主、平等"的教学理念出了问题，而在于她缺乏教学的智慧和班级管理的经验。例如，在"处理很多小事时也不够明智，引起同学们的不服气；同时……教学的能力也未能得到全班同学的认可"。该老师"民主、平等"的教育理念未能很好地与实际的教育教学活动结合起来，使得理念成为一种空洞的口号。因此，语文对话教学的师生关系的特征，是以一种专业内涵为基础的对话和平等的交流，教师应充分尊重学生的创造性言语生成，并在言语实践当中彼此分享和交流。

这就对教师提出了两方面的要求。其一，教师应具备良好的专业素养；其二，教师能够尊重学生、与学生形成有效的对话和精神交流。二者缺一不可。教师具有良好的专业素养，引领学生在专业学习当中不断探索和提高，使得教学成为一个充满生机和活力的过程，正如《学记》所言，学生能够"安其学"，而后"亲其师""乐其友"。倘若教学的过程不是一种以语文专业内涵为基础的言语交流和理解，而是一种枯燥的教师独白、机械的知识传授过程，那么语文教学对话就难以开展，良好的师生关系也就无从谈起，就失去了建立平等、对话的师生关系的依托和基础。

例如，西北师范大学附中李静老师在上朱自清的《荷塘月色》时，提出了一个理论界颇有争议的问题，即"第四自然段"有没有写到"月色"？学生们在研读文本之后，充分表达了自己的观点，并在文中找到了支持自己观点的"论据"。无论哪种观点，都体现了学生对文本内涵的驾驭和分析能力。在这种情况下，老师让大家根据判断自己下结论，并指出："不唯书，不唯上，要提高分析和解读文本的能力。"由此可以看出，第一，教师有着良好的专业素养。教师对文本有着自己的研读和理解，通过语文知识问题情境的设置，激起学生探究的兴趣和行为,进而让学生充分表达自己的观点。第二,教师对学生的解读予以充分尊重和理解,并在与学生的商榷和对话中引导学生深入思考。教师本着"不唯书,不唯上"的思想观点,在对话中激起创造性的生成,学生和老师都非常享受这个对话和交流的过程。其师生关系融洽、民主、平等。因此,我们认为,语文对话教学的师生关系的构建,一定是以语文专业知识内涵为前提和基础的,在这种专业学习过程当中,师生平等、对话,从而彼此获得精神的愉悦和成就感。

2. 在理解、批判、创造性的对话中构建师生共通的精神家园

以语文专业内涵为基础的语文对话教学是建立良好师生关系的出发点和基础;从深层次来讲,师生关系通过师生之间的理解、批判和创造性对话,进入寓于"生活深处"的具体体验[1],这是关于语文对话教学师生关系的理想描述。布伯尔所讲的"我—你"的关系,强调的是在双方的"敞开""接纳"当中进入深层的精神体验,在将对方作为"你"交往的过程当中生成创造性的感悟。因此,在这种对话的过程中教师是以自己完整、真实的人格面对学生,在与学生达成理解、批判和创造性的对话之上构建师生共通的精神家园。这一过程与母语教育的独特意蕴是相联系的。语文对话教学的特征之一是在"至真""至善"的基础上构建"至美"的境界,这是一个主客一体的过程,因此,师生关系的构建也是在对话教学追求"真""善"的过程当中建立"至美"境界的过程。苏格拉底主张:"教育不是知者随便带动无知者,而是师生共同寻求真理。这样师生可以相互帮助,相互促进。"[2] 这种师生共同追求真理的过程,不但有着对"至真"的探索,而且包含着"至善"的伦理价值判断,进而获得一种精神的共鸣和提升。在对话的师生关系当中,在理解和批判当中,形成师生"至善"境界的精神家园。

---

[1] [德] 马丁·布伯尔:《我与你》,陈维纲译,生活·读书·新知三联书店1986年版,第83页。

[2] [德] 雅斯贝尔斯:《什么是教育》,邹进译,生活·读书·新知三联书店1991年版,第11页。

例如临夏回民中学的汪燕老师讲《涉江采芙蓉》，到最后的"美读诗歌，升华情感"环节，除了让学生配乐朗诵诗歌外，汪老师还为学生朗诵了一段自己改编的散文：

作为母语教学，师生是在理解、批判和创造当中生成了新的知识和新的意义，并形成新的师生关系境界的。汪老师的课堂，是以教师创造性的文学作品打动和感染学生，这种"教师下水"写作，将极大地调动起学生写作的兴趣。因为在此过程当中，教师与学生平等、自由的关系，是建立在共同探索、创造诗意的言语活动实践的基础上的。

从语言的特性来看，语言有诗的语言和遵循公众逻辑、通过普遍性概念和推论进行的日常性语言。[①] 日常性语言是按照主客关系的模式，站在对象之外，针对对象或客体表达的；而诗的语言是不可说的，但却表达了人的存在关系。海德格尔认为，这种表达人的存在关系的诗的语言，因为"不可说性"，使得语言"遮蔽"了存在。在诗意中，人不是处于存在之外并以存在为认识对象的，而是融于存在之中，与存在成为一体的。因此，诗人在这个整体中有其独特性的感受，拥有整个人的世界，而不是对事物的普遍性认识。[②] 基于这样语言哲学观，我们认为，语文对话教学的师生关系是一种基于理解、批判和创造性对话的师生关系。作为母语教育，其深层的目的并不仅仅是传授给学生"普遍的、大众的、通识性"的"日常性语言"，同时还要追求一种"诗意"的栖居，是在个性化的理解、批判和创造当中形成理想的师生关系。

因此，我们不能用一种既定的、具有普遍价值的师生关系的特征来描述对话教学的师生关系。就如同上文所讲的某年轻老师，试图以"民主、平等"的理念来构建和谐的师生关系，却在现实当中碰了壁。"民主、平等"的师生关系是一种具有普遍价值和意味的师生关系的描述，它并不能替代师生关系"生活深处"的独特体验和感悟，

---

① 张世英：《进入澄明之境——哲学的新方向》，商务印书馆1999年版，第67页。
② 同上书，第69页。

并不能言说出真正的人的存在关系。

例如,《论语》当中讲到孔子与学生的关系时,也是一种民主、平等的师生关系,如学生可以"当仁,不让于师"①(《论语·卫灵公》);老师在教学当中也受到学生的启迪,如"起予者商也"(《论语·八佾》)。与此同时,孔子与学生的关系还是一种独特的、创造性的师生关系。以孔子的学生们"问仁"这一现象来看,孔子指点弟子修德为仁,常常是"就其病而药之",他并不是整齐划一地将他所理解的真理"灌输"给每个学生,而是在与学生的交往关系中,创造性地理解、批判和生成新的理解和认识。

> 司马牛问仁。子曰:"仁者,其言也讱。"曰:"其言也讱,斯谓之仁已乎?"子曰:"为之难,言之得无讱乎?"

司马牛向孔子"问仁"。孔子说:"仁人说话是慎重的。"司马牛说:"说话慎重,这就叫做仁了吗?"孔子说:"做起来很困难,说起来能不慎重吗?"孔子指点司马牛,如果要实践仁德,就应该从说话有所忍耐入手。《史记·仲尼弟子列传》说司马牛"多言而躁"。孔子告诉司马牛"仁者,其言也讱",司马牛不假思索地立刻追问:"其言也讱,斯谓之仁已乎?"由此可见,司马牛的确是个"多言而躁"的人。司马牛既然多言而躁,那么,孔子就向他指出以"克己讱言"的方法来实践仁德。我们再来看仲弓问仁、樊迟问仁、子张问仁,而孔子的回答都不尽相同。

> 仲弓问仁。子曰:"出门如见大宾,使民如承大祭;已所不欲,勿施于人;在邦无怨,在家无怨。"仲弓曰:"雍虽不敏,请事斯语矣。"(《颜渊》)

> 樊迟问仁。子曰:"居处恭,执事敬,与人忠。虽之夷狄,

---

① 孔子:《论语》,中华书局 2006 年版。

不可弃也。"

　　子张问仁于孔子。孔子曰："能行五者于天下，为仁矣。"请问之。曰："恭、宽、信、敏、惠。恭则不侮，宽则得众，信则人任焉，敏则有功，惠则足以使人。"（《阳货》）

　　这既可以看出孔子"仁"内涵的丰富性，也体现出孔子对学生个性差异的尊重。他并没有胶柱鼓瑟于普遍性意义上的知识和价值，而是根据不同的情境和学生的个性建构，生成独特的知识内涵。既体现了师生对知识内涵的共同探究过程，又在师生的相互理解中批判、建构了一种师生共通的精神家园。《论语》是一部对孔子师生言行的记录，正是在对话的关系当中，形成了师生独特的价值意蕴和精神体验。

　　因此，语文对话教学的师生关系，首先强调要以语文专业内涵为基础，在对语文内涵的探究当中形成民主、平等的师生关系；其次，从深层次来讲，这种师生关系具有理解、批判的精神，在此之上创造性地构建师生共通的精神家园。

第三节　语文对话教学的类型

一　从"关系重建"和"课堂实践"方面划分对话类型

　　关于语文对话教学的类型，根据不同的分类标准，可以有不同的划分。

　　《全日制义务教育语文课程标准（实验稿）》规定："语文教学应在师生平等对话的过程中进行""阅读教学是学生、教师、文本之间对话的过程"。《普通高中语文课程标准（实验）》则进一步指出："阅读教学是学生、教师、教科书编者、文本之间的多重对话，是思想碰撞和心灵交流的动态过程。"基于课程标准的表述，语文对话教学的类型通常基于学生、教师、教科书编者和文本等几大要素进行划分。例如两分法将语文对话教学划分为学生与课程、教材的对话，教师与学生的对话；三分法将语文对话教学划分为包括师生对话和生生对话的言语性对话、师生与文本的理解性对话，以及与自我的反思型对话；四分法将语文对话教学划分为包括突出教师的问答式对话、突出学生的对话教学、师生平等的交际式对话以及突出问题的辩论式对话；五分法将语文对话教学划分为师生对话、生本对话、生生对话、学生与自我的对话以及"人—机"对话等。① 关于课堂对话教学的各大要素，有学者将其区分为对话供体、对话受体和对话媒体。② 这些分类方法尽管侧重点各有不同，但基本的形态都是基于课堂教学要素进行的组合。这种划分标准具有一定的代表性。

此外，还有学者以对话的"指向和状态"为标准，将对话划分为四种类型。以对话的"指向和状态"为划分标准，主要参照了布伯尔的观点。布伯尔认为，对话内涵的考量主要存在两种维度：第一维度是对话与知识的关系。对话与知识的关系包括③两种情况，首先是"目的论"的对话观，即假定对话是指向一个特定的认识终点、答案或结论，也被称为聚合（convergent）对话观，它假定对话者的不同观点至少在原则上可以达成大多数人赞同的"正确"观点，即对话的指向是"趋同"的。其次是"多元化"的对话观。即站在不同立场上的不同对话者的观点不可能是趋同的，而是处于分散的状态，这种对话观被布伯尔称为分散（divergent）对话观。第二维度是从对话参与者对不同观点的态度来看的，包括包容性（inclusive）取向和批判性（critical）取向。④ 前者是对话者对不同立场的人所持有的不同观点的一种理解和包容，赋予不同观点以合理性和真实性；后者是对话者对不同立场的人所持有的不同观点所表示的怀疑或质疑，对不同观点的合理性和存在的真实性予以批判。基于以上两个维度，布伯尔

---

① 李森、伍叶琴主编：《有效对话教学——理论、策略及案例》，福建教育出版社2012年版，第63页。

② 欧阳兴：《中学语文对话式阅读教学的对话要素分类研究》，学位论文，南京师范大学，2005年。

③ Burbules, N. C., *Dialogue in Teaching: Theory and Practice*, New York: Teachers College Press, 1993, pp. 110–111.

④ Ibid., p. 111.

将对话的类型分为四种：

包容的—分散的　　作为交谈的对话
包容的—聚合的　　作为探究的对话
批判的—分散的　　作为辩论的对话
批判的—聚合的　　作为教学的对话①

从对话的"指向和状态"标准来看，可以分为四类：作为交谈的对话、作为探究的对话、作为辩论的对话以及作为教学的对话。

在具体的教学中，这四种对话的形态都出现于不同的课堂教学情境里。"作为交谈的对话"的主要特点是包容性和目的的分散性，例如"头脑风暴"就是运用这种对话方式；"作为探究的对话"是就一个明确的问题而展开的包容性对话，如"小组讨论"的教学形式即属于此；"作为辩论的对话"通常是站在不同的立场上就每个问题展开探讨，这与巴赫金"狂欢理论"的内涵有相同之处，在语文阅读教学当中，这种对话的形式值得提倡；"作为教学的对话"，如"脚手架"范式、教学中的示范等都属于此类型的对话，其特点是师生通过批判性对话最终指向一个明确的结论。

无论从哪个角度来划分对话教学的标准，都有其理论的依据和道理。如果单就每天在语文课堂上发生的教学实践活动来看，有三种对话形态是课堂的常态。第一，师生、生生对话；第二，师生与文本（课文）的对话；第三，学生与自我的对话。这三种分类方法与佐藤学基于"关系重建"的分类方法的结果正好契合。佐藤学认为，倘若把学习作为意义与人际的"关系重建"（retexturing relations）加以认识，那么，学习的实践就可以重新界定为学习者与客体的关系、学习者与他（她）自身（自己）的关系、学习者与他人的关系。② 因

---

① 王向华：《对话教育论纲》，教育科学出版社2009年版，第118页。
② ［日］佐藤学：《学习的快乐——走向对话》，钟启泉译，教育科学出版社2004年版，第38页。

此，佐藤学提出了对话学习的三位一体论——重建世界、重建自身、重建伙伴。因此，从关系重建的角度来看，语文教学活动是建构客观世界意义的活动，是探索与塑造自我的活动，是编织自己同他人关系的活动。这里，这三个维度的"关系重建"是通过"意义的重建"来实现的。既然教学活动本质上是一种"我—你"的关系世界，那么价值和意义总是在关系当中建构和生产的。这与王阳明所讲的"主客一体"的哲学思想有着异曲同工之妙。因此，我们以"关系重建"作为语文对话教学的类型划分的理论基础，而以"课堂实践"作为划分的实践依据，将语文对话教学划分为三种类型，即重构意义的语文探索活动，重塑交往的语文实践活动，重塑自我的语文反思活动。

二　重构意义的语文探索活动

重构意义的语文探索活动主要包括师生与文本（课文）的对话形式。这种探索活动的指向是语文的认知性、文化性实践。通过与文本、教材等的对话，使得学习者直面语文学习的内容，如名物知识、方法知识以及理论知识等。在学习者与客体的对话中，"客体"是相对于学习者主体进入教学对话活动之前而言的，一旦进入语文对话教学的实践活动当中，"客体"与"主体"相遇之后就不复为"客体"，而是关系中的组成部分，二者已然合而为一。即如布伯尔所言，是在"我—你"的关系当中。只有当外在的"物"或"它者"作为进入主体生命体验当中、发生交融、理解和对话的时候，才能实现这种探索世界、重建世界的对话关系活动。例如，在戴老师的课堂作品《出师表》中，通过诵读和背诵的言语实践活动，使《出师表》的文本内容走进学生的内心世界，使得学生逐步建立了与文本的对话和交流。我们看到，"文本"已经不再是一种客体的"物"，而是在对话中成为另一种主体。在这种关系当中，"人—物"的关系已然成为一种"人—人"的关系。

师生与文本（课文）的对话还包含着与作者、教科书编者、教学资源的对话。例如对李双义老师的访谈当中，他谈到语文的价值在于通过教学活动达到学生"睁眼"和"养气"的目的，从而培养学生的文化视野和人文情怀。其中,"睁眼"即为学生与外部世界的理解、对话和建构的过程。学生在与古今中外文化思想巨人对话的过程中,"感受别样的人生"。

从具体的语文课堂教学来看,对话教学一定要立足于"文本",使学生在言语实践当中提升语文素养。我们来看袁莲君老师的课堂作品《咬文嚼字》的导入新课部分:

1. 练习。(幻灯展示)

请在括号里填上你认为最好的动词。(思考、小组交流,黑板上书写展示)

轻风( )细柳   淡月( )梅花   涟漪( )浮萍

2. 品读。根据学生所填的动词,师生共同分析,品评动词使用上的优缺点,选出最能反映所给意象特征的动词,品味意境。如:

轻风(扶)细柳:"扶"字准确地体现了"柳"之"细"、之柔弱,也用拟人的方式生动形象地反映出"风"之"轻"、之体贴、之深情,意境柔美清新。若用摇、舞、戏等则不能准确反映意象特征,破坏了美感。

淡月(失)梅花:"失"字准确地体现了"梅"之白、之淡雅,体现了月色之"淡"、之朦胧,营造出如雪之梅融化在朦胧月光中的意境,和谐恬静。若用"映"则月色太亮,若用"隐"则画面太暗。

涟漪(吻)浮萍:"吻"字写出涟漪之轻柔与深情,写出浮萍之温润与恬静,整个画面甜美安宁。若用"戏"字,则"浮萍"显出飘零,"涟漪"显出轻薄。

3. 小结:刚才我们的练习,如果用一个成语概括就是——咬文嚼字。"咬文嚼字"在词典上的义项有三:A. 形容过分推敲字句;B. 形容掉书袋或卖弄才学;C. 不重视实质,只在某些字句上纠缠。似乎都偏向贬义,但是我们刚才的练习却发现了咬文嚼字的重要性,关于这一点美学家和文艺理论大师朱光潜先生在他的文艺评论《咬文嚼字》一文中就有深入的论述，我们一起来学习。

从这则课堂作品的新课导入部分可以看出，袁莲君老师设置了一个师生共同"咬文嚼字"的活动。老师首先设置了三个问题情境："轻风（　）细柳，淡月（　）梅花，涟漪（　）浮萍"，让学生思考、讨论并"填上最好的动词"，充分调动了学生的参与热情。大家的答案，可谓仁者见仁智者见智，师生又通过探讨找出不同动词使用的优缺点，在如切如磋、如琢如磨当中推敲、玩味不同动词所带来的不同的意境。如"涟漪（吻）浮萍"和"涟漪（戏）浮萍"的比较，一字之差，前者写出涟漪的轻柔与深情，写出浮萍的温润与恬静，整个画面甜美安宁。而后者用"戏"字，则使"浮萍"显出飘零样，"涟漪"显出轻薄样。通过"咬文嚼字"活动，形成了师生与文本的对话，使学生充分体悟到汉语词汇的内涵和丰富意味。正是这种立足于"文本"的言语实践活动，才是语文对话教学的真正内涵。

三　重塑交往的语文实践活动

重塑交往的语文实践活动主要包括师生对话以及学生与同伴的对话等形式。教学活动是一种交往的活动。佐藤学强调应该形成一种"学习共同体"，这是伴随学习的过程在课堂中多元地、多层次地产生的共同体情结。"学习共同体是超越了课堂，同新的生活方式与社会原理相通的共同体；今后的社会必须一方面作为每一个个体自立的社会，另一方面又必须是彼此尊重各自的差异相互学习而生存的社会。"[①] 关于教学的交往实践性，我国古代也有很多相关的论述。如孟子所讲的"独乐乐，不如众乐乐"，《学记》提出的"独学而无友，则孤陋而寡闻"的观点，等等，都是强调了人在关系当中的对话价值和意义。《学记》还讲道："大学之法，禁于未发之谓豫，当其可之

[①] ［日］佐藤学：《学习的快乐——走向对话》，钟启泉译，教育科学出版社2004年版，第38—40、384—385页。

谓时，不凌节而施之谓逊，相观而善之谓摩。"① 郑玄认为："相观而善谓之摩，谓观人之能而于己有益，如以两物相摩而各得其助也。"② 其大意是说，在教学的过程当中，学生通过学习同伴的过人之处而深受裨益，同学之间相互观摩而彼此精进。因此，对话教学中学生与同伴的对话活动首先是一种学生之间相互学习和促进的过程，是基于"学"的"同学"关系；其次，在"同学"的过程当中形成一种和谐、快乐的人与人之间的良好关系，这也是在建构人与人之间关系上对话学习的产物。

在课堂上，师生的"谈话"形式是最为普遍的，但是师生之间的"谈话"与我们所提倡的"对话"教学在理念和内涵上还是有一定差异的。"谈话法"主要是相对于"讲授法"的一种教学方法。这种学习方法的特点是由教师设置问题并预设答案，再由学生作答的过程。从学习的效果来看，有些"问答"教学并不具有"对话"的特征，而是另外一种变相的"独白"。我们来看一位老师讲授《游褒禅山记》中的一段师生问答：

　　师：我们来看第二自然段，写了"前洞"和"后洞"的对比，对不对？
　　生（齐）：对！
　　师：给我们交代了景色的不一样，对不对？
　　生（齐）：对！
　　师：前洞人多，后洞人怎么样？
　　生（齐）：人少了！
　　师：后洞看到的美景就怎么样呢？也就少了，对不对？
　　生（齐）：对！
　　师：在这种情况下，大家想一想，他出来了，他感觉很遗

---

① （清）孙希旦撰，沈啸寰、王星贤点校：《礼记集解》，中华书局1989年版，第965页。
② 同上。

憾，对不对？

　　生（齐）：对！

　　师：第二段写了游览褒禅山前洞后洞的什么啊？——"经过"。

　　生众：经过（同时附和）。

　　……

　　从这一教学片段中可以看出，这是一种典型的"接话"。因为教师从始至终并没有为学生设立一个有价值有意义的"真实的知识问题情境"，而是反复用自己预设的答案"牵引"着学生。如前洞人多，后洞人少，而奇景都在人少处，作者应该感到"很遗憾"等。真实有效的"对话"在这里并没有发生。因此，师生对话的真实发生，应该是基于"知识问题情境"而展开的言语实践活动。钱梦龙指出，为了避免琐碎的问问答答，他采取了"话题"的办法。[①] 例如执教鲁迅的《故乡》时，他提供了五个话题：1. 关于"我"；2. 关于闰土；3. 关于杨二嫂；4. 关于宏儿和水生；5. 关于"我"的"希望"。钱梦龙认为，话题的特点在于思维空间大，而且围绕话题发表意见时，不是针对教师的"提问"，故而"答案意识"淡化。[②] 这是语文对话教学展开师生对话时值得借鉴的有效方法。此外，良好的师生关系本身也是一种教育的力量，教师的人格魅力、精神境界等都是语文对话教学的重要因素。

四　重塑自我的语文反思活动

　　语文对话教学需要学生展开自我反思性的对话活动。语文教学活动的最终目的是促进学生主体人格的发展，通过"睁眼"看世界，通过师生的交往实践活动，最终形成学生与自我的对话，形成学生良好的语文素养和正确的价值观。用传统语文教育的概念表达即为"养

[①] 钱梦龙：《钱梦龙与导读艺术》，北京师范大学出版社2006年版，第36页。
[②] 同上书，第37页。

气",这是一种向内的诉求,是通过对话教学提升学生自我的思想和精神境界的过程。

需要指出的是,学生重塑自我的语文对话活动是贯穿于师生对话、学生与文本的对话等过程当中的。这是一个相互渗透的过程。正所谓"我知言,我善养吾浩然之气","知言"是语文教学的言语实践活动,通过对文本的诵读和理解,达到对自我精神的熏陶和历练。"知言"的过程正是学生与"文本"对话的过程。例如前面所讲到的学生对"轻风扶细柳,淡月失梅花,涟漪吻浮萍"的品味和涵泳,是学生逐渐进入言语的审美境界的过程。"扶"字准确地体现了"柳"之"细"、之柔弱,形象地反映出"风"之"轻"、之体贴、之深情,表现出了文字背后意境的清新柔美。这种基于言语实践的对话教学,将学生对外部世界意义的建构,与教师、同伴关系世界的建构以及自我精神丰富的过程完美地结合在了一起。这正是佐藤学所讲的"三位一体"的对话过程,与我们提倡的语文对话教学的"一心二门"的特征不谋而合。因此,语文对话教学就是一方面向外打开学生建构世界的至真的科学之门,另一方面向内收摄形成重塑自我的至善之门,进而达成语文教学重建关系的至美境界。

第三章 语文对话教学的实施机制

建构一堂有效的语文对话课堂教学，是否有一定的模式可以依循？应该说，这是对语文教学本真内涵的理性探索，好的语文课不能仅跟着教师的"感觉"走，而应立足于语文课程特性和学习心理学理论，构建课堂教学的行之有效的结构模式，进而促进学生创造性能力的提升。语文对话教学，一方面要关注"学什么"的问题，另一方面则要关注"如何学"的问题。在学生建构知识的过程当中，"学习方法和策略"不仅是理解教学内容的辅助方法和手段，而且直接影响着学习者对于学习内容的理解。英国学者韦尔斯认为，教学内容固然重要，但用什么方式获取知识则更为重要，因为它直接影响着受教育者的认知习惯和思维发展的过程。因此，语文对话教学的有效开展，不仅应该深入探究对话的内涵，而且在具体的实践当中，还应关注对话因循的基本原则和机制。本章从对话教学的实施机制入手，探讨实践当中对话教学如何有效地、创造性地展开探究问题的活动，以使问题得到深入的理解和认识。

对话教学实施机制是指实施的具体原则和程序，是指制度内部各要素之间彼此依存、有机结合并自动调节所形成的内在关联和运行方式。从实施机制层面来看，首先，语文对话教学的实施须关注"有效性机制"问题，语文对话教学有效性机制的系统构成与实践方式为"准备前提—建构目标""营造情境—落实过程"以及"言语分享—有效反馈"。其次，语文对话教学的实施机制还须关注"创造性机制"问题。语文对话教学创造性机制的系统构成与实践方式为"建构能力体系—运作有效过程—预测创造能力"的过程。有效性机制和创造性机制并不是截然分开的，而是各有侧重。在保证有效性的同时，促进学生的创造性言语产品的生成；在鼓励创造性的同时，也应关注到全体学生学习的有效性问题。

第一节 语文对话教学实施的"有效性机制"

语文课堂教学有效性模式的建构，基本的依据有二：一是基于学习心理学的负反馈理论；二是基于语文学习的基本规律。从"负反馈理论"来看，语文有效课堂教学是由一定的目标提示开始的，由语文知识刺激引发学生的学习行为，并通过活动内化为思维操作，最后形成外化的言语产品，这是一个由目标到反馈的环路过程。从语言学习的规律来讲，语言学家王宁教授提出：语文教学从言语实践的过程来看，是个性化的"言语"与社会化抽象的"语言"相互转换的过程。① 这里"言语""语言"的概念来自于索绪尔的区分：语言（langue）是一种社会现象，是全体社会成员共同遵守的一种特殊规范；而言语（parole）是一种个人的活动，是个人的意志或智力的行为。② 语文教学的实践从实质上讲就是"言语—语言—言语"转换的过程，也即"用他人的言语作品来提高学生的语言能力"③ 的过程。

准备前提 建构目标 → 营造情境 落实过程 → 言语分享 有效反馈

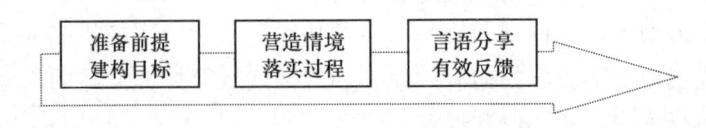

图 3-1 语文有效性教学模式图

根据负反馈理论以及语言学习的基本规律，结合对大量语文教学

---

① 王宁、易敏：《语言与言语理论在语文教学中的运用》，《语文建设》2006 年第 2 期。
② ［瑞士］费尔南迪·德·索绪尔：《普通语言学教程》，商务印书馆 1980 年版。
③ 王宁、易敏：《语言与言语理论在语文教学中的运用》，《语文建设》2006 年第 2 期。

实践活动的归纳、总结，我们提出了语文课堂教学的有效性教学模式，包括"准备前提——建构目标""营造情境——落实过程"以及"言语分享——及时反馈"。

一　准备前提——建构目标

（一）教学目标的确立

教学目标总是以一定的课程内容为媒介的。[①] 因此，语文对话教学的教学目标是与语文课程的内容一起呈现给教师和学生的。教学目标既是教学活动的出发点，也是测量和评价教学质量的重要指标。国内外许多教育学家对教育目标都进行了深入的研究，并提出了各种不同的分类理论。其中，布鲁姆（B. S. Bloom）于1956年出版的著作《教育目标分类学》（*Taxonomy of Education Objectives*）被认为是20世纪影响最大的四本教育学著作之一。它所确立的教育目标分类框架对语文教学目标的分类具有积极的启示作用。布鲁姆和他的学生们认为，教学目标主要包括三个方面，即"认知领域""情感领域"和"动作技能领域"[②]。认知领域包括知识、领会、运用、分析、综合和评价；情感领域包括接受、反应、形成价值观念、组织价值观念和形成价值情绪；动作技能领域包括观察、模仿、联系和适应。安德森是布鲁姆的学生，他和他的团队在布鲁姆教育目标分类学的基础上，将认知领域的教育目标和认知过程这两个维度进行分类，创立了教育目标的二维分类表，有助于探讨目标中的知识与认知过程之间的关系。例如，我们能期望学生"运用事实性知识"吗？通过分析事实性知识，学生能理解概念性知识吗？[③] 分类有助于我们处理教学目标和评估问题。

在布鲁姆的"教育目标分类学"理论和安德森的"教育目标二

[①] 李秉德：《教学论》，人民教育出版社2001年版，第48页。
[②] ［美］B. S. 布鲁姆等编：《教育目标分类学——第一分册：认知领域》，罗黎辉、丁证霖、石伟平、顾建明译，施良方校，华东师范大学出版社1986年版，第8页。
[③] ［美］安德森等编：《学习、教学和评估的分类学》，皮连生译，华东师范大学出版社2007年版，第31页。

维分类表"的基础上，联系语文课程的特性，首先确立了语文对话教学目标的层次领域：言语过程、思维方法和情感行为①，而"语文知识"是语文课程目标得以实现的媒介和依托。因此靳健教授将这三个领域的目标与语文课程的内容和特点结合起来，建立了"语文课程三维立体目标系统结构图"②。

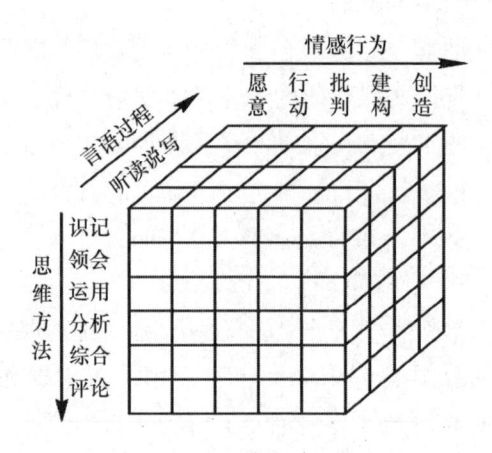

图 3-2　语文课程三维立体目标系统结构图

从"语文课程三维立体目标系统结构图"中我们看到，语文课程的目标被划分为三大领域：思维方法、情感行为和言语过程。其中，思维方法包括识记、领会、运用、分析、综合和评论。"识记"包括对语文知识的学习，其中名物知识如常用字词、文化常识、作家作品等；方法知识如造字法、修辞方法、鉴赏方法等；理论知识如逻辑知识、文艺美学知识等。"领会"是指对文本材料意义的理解能力，如文章的思想内涵、文学的象征意义等。"运用"是指在具体的情境当中使用已有知识的能力，如遣词造句、阅读写作等。"分析"是指把握语言材料的各种要素，解释文本特征和内涵的能力。"综合"是指

---

① 靳健：《后现代文化视界的语文课程与教学论》，甘肃教育出版社 2006 年版，第 102 页。
② 同上书，第 94 页。

概括文章中心思想和艺术特色的能力等。"评论"是指鉴赏评价文学作品的能力，从文本中发现其审美价值的能力等。情感行为主要包括意愿、行动、批判、建构和创造五个层面。"意愿"即学生愿意主动接受语文学习的提示并积极参与学习的过程；"行动"即学生在兴趣引领下产生了主动学习的行为；"批判"即学生在鉴赏文艺作品或社会现象时所表现出的价值评判能力；"建构"是指能够独立自主地综合运用语文学习的体系；"创造"是指具有高雅的审美情趣，具有创造性的言语能力，能够从自己的视角用自己的语言创造性地表现内心的观点。言语过程的维度即语文听、读、说、写的技能目标。因此，语文教学的过程，是以语文知识为中介的思维方法、情感行为、言语过程三维目标的全面实施，最终促进学生语文素养的提升和个性的全面发展。

需要指出的是，三个层面的目标在教学中是融为一体的。例如对语文知识的识记，就包含了学生意愿、行动、批判、建构、创造等情感过程，而且是通过听、读、说、写的言语实践来实现的。同时，在目标的层级上也呈现出一定的梯度，如情感行为是由意愿逐步升级到创造，思维方法是由识记逐步发展到评论，言语行为是由听、读到说、写。三维立体目标体系旨在建构一个有序、关联、融合、开放的语文课程目标体系，相比新课程改革为所有课程提出的知识与能力、过程与方法、情感态度与价值观的课程三维目标而言，语文课程三维立体目标更符合语文课程的内涵和特点。

（二）教学目标的特性

结合"语文课程三维立体目标体系"和语文对话教学的内涵，我们认为，语文对话教学的目标特性应包含以下方面：发展学生的言语实践能力；积淀学生的语文知识；历练语文思维能力及审美能力；促进学生主体性人格的发展。

1. 立足于学生言语实践能力的培养

"言语性"是语文课程最为核心的特性。西方哲学的语言学转向即是基于语言的本体性特征而提出的，中国古代的语文教育讲求"知言养气"，更是将"知言"作为教学的出发点和落脚点。有学者指出，将语文课程标准中的"工具性"理解为"言语性"，即理解为听、读、说、写的言语活动的特征，也许是最为接近语文教育规律的观点，这也是当代国际上对母语课程特征所普遍采用的说法。① 因此，在确立对话教学目标时，培养学生"听、读、说、写"的言语实践能力是首要任务，并在言语实践活动当中使学生实现语文知识的积淀，思维能力、审美能力的培养，进而促进学生主体个性的发展。例如学习李白的《将进酒》，须立足于"言语实践目标"进行"反复吟诵"，在吟诵当中体悟诗歌字里行间的韵味，感受李白豪放飘逸的浪漫主义情怀。

2. 在动态实践中贯穿语文知识目标

语文课程作为母语课程包含着丰富的语文知识。语文知识包括名物知识、方法知识、理论知识等。落实到语文对话教学中，首先要具有科学的、合理的知识观。以往的语文知识观，把知识视为普遍的、固有的、独立于学习主体而存在的客观知识，因此导致教学中"灌输知识"的弊端。对话教学的知识观则强调知识的批判性和创造性，语文知识是在师生对话、生生对话、学生与文本对话、学生与自我对话等教学活动过程当中建构和生成的。因此，知识目标强调的是语文知识的呈现方式，强调学生对语文知识的探究与实践。

确立对话教学的知识目标应该注意以下问题：其一，结合教学内容确立知识目标。语文知识的内涵是非常广泛的，但在课堂上需要选择哪些对学生发展最为重要的、在语文课程中处于核心地位的知识，是问题的关键所在。在筛选的过程当中，还需注意知识的体系和取舍问题，应当注意由点及面的知识结构，以及贪多毋得的知识取舍问题。笔者曾听了一节公开课，教师的教学目标是让学生掌握文言虚词"其""以"的用法。但他系统地列举了这两个词语的所有意义和用法。这种知识目标就脱离了文本和语境，学生很难在课堂上真正掌握。另一位教师在讲《雨巷》时，首先罗列了大量关于作者、背景、

---

① 靳健：《后现代视界中的语文课程与教学论》，甘肃教育出版社2006年版，第61页。

作品以及评价的相关知识，看似与课文相关，但因其庞杂而使学生很难提起对这些知识的学习兴趣。因此，对知识的选择显得非常必要。其二，结合学生的言语实践活动确立知识目标。例如朱自清的《荷塘月色》运用了"通感"的修辞手法，教师的学习目标之一是"理解通感，并学习使用通感的修辞手法造句"。它既属于术语知识，需要学生理解和识记，同时又是一个修辞方法，属于程序性知识，需要学生去运用。因此，这就需要在教学中结合"理解概念"和"练笔"来共同完成对该知识点的教学，学生通过"概念理解"和"运用练习"等言语实践活动来掌握"通感"的修辞手法。其三，结合学生的实际确立知识目标。知识目标的确立应考虑到学生对已有知识的掌握情况和知识的难易程度。例如现代汉语的虚词是语法的一个重要手段，如果虚词掌握不好，复句的学习就很成问题。教学目标的确立就应该根据学生对虚词的掌握情况，确立虚词的学习重点。其四，确立目标时要注重知识的贯通性。语文知识非常丰富，如果在教学中不注意知识之间的连接和贯通，往往会使得知识目标零散而孤立，不利于学生的学习和掌握。在实际运用中，语汇、语法、修辞、逻辑等知识内容，凡能结合教学的地方，要尽量结合。[1]

3. 结合学习内容历练学生思维能力

语文思维是一种特殊的心理现象，它既包含普遍意义上的概括、判断、分析、综合、比较、创造等思维方法，又具有语文思维的独特性，如相对于抽象思维的形象思维、相对于分析思维的直觉思维等；再如汉字的构造思维、语感的直觉思维、文学阅读的审美思维、议论的语言逻辑思维、言语实践的创造性思维等。学生语文思维能力的发展水平，直接体现着学生听、读、说、写言语实践的发展和水平，是学生语文素养提高的重要标准。在语文教学中，思维与语言的发展是不可分的，用维果斯基的话来讲，这正如"硬币的两面"，须在言语实践活动当中发展学生的语文思维能力。例如，学习现代小说中的"意识流"手法，就应引导学生学习和运用"发散思维"的方法，通

---

[1] 叶苍岑主编：《中学语文教学通论》，北京教育出版社1984年版，第485页。

过阅读文本和写作等方式历练学生的发散思维能力。

韩礼德提出的"言语—思维"观认为,人们是在言语实践活动当中形成独特的语文思维的,思维与语言的发展是不可截然分开的。例如,学习戴望舒的《雨巷》,这是一首经典的现代诗,对诗歌意境的理解须借助诗中独具特点的意象展开分析。由"丁香"联想到宋代李璟"丁香空结雨中愁"的诗句,通过直觉、顿悟等审美思维形成对诗歌文字创造性的想象和理解,进而培养学生的审美思维能力。

4. 在多元文化中促进学生主体性人格的发展

语文教育作为母语教育,最终目的在于学生的主体人格发展上。语文对话教学强调"学生与自我的存在性对话",就是旨在通过对话达成学生主体人格的健全发展。学生通过理解和运用母语,积累语言,培养语感,发展思维,培养识字写作、阅读写作、口语交际等综合能力,涵养独立、自由、自强、自律、合作、宽容的主体性素质。[①]教师在设计教学目标时,应充分考虑到学生健全人格的熏陶和培养,既要做"经师",又要为"人师"。笔者在对西北师范大学附中的袁莲君老师进行访谈时她说道:

> 以我从教的经验来看,语文课对学生价值观的培养是丰富而多元的。比如在讲授陶渊明的《归去来兮辞》前,我事先梳理了以往学过的课文,发现课本中像《我的空中楼阁》、《故都的秋》等提出的都是相对淡泊的人生观,树立了一种平和的人生态度,教我们反省和审视人生和内心。语文课价值观的多元化为学生提供了多种选择,而且很多取向都是超功利的,多半强调了一种平和的人生态度,有利于学生健全人格的培养。

袁莲君老师所谈到的正是语文教学对于学生健全的主体人格的培养问题。语文课本中所选的篇目许多都是历代名篇,在人生观和价值

---

① 靳健:《后现代视界中的语文课程与教学论》,甘肃教育出版社2006年版,第61页。

观的取向上各有特点，学生通过与文本及作者的对话，实际上是接受了多元化的人生哲学的熏陶。

李双义老师则联系古代韩愈的"传道"说，将语文教学对学生主体精神的培养目标归结为"引领学生体味有品质的人生"。他认为："学生可能受到阅历和生活圈子所限，对人生可能还没有深彻的体悟。但是，当我们翻开语文书，就会遇到一个又一个文化或思想的巨人，当我们在与他进行对话的时候，其实是感受着别样的人生。这也是语文教学所具有的独到的意义和价值之所在。"从学生主体个性培养的角度设计语文对话教学的目标，这是母语教学特有的丰富内涵所决定的。

从言语实践目标、语文知识目标、思维能力目标以及主体人格发展目标四个方面确立语文对话教学的目标，在层次上有递进关系，在内涵上各有偏重，但相辅相成。其中，"发展学生的言语实践能力"是教学的抓手和核心，"积淀语文知识"是教学开展的媒介，"历练语文思维能力"是教学培养的根基，而"促进学习者的主体个性的发展"是教学的旨归。

(三) 教学目标要切中"这一篇"的特点

总体来讲，语文对话教学目标的基本特性，是确定目标的主要依据和框架。但在面对一篇篇纷繁复杂的文本时，教师应该选取哪些内容作为教学目标？换言之，如何将文章中的一般语文知识转化为学生的阅读能力，这就需要教师具备提炼"这一篇"的教学目标和内容的慧眼。

客观上讲，教师们不但需要形成对语文教学目标总体框架的认知，而且需要对"教什么"有着清晰的理解。例如一位教师执教的《中国石拱桥》，她在"说课"中提到，她所奉行的语文教育理念是"用教师的激情点燃学生的激情"。由此可见，对于一篇典型的说明文，倘若目标和内容落脚到"激情"上，显然是对说明文文体特征的忽略，那么语文教学的有效性便无从谈起。又如张岱《湖心亭看雪》，一位老师在课堂上多次讲到了"忧伤"。因为该老师认为，张岱经历了亡国之痛，该文又选自《陶庵梦忆》，表达了作者"五十年来，总成一梦"①的无限感慨。笔者对此感到疑惑。其一，依据作者生平来推断文章情感，这种"社会反映论"的结论是靠不住的。换言之，即便作者避迹山林，也未尝没有超脱的胸怀和境界；即便生活困苦，也未必没有心灵的解脱。因此"知人论世"不仅要看作者经历了什么，还要看作者的人生态度和境界。其二，回到文本本身上，《湖心亭看雪》达到了一种极高的审美境界，而审美境界本身又何来悲伤？张岱追求诗文的"空灵"之境，从文本来看，其旷世奇景所带来的审美愉悦，大概是学生学习的精髓部分。因此笔者判断，这位老师以"忧伤"来教此文，在教学内容上有失偏颇。

在现实的教学当中，由于缺乏对于目标确定的理论指导，老师们在确立教学目标时存在各种偏颇。如有时过于注重"思想教育"，而忽略语文知识的积淀和思维训练，有时则过于空泛。因此，在具体的教学语境当中，还需注意目标具体和适切的特点，应当尽量避免用泛泛的语文知识来遮蔽"这一篇"的独特性语文知识。

所谓泛泛的语文知识，就是语文教师在备课中的惯性语文知识。例如一提到小说，就考虑要教"典型环境里的典型人物"，或"人物、情节、环境"；一提到散文，就考虑教"形散神不散"；一提到议论文，就考虑教"三要素"；一提到描写，就考虑"细节描写""动作描写"等；一提到文言文，就考虑教"宾语前置""虚词""词类活用"等。这些"惯性"语文知识，也就如同夏尔所说：这位"女士"（"经典文本"）"被那些根本没有看过她的人，不断重复前人的引用而形成的引文固定在原地"②。正是因为教师备课中使用这些惯性知识，使得语文教学目标和内容不是落脚到"这一篇"的难点上，而是被一些空洞的、高度概括化的知识引向泛化。这种泛泛的知识还包括一些课程与教学的知识，例如有的老师将"课程标准"直接搬进一堂课的教学目标上，或从课程三维目标知识与能力、过程

---

① （明）张岱著，夏咸淳、程维荣校注：《陶庵梦忆·西湖梦寻》，上海古籍出版社2001年版。
② ［法］夏尔·丹齐格：《什么是杰作——拒绝平庸的文学阅读指南》，揭小勇译，广西师范大学出版社2015年版。

与方法、情感态度与价值观的角度分别陈述教学目标，这不但误解了课程三维目标的"融合"特征，也因其宏大而遮蔽了"这一篇"的具体教学目标。又例如"培养学生热爱祖国语言文字的情感""能够品味语言""有感情地朗读课文"等，这些教学目标的共同点就是"失之于宏大"，或是涵盖了各类文体的总目标，或是涵盖了各个学段的总目标，在一堂课上是难以落实的。

语文教学目标需具体和适切，如酒泉市实验中学的郭仁清老师《游褒禅山记》的教学目标设计：

《游褒禅山记》教学目标：
1. 积累"观""相""胜""孰"等文言词语的意义和用法。
2. 领悟"尽志无悔"的人生哲理和"深思慎取"的人生态度。
3. 学习因事说理、叙议结合的写作手法。

我们可以看到，郭老师的教学目标非常具体，其中既包含了"语文知识"——积累"观""相""胜""孰"等文言词语的意义和用法；又包含了思维的训练——"学习因事说理、叙议结合的写作手法"，这是通过语文方法知识的学习来培养学生归纳总结的思维能力；还包含了学习主体的价值目标——领悟"尽志无悔"的人生哲理和"深思慎取"的人生态度，人生价值观的培养是立足于文本特点而提出的。

二 营造情境—落实过程

教学目标确立以后，课堂教学进入"营造情境—落实过程"的教学实施阶段。所谓"营造情境"，是指"语文知识问题情境"，强调了课堂教学教师对于学生学习活动的有效指导，强调了中国传统语文教育"主客一体"的实践教学观，在促进学生课堂上的积极参与、合作探究当中，帮助学生实现知识刺激的内化和建构。

（一）构建"语文知识问题情境"

在教育心理学领域，奥苏贝尔从新旧知识联系的角度提出了"意义学习"（meaningful learning）的观点；而罗杰斯在批评奥苏贝尔"意义学习"的基础上提出了他关于"意义学习"（significant learning）的概念。在罗杰斯看来，所谓"意义学习"，不是指那种仅仅涉及事实累积的学习，而是指一种使个体的行为、态度、个性以及未来选择行动方针发生重大变化的学习。[①] 罗杰斯指出，在教育史上，人们往往把学习看作一种前后有序的认知活动，是一种左半脑的活动。左半脑一般是以逻辑的、线性的方式发挥功用的。倘若要使整个人都参与学习，就要充分利用右半脑。右半脑是以直觉方式思维的。因此意义学习就是把逻辑与直觉、理智与情感、概念与经验、观念与意义等结合起来。[②] 那么，让学生全身心地投入学习活动，就必须让学生关注对他们个人有意义的或有关的问题，其策略之一就是创设一种"真实的问题情境"。罗杰斯的学习理论为对话教学的"知识问题情境"策略提供了心理学的理论依据。

在语文教育发展中，语文教育家李吉林曾提出"情境教育"的主张，"情境教育"是指根据教育目标，针对儿童特点，运用图画、音乐、表演等艺术的直观，或运用现实生活的典型场景，直接诉诸儿童的感官和他们的心理世界。[③] 李吉林提出的"情境教育"具有形真、情切、意远、理蕴的特征。其核心是在创设的具体情境当中，调动儿童的情感，在角色扮演等活动当中实施教学。李吉林的"情境教育"观念对对话教学具有一定的启示意义，但与对话教学所提倡的"语文知识问题情境"是有区别的。前者的"情境"主要是指一种教育环境的营造，使得学生仿佛身临其境一般，引导学生进入学习状态；后者的"情境"强调的是一种"知识问题情境"。

从语文教学的本质来看，教学就是师生从事意义创造和分享的过

[①] 施良方：《学习论》，人民教育出版社2001年版，第384页。
[②] 同上书，第385页。
[③] 李吉林：《情境教育的诗篇》，高等教育出版社2004年版，第189页。

程，是就某个学习主题、内容、思想、情感的交流与分享。因此，语文对话教学不仅指师生之间的谈话，而且指双方的"敞开""接纳"和"倾听"。①雅斯贝尔斯认为，对话以人及环境为内容，在对话中，可以发现所思之物的逻辑及存在的意义。②那么，实现对话教学的有效策略之一，即依托于"语文知识问题情境"的创设。"知识问题情境"的创设看似普通，实际却是有效开展语文对话教学的核心和关键，"知识问题情境"强调语文教师在不提供答案式内容的前提下，学生在非常具体的知识问题情境中，像教师或专家一样研究问题、解决问题。③在"具体的知识问题情境"中展开探究学习，形成学生与文本、学生与教师、学生与学生以及学生与自我的多重对话，在对话中达成学习主体语文素养的提升。我们提倡"语文知识问题情境"，而不是"问题情境"，主要强调的是以"语文知识"为教学的媒介和基础。下面，我们就以一堂高三语文复习课为例，分析考察如何设置语文知识问题情境。④

从一般意义上讲，高三语文复习课是高考指挥棒影响下的"特殊"的语文课，往往是以知识的记忆为核心，且具有强负荷、高压力的特点。在这样的课上开展语文对话教学，更加体现出语文对话教学的适用性和价值。以下以西北师大附中李静老师的语文复习课为例，课例的内容是"顿号"和"逗号"。

下午第一节课2：30开始，我们提前进入了高三（6）班的教室。教室里，每张桌子上都堆有很高的书，在堆满书的桌子后面，有三两个静静学习的学生。后墙上有一巨幅的水彩画，画上一个孩子偎依着一匹马，据说是班上同学的创作；窗台上静静地

---

① 金生鈜：《理解与教育》，教育科学出版社1997年版，第130页。
② [德]雅斯贝尔斯：《什么是教育》，邹进译，生活·读书·新知三联书店1991年版，第12页。
③ 靳健：《后现代文化视界的语文课程与教学论》，甘肃教育出版社2006年版，第119页。
④ 赵晓霞：《如何在知识情境中展开对话——高三语文复习课对话教学例说》，《语文教学通讯》2012年第3期。

盛开着几盆花，讲桌处摆着几个生满了嫩绿的芽的矿泉水瓶。这个班级看上去温馨而宁静，在高三这残酷的"战场"中处处流露出温暖意。

老师首先出示诗词填空的幻灯片，约一分半钟后老师与同学们核对答案，老师略作评价。之后全班齐声背诵，教室里响起朗朗的读书声。

师：谢谢同学们。大家来看这个句子。请问本句冒号的使用上有没有问题？（老师出示幻灯片，同学们看题目后有人小声作答）

师：张××，你觉得这里有问题吗？

生：第一个冒号后面的内容是直接引用，而第二个冒号后面的内容是间接引用。直接引用时应该用引号，间接引用时应该再用一个单引号。

师：你分析的直接引用和间接引用的逻辑关系是对的。但是句子中冒号正是起到一种提示下文的作用，这是其常见用法。似乎也没有什么问题啊？哪位同学觉得这里有问题？

生：第二个冒号改为逗号。

师：把第二个冒号改为逗号，什么原因呢？

生：两个主题是一种陈述，不需要用冒号。

师：这里的冒号提示读者两方面内容是什么，冒号似乎用得也没有问题啊？请坐下。哪位同学觉得有问题？既然两个冒号自身的使用都是合理的，那为什么大家觉得这个句子有问题呢？

生：因为一个句子里不允许出现两个冒号。

师：正确，正是这个问题。这是冒号使用的规则，一个句子里不允许出现两个冒号。（板书该规则）

师：下面我们来看这两个例句。之所以把它们放在一起，是因为它们有相似的地方——都涉及了"数词"的使用。那你认为，这两个句子中应该填什么样的标点符号？（老师出示并朗读幻灯片）

生：第一个什么都不填，第二个填"顿号"。

师：哦，是吗？为什么要这样填呢？

生：因为第一个句子中"七八岁"是一个范围，第二个句子"二、三年级"表示"第二、三"年级。

师：对，这里"二、三年级"是表示一个确定的数。而"七八岁"是一个概数，概数中间不用标点符号；"二、三年级"是确数，表示二年级、三年级，确数之间要用"顿号"。（板书："确数用顿号，概数不用顿号"）

…… ……

接下来，老师以前后桌的 4—5 人为小组，把全班分成 12 个小组，为每个小组依次分配《天天练》中的一道习题。学生小组讨论共持续了 6 分钟。期间，老师巡视教室，并不时参与到同学们的小组讨论当中。通过笔者对第 7 小组的观察，小组四位同学通过相互补充、启发，不但能够找出问题，而且结合刚刚学习的标点使用规则较为准确地理解、掌握了问题背后的原因。

从以上教学实录中我们可以看出，整堂课教学是以教师为学生创设的一个个"知识问题情境"衔接起来的，师生共同探讨问题，其间夹杂着教师的引导、启发。本课例在高三语文复习课堂上很好地实践了语文对话教学，转变了以往把语文复习课的教学看作客观知识的传递、灌输、训练和塑造的固有套路，而且具有以下特点：

其一，教学活动始终以"知识问题情境"的创设为先导。例如导入时的诗词填空，教学中标点规则的学习，以及练习部分的小组讨论和反馈，无不首先为学生创设知识问题情境，使学生置身于知识的情境当中而达到"愤然""悱然"的状态，产生学习、探究的动力和兴趣。

其二，在"言之有物"的基础上形成师生共同探究的学习"共同体"。对话教学需建立一种"神形兼备"的、平等、民主的师生关系。其"形"乃是指师生的彼此尊重和平等，其"神"乃是师生在探究过程中的"言之有物"，因文生义。在本课例中，老师与学生在具体的知识问题情境下共同探讨标点符号的使用规则和规律，这种平等、民主的师生关系是以知识的探究为平台而形成的。例如李老师的提问方式："张××，你觉得这里有问题吗？""你分析的直接引用和间接引用的逻辑关系是对的。但是……似乎也没有什么问题啊？哪位同学觉得这里有问题？"等等。这样的发问贯穿于整个课堂教学活动中。老师对待学生所持的不同观点总是不急于否定，而是启发学生深入地思考背后的原因，并及时发现和肯定学生思考的闪光点。老师始终是学生探究过程中的"倾听者"和"建议者"，并就知识问题与之展开对话和讨论，从而形成了师生探究学习的"共同体"，这正是语文对话教学的理想境界。这种师生关系使得学生在知识探究中产生了积极的情感体验，为对话教学的有效开展提供了基础。

其三，通过知识问题情境的创设实现对话教学。语文对话教学强调为学生创设"知识问题情境"，引发学生学习、探究的兴趣，学生在与有价值的知识的对话中，其前理解（前见）与文本的意义相互碰撞、融合，最终促进学生知识的建构和主体价值的生成。

以下为张掖甘州中学张琼老师《记承天寺夜游》中教学生识字的两个课堂教学片段为例：

1. 师：同学们，刚才我看大家翻译"月色入户"的时候，有的同学说"月光照进了院子"，有的同学说"月光照进了窗户"。那这里"户"是什么意思？

生：（有说"门"，有说"家"）……

师：我们来看，"户"的小篆是这样写的：户；而"门"的小篆是门。大家想想，"户"是什么意思？

生：是半扇门。

师：对，"户"是一个象形字，本义是半扇门。因此，"月色入户"大概就是月光照进了门里。

2. 师：将"欣然起行"的"行"和"相与步于中庭"的"步"可否调换？为什么？

生：不能，如果换成"起步"的话，把作者的喜悦冲淡了。

生："行于庭中"感觉没有那份悠闲了。

师：回答得都有道理。老师再提示一下，我们可以从速度上感受一下两个字意思的不同。

生：感觉"欣然起行"的"行"速度上比"步"要快一点。

师：是的，所以两个字虽然都是表述行走，但状态还是有所不同的。

对于文言文教学来讲，字词教学是重要的组成部分。但老师在课堂上"教"字词了吗？当我们反思时，就会发现，很多老师只是一带而过或检测学生预习，却没有真正"教"识字。在以上两个课堂教学片段里，张琼老师"教"了三个字："户""行""步"。而且她的教法非常巧妙，如"户"的知识问题情境是：张老师发现了学生理解"月色入户"的差异，及时提出来，促使学生反思"户"的含义，进而从字的起源上向学生讲清楚了"户"的含义。另一个情境是"欣然起行"与"步于庭中"动词调换，促使学生辨析词义，理解字义及文章的内涵。语文教学的"知识问题情境"，是给学生一个知识刺激，打破学生固有的认知平衡，再通过探究和思考获得新知。这正如皮亚杰所讲的"平衡"，教师如何激起学生对知识的好奇和兴趣，乃是学生学习真实发生的重要契机。

从对话教学的理念来看，"教学"活动绝不是一种主客二分的活动，教学一定要从主体内心的点燃开始。它是以学生、教师在某种知识问题情境下的"相遇"为前提的，如果没有师生真正意义上的对话，即便教师所讲授的知识再有价值，对于教学活动而言也是那"身外旋绕"的无意义的"火炬"。因此，"教学艺术的光亮是注意"[1]，这正是创设"语文知识问题情境"的价值之所在，教师和学生通过对有价值知识的建构和生成，实现彼此的照亮。

---

[1] ［捷］夸美纽斯：《大教学论》，傅任敢译，教育科学出版社1999年版，第143页。

（二）西方支架范式的借鉴

从对话教学的理念来看，教师不仅要有丰富的知识，而且要有敏锐的观察力和交流能力，能够掌握和判断学生的认知水平，并且根据学生的需要搭建起可以鼓励和帮助学生获得新的知识的"支架"，培养学生不断获得新知识的能力。支架范式（Scaffolding）是指通过教师的引导和帮助（支架意为建筑行业的脚手架，这里是比喻的说法），逐渐把语文学习的任务及其学习管理工作转移给学生，让学生主动地发现知识、运用知识，和同学们一起完成更高水平学习任务的教学范式。这是建构主义者经常使用的一种教学范式。支架范式有两个重要过程：示范（modeling）和支架。在支架过程当中，老师积极地介入并提供足够的结构和指导，允许学生有效地运用策略。随着进程的深入，这种支持将逐渐减少，最后拆除支架。[1]

总体来讲，支架范式包含三个基本环节：一是准备支架。在教学开始阶段，教师将学生引入一定的问题情境。二是支架帮助。在教学发展阶段，教师帮助学生确定学习目标，选择学习方式。三是支架撤销。在教学的最后阶段，教师放手让学生自己选择解决问题的方式，让每个小组能够独立地进行探索。这一阶段教师的指导逐渐减少，最终要确立学生自主学习的地位，将探究学习和组织活动的责任向以学生为主转移。支架范式首先提供了所学策略的外部的、显性的例子，其次使师生在互动当中，先前的学习策略和方法能够被重复和引用，师生最后对学习活动进行评判和反馈。

在语文教学当中，支架范式既可以运用于一堂课的学习中，也可以运用于一篇课文及其拓展阅读的教学中，甚至运用于一个单元的教学中。以下就以案例来说明如何在语文教学当中运用支架范式开展有效的语文对话教学。

首先以《哀江南》的教学为例，说明在一堂课中支架范式的运用。

---

[1] Palincsar, A. S. & Brown, A. L., "Reciprocal Teaching of Comprehension-fostering and Comprehension-monitoring Strategies," *Cognition and Instruction*, 1984, 1 (2).

这是刘雅利老师的一节公开课。《哀江南》是孔尚任戏剧《桃花扇》结尾的一套曲子。通过教曲师傅苏昆生在南明灭亡后重游南京城所见的凄凉景象，话兴亡之感，抒亡国之痛，表达了强烈的故国哀思。其中包括"北新水令""驻马听""沉醉东风""折桂令""沽美酒""太平令""离亭宴带歇拍煞"七支曲子。

在教学中，刘老师首先从"破题"入手，引导大家理解文本的"文眼"——"哀"。进而提出了本堂课的三个问题："为何哀""哀什么"和"怎么哀"。之后老师以精彩的范读入手，并在朗读前请同学们思考两个问题：其一是请大家用一两个词来概括孔尚任笔下"江南"的特点，其二是在每一支曲子里找到地点性名词，了解苏昆生"哀"的场景。老师朗读后，师生共同依据文本解决这两个问题，探究"哀"的原因和七支曲子所提到的地点，也即"哀什么"。然后，刘老师又提出第三个问题，作者是"如何哀"的，用了哪些手法来表现"哀"的呢？师生首先以第一支曲子为例，探讨这支曲子描写的南京郊外的景象特点是什么，抒发了作者怎样的感情？在同学们齐读之后，师生共同探讨这个问题。对同学的回答，刘老师给予了及时的反馈和点拨："同学们刚刚的回答中有一个亮点，即'抓住关键性的词语'来说明问题，这是语文学习非常好的方法，通过这些关键性词语'点燃'整个诗句。"

趁热打铁，刘老师进而向同学们分配了新的学习任务："从以上同学们的分析中，我发现大家的理解非常到位，因此我对大家很有信心，七支曲子我们已经分析了第一首，剩下的六首就交给同学们共同讨论。请大家在剩下的六支曲子中任选一支，谈谈你为什么喜欢它？描写的景物有什么特点，表达了怎样的思想感情？"同学们于是自由组合，根据刘老师提出的问题探讨其中"如何哀"的问题。笔者就近观察了一组同学的讨论，发现该组的讨论井井有条，从捕捉景物描写的"关键词"入手，探讨作者背后的情感，并在小组内展开了朗读。

大约七分钟后，刘老师这样结束了同学们的讨论："我发现有的同学很会学习，他在讨论的时候就会把他认为的一些关键性词语和阅读讨论的感受画出来或者写出来。这是很好的学习方法。下面请大家发表一下意见。"之后师生进行了积极热烈的讨论，气氛活跃，同学们的发言既拿文本"说话"，又不乏创见。

快下课前，大家热烈的讨论似乎还没有结束的意思。刘老师请大家用这样的方法在课后继续鉴赏课上没有讲到的曲子。

从这个案例中，我们看到，短短一节课40分钟的时间，刘老师首先从总体上和大家探讨了"为何哀"和"哀什么"的问题，然后以第一支曲子为例，和学生探讨了"如何哀"的问题。把剩下的六支曲子交给了学生，通过小组讨论和全班共同讨论的方式，师生观点相互激发，随着探讨问题的深入，将课堂教学的气氛推向高潮。我们发现，刘老师的教学有如下特点：第一，教学示范部分非常到位。对于第一支曲子的讲解是围绕师生共同探讨"南京郊外的景象特点"和"表达作者怎样的感情"两个问题展开的。学生对解决"如何哀"的策略有了清楚的理解。第二，支架教学部分任务的提示非常清晰。如小组讨论之前给出了解决问题的清晰"框架"，让学生明白自己该干什么，如何做。第三，对学生的学习进行及时的鼓励和反馈。例如，"同学们刚刚的回答中有一个亮点，即'抓住关键性的词语'来说明问题，这是语文学习非常好的方法，通过这些关键性词语'点燃'整个诗句"。"我发现有的同学很会学习，他在讨论的时候就会把他认为的一些关键性词语和阅读讨论的感受画出来或者写出来。这是很好的学习方法。"这些鼓励和及时的反馈，实质上是老师对学生学习方法和策略的指导，让学生真正学会自己鉴赏诗歌，最终达成"撤销支架"的目的。

除了在一篇课文当中可以运用"支架范式"外，根据语文教学内容的难易程度和学生的学习能力等，支架范式也可运用于一篇课文的"拓展阅读"教学或一个单元的教学当中。以下是笔者对李双义老师的访谈。

笔者：李老师，您在语文教学当中是如何开展合作学习的？

李：在教学中，合作学习的组织非常重要。这不仅仅是指外在形式的组织，在内容上也需要老师进行恰当的选择。这样，当学生积极参与进来时，往往会收到意想不到的效果。比如我讲诗歌吧，当我讲完后，如果觉得这个量或度还不够的话，就会把类似内容或形式的文章再挑选五六首，给每个小组发下去研读学习、小组内协作完成。虽然每个小组的样本可能不一样，但学生的参与是一样的。而且学习的任务很明确，对学生来讲也具有挑战性。这种形式可能就比老师在课堂上单纯地抛出一个问题让全班同学分小组讨论要更好一些。

笔者：这就涉及分小组合作学习如何保证质量的问题。

李：对。分组之前，老师的示范作用和任务要求一定要明确；在分组之后要加强引导，让学生知道如何做。个体和集体的关系有时候很奇妙。作为个体他站起来发言时，老师给他一个评价，只是代表个人。当形成一个小组、一个团队的时候，就会有一种竞争在里面。所以"合作"和"竞争"是分不开的，有合作就会有竞争。例如我曾经尝试用一个单元来开展小组合作学习。老版本教材上有一个诗歌单元，我只讲第一首王维的《山居秋暝》，后面苏东坡的《念奴娇·赤壁怀古》、秦观的《鹊桥仙》、李清照的《声声慢》等就分小组来学习。小组合作学习相当于集体备课，这节课上你们小组就把这首诗讲好，然后看哪个小组讲得最好。他们在小组内就开始分工了，走读生可以查到资料，然后再选出讲课的代表，集体设计教学。小组之间会形成一种竞争，非常出彩。

由以上的访谈我们可以看到，李双义老师的"支架范式"既运用于一篇课文的"拓展阅读"中，同时也运用于一个单元的教学当中。在一篇课文的学习中运用"支架范式"，是因为老师讲完一篇课文后，"觉得这个量或度还不够""就会把类似内容或形式的文章再挑选五六首,给每个小组发下去研读学习、小组内协作完成"。我们看到,这种拓展教学中的支架范式具有两大特点:首先,教师为学生提供了一种学习的方法和策略,让学生有据可循,有"法"可依。其次,为学生布置恰切的学习任务,并选择恰切的学习内容。"支架范式"的有效运用,在本质上是一种学习的"迁移",学生能够达成"有效学习"的前提是具有相关的知识和学习经验,因此,学习的任务和内容都要根据学生现有的状况和学习的兴趣而定,且选择合适的学习材料也是"支架范式"在语文教学中运用的重要基础。

对于一组文章甚至一个单元的教学,使用支架范式必须根据单元整体的学习难度而定。对于偏难的古代散文选取支架范式,就未必能够收到很好的效果,而篇幅短小、脍炙人口的诗词就较为适宜。如李双义老师在诗歌单元只讲第一篇《山居秋暝》,把其他几首诗交给学生讨论学习的做法,是为学生们提供了合作和竞争的平台。这里需要指出的是,作为对话教学的有效范式之一,支架范式同样要注重课堂的反馈,老师最后的"反馈"和"评价",不但是对学生热情参与的肯定,同时也是对学生在学习方法和策略上的有效指导和矫正。

(三)贯彻传统"主客一体"的实践教学观

《论语》讲:"仁远乎哉?我欲仁,斯仁至矣。"传统的伦理教育是将人的外在道德修养和个体的内在诉求相统一和相联系的,对外在道德的准则和要求,皆从"修身"做起。如《大学》讲"八目",格物、致知、诚意、正心、修身、齐家、治国、平天下,这其中,"修身"乃最为关键。因此,《大学》讲:"自天子以至于庶人,一是皆以修身为本。其本乱而末治者否矣。其所厚者薄,而其所薄者厚,未之有也。此谓知本,此谓知之至也。"从天子到老百姓,都是以"修身"为根本的。以"修身"为本,乃是最为智慧的事情。正是在这样的传统下,我们需要学习古代"主客一体"的实践教学观。在中国传统对话教学思想和范式中,孔子"诗教"的"兴观群怨"范式和孟子的"知言养气"范式对当代语文对话教学具有积极的启示意义,这些都是一种开放性的对话教学模式。

1. 孔子"兴观群怨"范式在语文对话教学当中的运用

"兴观群怨"是孔子对弟子学习《诗经》意义和功能的揭示，我们为什么要学习《诗》呢？是因为"诗，可以兴、可以观、可以群、可以怨，迩之事父，远之事君，多识于鸟兽草木之名"（《诗经·阳货》）。清代刘宝楠的《论语正义》谈道：

"诗可以兴"者，又为说其学诗有益之理也。若能学诗，诗可以令人能引譬连类以为比兴也。"可以观"者，诗有诸国之风俗，盛衰可以观览知之也。"可以群"者，诗有"如切如磋"，可以群居相切磋也。"可以怨"者，诗有"君政不善则风刺之"，"言之者无罪，闻之者足以戒"，故可以怨刺上政。[1]

我们将孔子创导的学习《诗经》的意义嫁接到语文教学当中，发现"兴观群怨"是一种很具价值的对话教学范式。即通过学习《诗》，培养学生比兴联想的能力，提高学生观察思考的能力，锻炼学生切磋交流的能力，习得讽喻表达的方法和能力。从现代教育的视角来看，"兴—观—群—怨"的语文教学活动范式可概括为"创设情境—观察体认—群体交流—得体表达"[2] 的过程。以下，我们就以实例来说明"兴观群怨"范式在语文教学中的运用。

《诗经·氓》的教学设计

教学目标：

1. 使学生了解有关《诗经》的基本常识，学习叙事诗夹叙夹议的表达方法。

2. 通过反复吟诵诗歌，熟读成诵，并从中体悟诗歌语言、女主人公的情感变化与特点。

3. 学习了解赋、比、兴的艺术手法。

---

[1] 十三经注疏整理委员会整理：《论语注疏》，北京大学出版社2000年版，第270页。
[2] 靳健：《语文课程研究》，中国档案出版社2002年版，第128页。

教学重点难点：
1. 在吟诵中体味诗歌的内涵和情感。
2. 理解赋比兴的艺术手法。

教学过程：
1. 创设问题情境，使学生学习《诗经》的相关常识。
2. 兴：通过听配音朗诵使学生融入诗文情境，再通过老师范读课文，同学齐诵诗歌，在吟诵当中初步感知本篇诗歌的情感变化。
3. 观：运用涵泳体察的方法领会诗文大意和情感。
①探究诗歌叙述了一个怎样的故事？
②女主人公对于往事是一种什么样的心情？
4. 群：同学们群体交流，就诗歌吟诵和艺术手法问题展开对话与讨论。
①反复吟诵课文，选出代表进行朗诵，力争做到熟读成诵。
②通过小组合作学习，找出诗歌中"赋、比、兴"的诗句，讨论"桑之未落，其叶沃若"和"桑之落矣，其黄而损"暗示了什么？用桑叶来打比方，有什么好处？
5. 怨：通过言语表达得体地展示思想情感。
①老师提供一篇范例，从诗歌的情感特点、表现手法、语言艺术等角度出发，每人写一篇200字的诗歌评论。
②各小组推举一人当众宣读，大家相互评论。

在案例中，教学设计主要分为四个步骤：兴、观、群、怨。其中"兴"的部分主要是通过营造朗读氛围，使学生融入诗歌的学习情境当中。"观"的部分主要让学生观察体认诗歌叙述的故事以及表达了主人公怎样的情感。"群"的部分从两个层面进行，首先是全班同学吟诵诗歌的群体交流过程，其次以小组合作学习的方式，探究"兴、比、赋"手法在诗歌中的体现及其意义和价值。"怨"则通过简短的评论，使学生表达对《氓》的看法，培养学生"得体表达"的言语能力。

在"兴观群怨"的教学活动中,充分地将"听读说写"的言语实践贯穿于全诗的学习当中,并保持学生与文本、学生与老师、学生与同伴以及学生与自我的对话。整个教学活动是开放性的过程,通过"吟诵"的方法,并配合观察、讨论、交流、合作等手段,让学生在言语实践活动当中体悟诗歌的情感和艺术特色。在课堂上生成"吟诵"和"写简短评论"的"读"与"写"的言语产品,进而产生诗歌对学生内心情志的影响和感染作用。

2. 孟子"知言养气"范式在语文对话教学当中的运用

孟子在阅读和评论《诗经》的过程中,创造性地发表了以意逆志、知人论世、知言养气等文学批评理论,对后世影响极大。知言养气理论本身也是孟子重要的哲学思想。从语文教学的角度来讲,孟子的文学批评理论对我们如何阅读文学作品提供了一种典范。从教学的角度,我们将以意逆志、知人论世和知言养气总结概括为"知言养气"范式,即通过对作品的涵泳、对作者情志的追溯,达到提升阅读主体精神境界的目的。

中国古代的母语教学,非常重视通过诗歌的吟咏来达到对学习者内心情志自然化之的陶冶,孟子谓之"知言养气","养气"是语文教育的目的,"知言"则强调学习者"听读说写"的言语实践基础,二者是主客一体的实践过程。明代教育家王阳明提出:"栽培涵养之方,则宜诱之歌诗以发其志意,导之习礼以肃其威仪,讽之读书以开其知觉。今人往往以歌诗、习礼为不切时务,此皆末俗庸鄙之见,乌足以知古人立教之意哉?"[①] 王阳明所提倡的学习之法,是力图还原孔子的教育意图。在他所生活的时代,人们往往认为"歌诗、习礼"是不合时宜的,而王阳明则指出,需要"通过吟咏诗歌来激发学生的志趣,通过习礼来庄重他们的外表,通过教导读书来开发他们的智慧",这才是古人"立教"的本意。尤其对于教育儿童来讲,"譬之时雨春风,沾被卉木"[②],教育就好比春风细雨滋润花木一样,顺着

---

① (明)王阳明:《传习录》(中卷),中州古籍出版社2008年版,第280页。
② 同上。

他们的天性使其心中愉快，则能够蓬勃发展，否则就会枯萎衰败。这与孟子的"知言养气"思想是相一致的。

《雨巷》教学设计

教学目标：

1. 把握诗歌的节奏、韵律，有感情地诵读全诗。

2. 理解"丁香花般的姑娘"等意象，学会运用象征方法鉴赏诗歌。

3. 探究诗人彷徨苦闷以及追求美好希望的情感和诗境。

教学过程：

1. 因声求气、整体感知。

①教师配乐范读诗歌，使学生初步感知诗歌的基调，并要求学生边听边注意诗歌的停顿、语速、语调、重音等朗读技巧。

②学生自由诵读诗歌，注意停顿、语速、重音等朗诵技巧。

③请一个学生朗诵诗歌，其余学生认真聆听后发表评价和建议。

④全班学生配乐诵读诗歌。

2. 以意逆志、品味意象。

①请学生找出本诗的主要意象，谈谈这些意象的共同点。

②诗中多次出现"丁香"这一意象，诗人为什么用丁香来形容姑娘？

③教师补充"丁香"的传统意象：青鸟不传云外信，丁香空结雨中愁；芭蕉不展丁香结，同向春风各自愁，等等。

④共同探讨丁香的象征意义：自古丁香就象征着美丽、高洁、愁怨、易逝。所以，用丁香形容姑娘不仅写出了姑娘的淡雅、美丽，还寄托了诗人的忧伤、愁怨等感情。

3. 知人论世、探究诗境。

①诗人通过刻画丁香姑娘的形象，表达了诗人什么样的情感？引出作家、写作背景及象征派等的介绍。

②联系作家及象征派的背景，小组合作，反思诗歌中"雨

巷""丁香般的姑娘""我"等表达了诗人怎样的思想感情？教师将不同观点列在黑板上并给予评价，最后总结诗歌的境界与情感。

4. 知言养气、拓展延伸。

①小组合作，诵读全诗。各组在全班进行配乐诗朗诵。

②仿照《雨巷》的写作手法，选取喜欢的意象，创作二三节小诗抒发自己的情感，下节课进行交流和赏析。

"知言养气"范式，是以文本为核心，通过"知言"，达到对学习者情感和精神的熏陶和影响。这是语文作为母语教学不同于其他课程教学的一大特点，语文需要在言语的"吟咏""诵读"当中，"因声求气""知言养气"，进而达到对"人之本体"精神境界的提升和完善。

从这则《雨巷》的教学设计里，可以获得如下启示：其一，诗歌教学应该遵循诗歌固有的特点。注重诵读，通过指导学生诵读的节奏、韵律、停顿、重音等诵读技巧，提升学生对于"读诗"的审美感受，从而整体感知诗歌，这是因声求气的重要策略和方法，同时也是诗歌教学的重要目的。其二，语文教学重视"听、读、说、写"的言语实践，是语文课程区别于其他课程的显著特征。学生在学习语言和进行言语历练的过程当中，实现了学生与文本的深入对话。如果忽略"知言"，则语文的文化精神内涵便成为一种虚无缥缈的空中楼阁，更何谈对学生自身的熏染、陶冶。其三，语文教学的真正价值在于学生通过对话"生成新的意义与价值"，在"知言"当中提升学生的审美鉴赏能力和审美表现能力，实现与自我的对话，获得学习主体精神境界的发展。这则案例给我们展示了"知言养气"范式的基本风貌。通过因声求气、以意逆志、知人论世和知言养气等教学环节，学生对《雨巷》的语言和诗境有了一个整体的把握，并在聆听、阅读、对话和写作等言语实践活动中培养了自己的语文能力，提升自己的精神境界。

中国古代"主客一体"的实践教学观对当代语文教育的意义深

远。如果语文教学仅仅作为一种"工具",则缺失了母语教育的精神内涵;如果过于注重"人文性"而忽略了听、读、说、写的言语实践活动,就失去了语文特征。因此,语文教学的有效实施,还需发扬贯彻传统语文教学"主客一体"的实践教学观,将"言语实践"与"精神涵养"视为同一的活动。具体来讲,语文教学需要在言语的"吟咏""诵读"当中,"因声求气""知言养气",达到对"人之本体"精神境界的提升和完善。

三 言语分享——及时反馈

一堂对话教学的语文课,通过"准备前提—建构目标"和"营造情境—落实过程",其有效性机制已基本达成,最后一个关键性环节是"有效反馈"。语文课堂的有效反馈主要是指师生"言语产品"的分享过程。在语文课堂教学当中,师生由具象的"言语"到抽象的"语言",再到"言语产品"的生成,实际上是对语文教学目标完成状况的最好检验和反馈。根据负反馈理论,"言语产品"的分享过程是学生语言"外化"的过程,也是语文学习由大众化的"语言"规律到个性化的"言语"的实践创新过程,从而进一步强化教学目标,促进学生语文素养的发展。

例如,在王亮老师的课堂作品中,最后一个环节"综合以上所学,试体会题目中的'归'字包含了怎样的情感?"学生在讨论的基础上,以小组合作的形式朗读《归园田居》,生成了学生"诵读"的言语产品。这与上课之初学生的诵读,在语气、语调、情感上都有了明显的提高和变化。这正是王老师从诵读技巧和内容理解方面给予学生指导的结果。又如甘州中学张琼老师的课堂作品,通过三重境界的理解,促进了学生对"闲人"内涵的体悟。学生在完成"一声闲人,多少( );一声闲人,多少( )"的评价中,逐步走进苏东坡的精神世界。最后通过三个加词法,"(唉!)何夜无月……""(啊!)何夜无月……""(哈哈!)何夜无月……"让学生在诵读中体会作者的情感境界!该设计真正是巧加叹词、妙破难点。笔者以为,张琼老师的"巧"和"妙",正是在于留给了学生言语产品生成的空间。首先用诗意的评价支架"一声闲人，多少（　）；一声闲人，多少（　）"让学生形成"评价"的言语产品；其次在评价的基础上，生成了学生"诵读"的言语产品。这些言语产品，是学生在与文本对话、与作者对话的基础上，最终实现与自我的对话，也就是孟子所讲的"知言养气"。而学生的言语产品，正是检验和促使学生"学的效果"的最好方式。

再例如上文中刘老师《哀江南》的教学案例，在完成前几个环节——目标的制定、过程的落实——的基础上，对学生提出了"言语分享"的任务："剩下的六首就交给同学们共同讨论。请大家在剩下的六支曲子中任选一支，谈谈你为什么喜欢它？描写的景物有什么特点，表达了怎样的思想感情？"对于这样一个任务，既是对学生诗词理解能力的一种检验，也是通过学生"言语分享"的过程，促进学生提升审美能力、思维能力、言语能力的过程。如果没有"言语分享"的过程，那么目标的达成情况就无从检验，学生的学习只有内化的过程，缺乏外化与强化的环节，对话教学的有效性将大打折扣。

第二节　语文对话教学实施的"创造性机制"

从根本上讲，语文对话教学的有效性模式建构是基于语文课程培养目标的。"使学生获得基本的语文素养"是构建语文课堂教学有效性模式的逻辑起点；"通过优秀文化的熏陶感染，促进学生和谐发展，使学生提高思想道德修养和审美情趣，逐步形成良好个性和健全人格"，就包含对学生创造性能力培养的更高目标。因此，在落实语文课堂教学有效性模式的过程中，还应以培养"创造性"为指向。需要指出的是，"创造性机制"与"有效性机制"是彼此支持的同一过程，并不是要专门建构一套单独的"创造性机制"，而是要在对话教学有效实施的基础上，追求语文教学的创造性；在追求学生创造性能力的同时，兼顾语文教学的有效性。如何在课堂教学的有效性模式当中凸显创造性，语文对话教学实施的"创造性机制"，包括"建构能力体系—有效运作过程—预测创造能力"。

一　在阶梯式层级中构建创造能力

　　结合布鲁姆的教学目标分类学，语文课程的目标可分为言语能力、思维能力和情感态度三大领域，而这三大领域的目标具有阶梯式层级的特点，由浅入深，由表及里地形成学生的创造性能力。首先，情感态度的层级为愿意—行动—批判—建构—创造。这是一个阶梯式提升的情感过程。对于语文教学而言，"愿意"是学生"行动"的基础，有了言语和思维的"行动"，学生则会生发出对于已有文本和知识的"批判"性认识；有了"批判性"认识，就会有学生的自我"建构"，在"建构"的过程当中，形成学生的"创造性"。这是语文对话教学"创造性实施机制"的情感能力机制。前一个层级为后一个层级的基础。因此，在教学当中，应该首先考虑如何吸引学生"愿意"的情感行为，只有当学生有了兴趣和意愿，才能够引发行动、批判、建构和创造。其次，"思维能力"目标的"识记—领会—运用—分析—综合—评论"，也是一个阶梯式提升的思维培养过程。有了对语文知识的"识记"，才能形成学生的"领会"和"运用"，在"领会"和"运用"当中进行"分析"和"综合"，最终形成"评论"这种创造性的言语活动。最后，"言语能力"目标的"聆听—阅读—对话—写作—探究—审美"，都具有阶梯式层级的特征。"听、读、说、写"四个环节在语文对话教学过程当中是相辅相成、相互支撑的，"听、读"是信息以及情感的"输入""感受"过程，"说、写"是学生思想和情感的"输出""外化"过程。将四种言语活动融合在语文教学当中，能够更好地发挥学生的创造性言语实践。课堂教学应在螺旋式上升中逐步构建学生的创造性能力。

　　要使得学生的情感能力、思维能力和言语能力得到创造性的发展和提升，还需对学生进行语文知识文化内涵的养成。作为母语课程，其创造性能力的建构不仅仅着眼于语文作为表达和交际的工具性层面，同时还应着眼于母语教育的文化熏陶和精神陶冶的价值。因此，我们应该立足于文本和言语实践，引领学生探讨语言文字的"文化内涵"，语言与文化内涵的结合，是创造性能力建构的重要保障。

现代语言学家韩礼德基于他的"以语言为核心的学习理论"认为，当孩子学习语言时，他们并不是仅仅参与到一种学习的类型当中，而是在于学习的基础模式本身。人类学习的基本区别特征在于产生意义（making meaning），这也是符号化的过程（semiotic process）；人类符号学的原型是语言，在学习个体发生语言行为的同时，个体的学习行为也就发生了。① 此外，韩礼德花了大量精力探索语言和文化的相互关系问题，其代表性著作《作为社会符号的语言》（Language as Social Semiotic）对此问题作了系统的论述。他指出："社会（或文化）的现实本身是一种意义的大厦——一种符号学的结构。从这个观点出发，语言是构建文化的符号系统。""作为社会符号的语言"，是指要在某种社会文化结构当中理解语言，文化本身是在一种符号系统中得到呈现和解释的。从最为具体的层面来说，当我们面对人们相互交谈的基本事实时，语言不仅是由"句子"组成的，而且是由"文本"（text）或者以人际交流为目的的有意义的"对话"环境组成的。这种语言的环境本身就是一种符号结构，它赋予参与者以预知可能相互理解的功能。② 韩礼德以语言为核心的学习理论给语文教学以很好的启示。我们认为，语文教学一定要结合语言和文本所散发的"文化意蕴"展开教学，在这种"语言和文化"所共同构建的"意义的场域"当中构建学生的创造性能力。

例如，孙海芳老师在识字教学实践当中，总是将汉字的文化意蕴渗透进来。在讲到"温"字时，学生陈浩然为"每周一字"配的画是：一盆水在太阳的照耀下，逐渐蒸发。这是陈浩然的理解，是他直观的、想象中的、仅仅属于他的"温"字。我们看到，画面上既有冉冉升空的"水"（水汽），有暖暖的当空的"日"，还有作为容器的"皿"，三者和谐地统一在一起，形成了一个独具特点的汉字"写意图"。这是与汉字的表意传统相契合的。再例如，在讲到"福"字

---

① Halliday, M. A. K., "Towards a Language-based Theory of Learning," *Linguistics and Education*, 1978, p. 93.

② Halliday, M. A. K., *Language as Semiotic: The Social Interpretation of Language and Meaning*, London: Arnold, 1978, p. 2.

时，很多学生一开始总是将偏旁"礻"和"衤"混淆，老师就从"福"字字形的源头讲起："'福'是一个会意字。甲骨文的左上边是一个酒樽（酉），下边是一双手，右上方是'示'部，意思是端着酒樽祭献以求福。"因此，凡是跟"祭祀"有关的汉字都从"礻"，从而使得学生将其误写为部首"衤"的情况大为减少了。

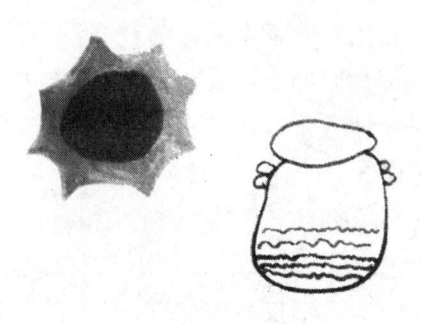

图 3-3　每周一字："温"

资料来源：孙海芳《这些字，那些事》，甘肃民族出版社 2012 年版。

从中我们可以看出，对于学生创造性能力的涵养和激发，一定要结合汉语的文化内涵，正如孙老师所言："不得不承认，汉字是有温度的。她像一幅画，从细节处讲述着远古走来的记忆；她像一首诗，喃喃自语般地诉说着与自己有关的印记；她更像一位博学多识的老人，用自己厚重的经历，讲述着被我们日渐忽略着的过往。"① 语文教学同样是有温度的，语文的文化意蕴和内涵吸引着学生对教学内容进行着创造性的理解和表达，这里既包含着情感能力的涵养过程，又包含着思维的历练过程，且通过言语的表达，实现了学生对学习内容的创造性理解和评价。

二　在"语言—文化"场域中凸显创造性

创造性机制与有效性机制的"运作过程"有重合之处，如"创

---

① 孙海芳：《这些字，那些事（代自序）》，甘肃民族出版社 2012 年版，第 4 页。

设语文知识的问题情境",这既是语文对话教学"有效性"的基础,也是"创造性"的前提。同样,如"支架范式""兴观群怨"范式、"知言养气"范式等,因为其开放性的对话特征,所以也同样是激励学生进行创造性学习活动的有效机制。

这里着重从言语实践"由浅层的理解到深层分享与对话"的角度,探讨运作过程对学生"创造性"的激发机制。韦尔斯(Gordon Wells)在其《在对话中学习：社会文化理论下的课堂实践》(*Dialogic Inquiry Toward a Sociocultural Practice and Theory of Education*)中,总结了人们获取知识时所需的四个阶段。第一,在个人亲身经历的基础上对知识的认知;第二,与他人的信息交流和理解;第三,与他人共建对知识的理解和认识;第四,达到对知识更深层次的理解。概括而言,即"初步感知—交流互动—生成建构—反馈矫正"。[①] 无论哪个阶段,都无法离开言语实践这一基本策略来取得对语文知识的初级认识或深层认识。这四个环节可谓体现了学生学习"由内及外"再"由外而内"的过程。在语文学习当中,先通过个人的言语实践取得对学习内容的初步感受,再通过与他人的沟通和交流的言语实践来形成对语文知识的一定理解,并在更大和更广的层面上进行交流和分享,从而升华对语文知识的理解,最终形成对语文知识更深层次的理解。当然,一个人最终能够在教学当中学到什么或学到什么程度,还取决于每一个参与知识建构的人的自身经历、知识基础和接受能力等因素的影响。

例如,从李双义老师组织的高一年级三个平行班的"课本剧"《孔雀东南飞》活动来看,整过"课本剧"活动共分为四个阶段。第一个阶段,由语文课代表组织同学自学课文,在阅读文本后初步确立剧本的场次。第二个阶段,根据所确立的剧本场次将全班同学分为若干组。给每个组划分剧本的内容,并在组内分配角色,进行排练。在小组排练成形后,串联排练整场课本剧。第三个阶段,课本剧的演出

[①] [英]韦尔斯:《在对话中学习:社会文化理论下的课堂实践》,外语教学与研究出版社2010年版。

阶段。布置演出场景，同学们演出，评选优秀"演员"。第四个阶段，反思和讨论。全班同学就演练和演出课本剧的经过，结合课文《孔雀东南飞》谈谈自己的感想和认识。

李老师并没有同学生一起在课堂上学习这篇课文，而是完全交付给学生自学。学生拿到文本进行自学的过程其实就是对《孔雀东南飞》的"初步感知"过程，这个过程当中，学生可以借助工具书和网络资源等学习文本，对刘兰芝和焦仲卿的爱情故事形成某种认识。从班级演出的情况来看，每个组对文本的认知和把握都不尽相同。有的班级将文本划分为三幕剧，有的则划分成四幕剧，有的甚至划分为七幕剧。之后，进行小组内分配角色和排练。这个过程当中，小组内成员对文本进行了"改编"和"再创作"，在排练的过程中同学们对角色和人物进行了交流。第三个阶段的演出，是同学们集体表演的过程，这个过程当中，形成了完整的课本剧《孔雀东南飞》，每个组都有自己的"刘兰芝"和"焦仲卿"以及"焦母"的扮演者，不同的风格、不同的诠释、不同的表演，在欣赏演出的过程中形成了对人物和故事新的理解和彼此思想的碰撞。例如以高一（2）班为例，第一组的"刘兰芝"的演出较为生活化，而第三组的"刘兰芝"则非常古典。这种风格的形成一方面在于表演者对人物的理解和表演者自身的气质，另一方面在于同学们改编"剧本"的台词。例如焦仲卿送别刘兰芝时，第三组刘兰芝的台词为："感谢你的真情实意，你既然如此惦念我，希望不久后能盼得你的归来。你应该做那磐石，我就做那蒲苇；蒲苇柔韧如丝，磐石坚固沉稳……"台词优美隽永，非常符合爱情剧本身的浪漫情怀，同时又加入了现代元素，在演出的现场，表演者将自己和观众都带入了他们所创设的情境中。演到刘兰芝和焦仲卿的生死别离之处，教室里除了表演者的对白外，悄无声息，大家都沉浸在表演所创设的意境当中了！这个课本剧完成的过程就是学生对语言和文化内涵共同建构的过程。在演出结束后，笔者随机采访了几位同学。

笔者：你在剧中担任角色了吗？

生 A：我担任了一个配角，就是反串的小吏，为知府的儿子给刘兰芝提亲的。

笔者：你觉得自己的演出能打多少分？

生 A：我觉得……嗯，60 分吧。

笔者：是不是太谦虚了？

生 A：（笑）

笔者：总体感觉呢？

生 A：还行，我们为此准备好几周了。

笔者：你在剧中担任角色了吗？

生 B：没有，我是纯粹的观众。

笔者：你观看完了他们的表演，感觉如何？给他们打多少分？

生 B：至少 98 分！尤其是刘兰芝和焦仲卿分别的那段，我感动得快哭了，太精彩了！

通过访谈我们看到，作为演出者之一的 A 同学身在其中（在演出过程当中也不断操心着道具、背景、音乐等），谦虚地给自己的表演打了 60 分，但她对整场演出持肯定态度，而且通过前面几周的排练可推断她对《孔雀东南飞》的人物和情节已非常熟悉。B 同学作为旁观者看了演出，并被同学的表演和创设的剧情所震撼和感动，在观看的过程中对《孔雀东南飞》的故事和人物产生了自己的体会和感悟。这正是课本剧通过"言语实践"实现学生与文本、学生与同伴之间对话过程的价值所在。同学们共同参与，在协作、交流与分享当中对文学经典进行了生成和建构。

在笔者最后的访谈中，李双义老师谈到，如果课本剧就"表演"的结束而结束，似乎还不够完整，还需要一种"反思"和总结。因此，在"表演"完课本剧的第二天，李老师组织同学们在课堂上对《孔雀东南飞》以及自己创作和编排的感受进行了一次交流活动。这是通过反思来达到对语文知识更深层次的理解。这场讨论课之所以开展得如此成功，主要在于同学们通过课本剧的编排和演出过程形成了与文本的深入对话，由初读文本，到改编文本，到合作表演，再到反思交流，同学们能够结合自己的人生观和价值观对《孔雀东南飞》的人物和命运进行评论。在评论的过程中，李双义老师既让大家充分拓展思维，又始终把握住"立足文本"的原则。这是一部经典的文学作品，不同的时代对它有着不同的评价，但是它作为文学作品所具有的生命力和感染力在于其文学性，同学们的演出也非常好地诠释了刘兰芝与焦仲卿震撼人心的爱情悲剧。因此，需要我们学会用文学的眼光和方法来解读作品，这也是语文课堂的基本价值和内涵。

笔者在课后对李老师作了访谈。

笔者：您刚刚还提到了课堂有效对话的反馈问题。

李：是的，教学的过程有目标、有方法，最后必须有评价，评价也就是一种反馈，反馈之后才能有矫正。你本身预设了一些东西，在教学对话中又生成了一些东西，这就具有一定的随机性。我们先不谈对话教学，单就"对话"而言，它就能够推进教学。曾经也有老师反映说，担心课堂上学生发言太多了，老师会不会讲不完课，诸如此类。但关于课堂教学中的话题，什么叫作"讲完了"？一堂好的语文课往往是就某个话题产生一种"言有尽而意无穷"的感觉，课堂上大家都在说，到下课了觉得一节课的时间过得非常快，似乎还意犹未尽，甚至学生在课下还会就这个话题展开讨论和交流。这就把课堂延伸了。你说这个对话什么时候结束，可能结束不了，有可能今天我们讨论了《孔雀东南飞》，到他（她）大学以后，忽然有一天又想起《孔雀东南飞》，就这个故事本身、这个人物本身等还会进行一些对话。这就把语文课堂延伸出去了。所以这就要看课堂对话的有效性生成多少了，是不是在一定程度上实现了预设的教学目标。

我们看到，有效的语文对话教学始终以"言语实践活动"为核心，并且具有四个阶段，即"初步感知—交流互动—生成建构—反馈矫正"。这是一个由浅入深的过程，以言语实践为核心的对话步步深入,最终形成一种开放性的"对话",即对课堂内对话的延伸。李老师将这种"对话"的开放性概括得非常到位。通过这四个阶段的对话,学生不但提升了言语能力,而且历练了思维能力,丰富了语文知识,提高了审美情趣,甚至有可能将这种课堂对话延伸到未来的人生中,语文教学的创造性价值由此得到了充分的发挥。

三 在"内在话语"转变中预测创造能力

语文教学既然是一种"语言—言语"的转换活动,那么,要形成"创造性"的言语产品,还需注重学生语言学习过程由普遍价值的"社会话语"(social speech)向自我经验的"内在话语"(inner speech)[1]的转变。这是有效性模式中的"言语分享"环节,也是凸显创造性的重要部分。

对话是一种平台,是在一定文化环境(语文知识问题情境)当中形成教育目的的过程,教育的主要目的一方面是文化的传播,另一方面是人的发展。这两个目的在语文教学当中统一体现在"语文知识问题情境"的创设上。正如爱德华兹所提出的,课堂上的对话如同窗户,可以直接通向学习者的内心。[2] 在课堂教学当中,知识传授是必不可少的,但是如果这种知识脱离了学生学习的语境,学习就成为一种被动机械的学习。因此,语文对话教学就是要创设一扇"通往学习者内心的窗户",通过创设"语文知识问题情境",使得学生在言语实践当中生成个性化的理解,培养学生的创造性思维和审美能力。这是对话教学的核心目的和价值追求。创造性的思维和审美能力的生成,需要依托学习者与文本、与教师、与同伴等的对话来实现,最终促进学习者自身的发展。从这个意义上讲,对话教学既是一种有效的方法,又是教育的宗旨和原则。

---

[1] Vygotsky, L. S. (1987), "Thinking and Speech," In R. W. Rieber & A. S. Carton (eds.), *The Collected Works of L. S. Vygotsky*, Volume 1: *Problems of General Psychology*, New York: Plenum Press, p. 39.

[2] Edwards, D., "But What Do Children Really Think? Discourse Analysis and Conceptual Content in Children's Talk," *Cognition and Instruction*, 1993, 11 (3-4), 207-25.

在创设"语文知识问题情境"时，应始终以学生个性化、创造性的理解为目的。这是由普遍价值的"社会话语"向自我体验的"内在话语"的转变过程。为了说明这个问题，我们从一堂语文课的片段说起。这是毛老师在上人教版初中一年级语文课《第一次真好》时的课堂实录片段：

师：通过刚才同学们的回答，我们看到本文写到"我"人生中很多个"第一次"，如"第一次去露营、第一次动手做饭、第一次坐火车、第一次看见雪"等等，但只详写了两件事。其中一件是偶然间看到别人家出墙来的"结实累累"的柚子树。大家想一想，为什么要详写这件事呢？

生A：是因为作者是一个生长在城市的城里人，从来没有见过农村这样的景象。

生B：是因为农村丰收的景象让他心里充满了喜悦和新奇。

师：非常好！（板书："结实累累"——大丰收、喜悦）

师：那么大家再来看看第二件详写的"第一次"……（略）

从这个片段里我们看到，教学中师生由"结实累累"联想到"大丰收"的景象，再由"大丰收"的景象联系到作者"喜悦"的心情，似乎可以说明作者详写这个"第一次"的原因了。但是，当我们阅读课文并仔细体悟和分析这个教学片段时就不难发现，由"结实累累"到"大丰收"再到"喜悦"，其实都是这些词语的普遍意义的附着，并没有真正进入文本、结合文本的情境加以体悟，师生对文本的理解还停留在"社会话语"的层面上。通过细读文本，我们发现，文中"我"看到的景象只是一个农家小院"出墙来"的"一棵结实累累的柚子树"，尽管"一颗颗硕大的黄绿色柚子，沉甸甸垂吊在枝头"，但也只是"一枝独秀"而已，因此"大丰收"的意义并不明显，而作者内心的"喜悦"与"大丰收"的"喜悦"的内涵应该是有所不同的。结合作者详写的第二个"第一次"——两只丑陋的害得我"吃不下饭"的雏鸟，由"身上只有稀疏的几根毛，两只黑黑的眼睛却奇大",到逐渐羽翼丰满惹人怜爱的故事,让我们不得不感慨生命成长的力量。同样,农家小院墙头那"结实累累"的柚子树,并不是因为农家的"大丰收"给"我"以强烈的震撼,而是在于茂盛的、"关不住"的"生命"的力量!

语文对话教学追求的是能够通向内心的"内在话语",这是一种创造性的言语实践。通过与文本的"对话",发现和体悟文本的文化内涵。而不是告诉学生语言的普遍性"社会话语",如由"硕果"到"丰收"再到"喜悦",这是一种语文学习的机械化定式。老师本身没有对文本的文化内涵进行深入的体悟和思考,在教学的过程当中也没有给学生留下充分阅读和思考的机会,从而使得学生对文本的理解也停留在表面的普遍意义的价值上。正如韩军提出的关于语文教学"由强塞'公话'到张扬'私语'"的观点①,公共的宏观的社会历史叙述,已然融入我们的血液,成了我们的既定习惯和下意识,总是压抑自我的真实感受,总习惯于化小我为大我。

语文对话教学追求语文课堂的生成性与创造性。正如文学领域所讲求的"文学性"和"陌生化"一样。作为大众传播工具的语言是一种"日常化"的语言,而语言的"陌生化"意义才是对于语文文化内涵的发掘过程。"日常性"语言和"陌生化"语言的概念,最初源于俄国形式主义文学理论。波捷勃尼亚在其《语言学理论札记》中指出:"没有形象思维就没有艺术,包括诗歌。"② 当人们面对数次感受过的事物时,便开始用以往的经验来认识和接受它,即使事物就摆在我们的面前,我们知道它,却往往对它视而不见。这就是所谓的"日常化"。而文学需要唤醒我们对事物的敏感度和认知力,因此形式主义代表人物维克多·什克洛夫斯基(Viktor Shklovsky)提出了文学"陌生化"这一手段问题,他认为,陌生化是通过设法增加对艺术形式感受的难度,来延长审美时间,增强审美效果。按照俄国形式

---

① 韩军:《韩军与新语文教育》,北京师范大学出版社2006年版,第30页。
② [俄]维克多·什克洛夫斯基:《作为手法的艺术》,方珊译,转引自朱立元、李钧主编《二十世纪西方文论选》,高等教育出版社2002年版,第184页。

主义者的观点，要理解文学，就必须以文学的形式特征作为研究目标，也正是在这个意义上，他们反对从社会历史的视角来解读文学——这也是语文教学当中形成的解读文学作品的"社会反映论"。例如文学阅读当中关注"时代背景、作家介绍、段落大意、中心思想、写作手法"，等等，忽略了文学的"文学性"及其形式特征。在这一点上，新批评的文学本体论①也与俄国形式主义所见略同。在他们看来，传统批评充其量只能告诉读者作品中有什么，而"有什么"是不能等同于"是什么"的，况且"有什么"也未必就穷尽了作品的内涵，因为作品的阐释是作品、作者与读者之间的"相遇"，不同的时代、不同的读者对于同一部作品的理解是各不相同的，文学的内涵随着这些因素的变化而不断产生新的意义和价值。

例如对于古希腊索福克勒斯的悲剧《俄狄浦斯王》的阅读和阐释过程就很具代表性。俄狄浦斯毕生希望逃避"弑父娶母"的"神谕"，但最终还是逃不出"命运"的魔咒。这部取材于古希腊神话的作品，一开始更多的是揭示"人的命运"的悲剧，但到了20世纪初，弗洛伊德将俄狄浦斯的行为解读为"恋母情结"，从此"俄狄浦斯情节"就成为这部文学作品的另外一个鲜明的文化符号。因此，从"社会反映论"的观点来阅读作品，在很大程度上忽略了作品作为独立客体的价值，而且忽略了读者的阐释因素。因为文学作品可能具有文献价值，但这并不是文学作品所具有的全部价值，况且阅读与阐释使得文学作品充满了开放性和未知性。维克多·什克洛夫斯基提出"陌生化"观念，把"文学性"更加具体化，既说明了单部作品的文学特征，也说明了文学本身的内在规律。从语文教学的角度来看，语文教学要实现一种"对话"的关系，即要实现语文教学从揭示普遍意义的"社会话语"（social speech）到走向学习者自身的"内在话语"（inner speech）的转变，由"日常化"走向"陌生化"。

---

① 英美新批评学派是流行于20世纪上半叶的文学批评流派，以 I. A. 瑞恰兹、艾略特和燕卜逊等为代表。他们主要的观点是反对"社会反映论"的社会批评方法，而将文学作品看作一个独立自足的客体，运用文本细读等方法探讨文学独立的价值。

从根本上讲，这是强调语文教学的"生成性"和"创造性"。不是以老师既成和预设的答案引导学生，而是尊重学生独特的感悟和理解，这是语文对话教学实施机制的基础之一。佛教禅宗的六祖慧能提出的"非关文字"，其实也就是强调一种创造性。作为普遍的大众的语言是一种外在工具，而真正的价值和意义在于每个人独特的体验和感受。所以，对一堂语文课来讲，言语实践要从普遍的、大众的内涵价值走向学生创造性的、独特的感悟。在课堂上尊重学生的创造性，使得语文教学凸显其丰富性和趣味性。当语文教学的言语实践活动沦为机械的"知识"传递之时，语文的对话性就无从谈起，语文课堂的生命也就遗失殆尽。

综而述之，语文对话教学的实施机制主要体现在"有效性机制"和"创造性机制"两个方面，二者是相互支撑的关系。"有效性机制"从教学目标的确立到教学过程的落实，再到言语产品的分享，形成了一套行之有效的语文对话教学机制。"创造性机制"是在"有效性机制"的基础之上，在保证全体学生学习的有效性前提下，鼓励和激发学生的创造性活动。这既包括了学生"创造性能力机制"的建构，还包含着对话教学过程的"有效性运作"，进而实现对学生"创造能力"的预测。其中，韩礼德提倡的"语文与文化交融的学习理论"既肯定了语言作为第一性的意义和价值，又创造性地以"社会文化"的角度理解语言与文化的关系。这对于语文教学独具启示价值。一方面，语文教学的过程是通过"言语实践对话"与"文化内涵挖掘"的结合来实现的，这是一个同一的过程，学生在对话中实现由浅层到深层的理解。另一方面，强调教学的"创造性"和"生成性"，教师应该创设清晰恰切的语文知识问题情境，使学生对所学习的知识保持兴趣和好奇心，这是对话教学的关键和基础。而坚持语文对话教学"创造性"的关键在于由"社会话语"向"内在话语"的转变。结合文学理论"日常化"语言与"陌生化"语言的内涵，在语文教学当中，教师应该努力创设"通向学习者内心"的窗户，即在语文的文化情境当中使学习者获得个性化的体验和知识。

第四章　语文对话教学的实施策略

　　语文对话教学的实施，不仅要关注其内部各种因素的配合、协调机制等问题，还应该关注教学中对教师、学生具体的要求，应关注课堂上的实施策略。

　　教师是语文课程实施的核心因素。在新课程标准实施以前的中小学课堂上，往往是由教师的讲授一统天下；在新课程标准实施中，这种模式在很大程度上被颠覆了，但同时又出现了一种教师"不作为"的现象。无论是"满堂灌"还是"不作为"现象，都是教师对教学内涵理解的偏颇所致。因此，从语文对话教学角度观之，语文教师素养应具有"学问魅力"与"赋权增能"的特点。一方面教师应具有过硬的专业知识素养，从而形成具有知识内涵的课堂，激发学生的创造性思维；另一方面教师应努力提升组织教学的素养，注重对学生探究能力和学习兴趣的"唤醒"。"学问魅力"和"赋权增能"是教师素养的一体两面：应倡导教师"目中有人"的"学问魅力"，并形成由专业知识引领的"赋权增能"。二者共同构建形成新时期语文教师素养的内涵。

第一节　"学问魅力"：提升教师专业知识素养

　　中国古代所讲的"师道尊严"，强调了"教师"在传播"道"的过程中的重要价值和作用。《学记》讲："凡学之道，严师为难。师严然后道尊，道尊然后民知敬学。师所以传道，师严然后道尊，道未尝不尊也，因其尊而尊之，则在乎人之严师也。"① 其意是说，只有"师严"才能实现"道尊"，"道尊"之后人就能够"敬学"了。这里，并不是说"道"原本是"不尊"的，而是指学生通过对教师的尊重，实现了对"道"的尊重。我们认为，"师严"的内涵不是指教师对学生"严肃"的意思，而更多的是指教师对教学内容的"严谨"和对教学过程的"严格"。这就对教师的素养提出了很高的要求。

《中庸》说"君子尊德性而道问学"②，其意是君子既要尊重德性，又要讲求学问。如果将这里的"道问学"引入教师素养的问题当中，则可以理解为是对教师专业知识、学问基础的要求，也就是说，在教学当中要彰显教师的学问魅力。教师专业素养的高低是一堂好课的关键，"教师的教学活动既是科学的知识传递活动，又是人的全面培养活动，它不是一个随心所欲和得过且过的活动，而是一种严肃而神圣的专业活动。教师的知识、人品、能力、态度、智慧等都影响着教学的效果"③。因此，教师良好的专业知识素养是教学有效实施的前提条件。否则"以其昏昏"，何以"使其昭昭"？

一 在"学问魅力"中创生有知识内涵的课堂

纵观新课程改革的课堂，既存在着"表面热闹"的形式改革，也存在着"内涵丰富"的传统讲授。而无论何种形式的课堂，教师严谨的专业知识引领，往往会激发学生的学习兴趣和内在思考，从而出现"润泽"的课堂。因此，评价一堂好课的标准应该从教学的深层内涵入手，衡量的关键是看教学活动当中是否形成了师生对专业知识的深入探究，是否有意义的流淌和价值的生成。以下以《离骚》的一节公开课为例，探讨如何在"学问魅力"中创生有知识内涵的课堂。

---

① （清）孙希旦撰，沈啸寰、王星贤点校：《礼记集解》，中华书局1989年版，第968页。
② （宋）朱熹：《四书章句集注》，中华书局2011年版。
③ 王鉴：《课堂研究概论》，人民教育出版社2007年版，第283页。

笔者听取了马老师的一节《离骚》公开课。在第一课时，马老师旁征博引、深入浅出，结合"屈原否定论"评议、"离骚"的题意、《离骚》的主旨三个问题，将学生带入了中国古典文学的长廊画卷之中，并呈现出相关文学及其研究的丰富性和深刻性，不仅在专业知识上为学生开拓了眼界，而且为学生提供了思考和分析问题的方法。例如讲到"离骚"的题意，马老师列举了屈原研究史上所存在的各种说法，需要我们根据阅读去用心鉴别和判断，进而列举出司马迁、班固和王逸的三种代表性说法。

马老师的这节公开课，使用的基本方法是讲授法，其间偶尔与学生就某个问题进行互动，整堂课上学生们听得非常专注。笔者认为，这是一节典型的"润泽"课，马老师的讲授，在知识和方法上都给予学生一定的震撼与启迪，为学生呈现出了《离骚》深厚的文化内涵以及文学鉴赏本身的"趣味性"。学生尽管在形式上很少与老师进行"对话式"的言语交流，但从实际表现来看，学生学习的兴趣已经被极大地调动起来。在第二课时中，学生带着较高的学习热情诵读《离骚》，师生通过诵读等言语实践与文本形成了深入的对话。笔者认为，这种对话的实现是与第一课时精彩的"讲授"有着直接关系的，在"讲授"中实现了师生之间就文本内容的对话和精神的交流。

从中可以看出，第一，教师精彩的"讲授"引发了学生的学习兴趣，这还是回到了对教师素养的要求上。教师良好的专业知识素养是语文教学品质的根本保障。第二，这堂课看起来依旧是"独白式"的、以"讲授"为主的教学，我们为什么会将其看作具有新课程理念内涵的教学范例呢？这里有一个前提条件，即师生在课堂上进入了一个共同的知识问题情境中，在这一探究平台上，老师通过严谨而丰富的知识引领，实现了师生就文本内容的深层内涵的对话与交流。因此，这种"对话式的讲授"背后，体现的是以教师"学问魅力"为基础的参与式、对话式教学思想和模式。

"学问魅力"对语文教师的要求是，不但要有扎实的学科知识，还需要从教学层面对知识进行划分，从而帮助学生更好地把握教学内容，体现出教学的有效性和创造性。笔者在对兰州市一位有 6 年教龄的王老师进行访谈时，她讲出了她在教学当中的困惑：

> 我现在所带的是高三班，这是我当老师以来的第二轮学生。第一轮时倒没有什么困惑，就是不断地备课、学习，力争完成教学任务。但是到了第二轮，很多时候就有了自己的想法，不再一味地参考"教参"，而是自己思考如何把课上好，比如我很清楚我的学生哪块儿比较薄弱，需要着力加强。尤其到了高三之后，教学当中的困惑越来越多。比如，我发现学生们对"诗词鉴赏"和"翻译"这一部分比较薄弱，我就着力对他们进行相关的复习。在这个过程当中，我觉得自己非常注重鉴赏方法的传授，可是，当我花了近两个月的时间进行复习之后发现，我教给他们的鉴赏方法他们还是不会用或者不爱用，收效不太好。鉴赏方法有诗歌鉴赏中的动静结合、虚实结合，对比、烘托、抒情，以及视觉、听觉等这些比较常用的方法。而且我还告诉他们鉴赏答题得分的三个步骤——是什么，如何表现，有什么作用，但是学生们好像知道了这个结构模式，却不会很好地组织语言，懒得去用……

从中我们看到，王老师面临的困惑是她花了很大的工夫给学生讲"诗词鉴赏"的方法，甚至答题的模式和步骤，但学生仍然似懂非懂，在面对具体的鉴赏题目时处于"无方法"的状态。她分析背后的原因是老师讲了很多方法，而"学生懒得去用"，认为学生学习语文的热情不高。我们认为，首先，王老师已具有一种教学的反思意识，说明她具备了教学反思的自觉。其次，我们发现，学生对王老师所教授的"鉴赏方法"之所以"不会用"或"不爱用"，是因为学生并没有通过王老师的"讲授"来理解这些方法。因此，当学生在面对不同的鉴赏材料时，就又回到"无方法"的状态。最后，从王老师讲授鉴赏方法的方式来看，主要是"让学生记笔记"，而很多学生"懒得记"。可见，这种"让学生记"的方式可能不太适合学生学习

"鉴赏方法"这一内容。

按照语文知识的分类,"鉴赏方法"属于语文知识中"为什么"的方法知识,也就是程序性知识,作为方法知识或程序性知识的认知过程,往往是理解和运用所学的东西。[①] 王老师让学生用"死记硬背"的方法去学习"方法知识",无疑如囫囵吞枣,只会事倍功半。这是从"知识"的特点来说的,此其一。其二,从"意义学习"(meaningful learning)的角度来看,王老师在近两个月的复习当中,也结合了许多具体的例子,通过阅读发现和总结"鉴赏方法",老师加以归纳和总结,再让学生"记忆方法知识"。但是,这种归纳和总结必须是一种"意义学习",才会有效果。即奥苏贝尔提出的学生首先具有在新学习的内容与自己已有的知识之间建立联系的倾向,其次是学习的内容对学生具有潜在的意义。[②] 否则,学生看似在用老师教给他们的"鉴赏模式",他们虽然很清楚这种模式的结构,却只是机械地记住了解决问题的"典型的步骤",对自己正在做什么,为什么这样做却稀里糊涂,这种"发现学习"并不比机械记忆更有效。基于以上两个方面的原因,我们认为,王老师对于专业知识类型的认知能力还有待提高,尤其是在将一定的语文知识转化为恰切的学生学习活动时,要充分考虑到语文知识的类型和学习特点。因此,对于语文对话教学来讲,语文教师的专业素养还体现在对语文知识的"教学转化"素养上。不是所有类型的知识都适合探究学习,也不是所有类型的知识都适合讲授法。这是对教师的"学科教学知识"提出的更高要求。

二 以"学问魅力"激发学生创造性思维

彰显"学问魅力"的课堂,是以教师专业知识为引领,进而激发学生创造性思维的课堂。课程标准也反复强调学生创造能力的培养,

[①] L. W. 安德森等编:《学习、教学和评估的分类学——布鲁姆教育目标分类学》(修订版),皮连生主译,华东师范大学出版社 2007 年版,第 79 页。

[②] 施良方:《学习论》,人民教育出版社 2001 年版,第 222 页。

这是由语文课程以及语言文学本身的性质所决定的。语言是一种"有意味的形式",庄子就提出"得意忘言""得意忘象"的观点。我们认为,"得意忘言"或"得意忘象"的"言"和"象"都是一种形式,通过"言"和"象"传达出一种审美的大境界。因此,语言艺术作为一种"有意味的形式",就同其他艺术形式如书法、绘画一样,能够带给人们审美的想象,这与西方哲学所强调的"在场"与"不在场"是相通的。在海德格尔看来,语言的本质是诗意的语言,其特征是"遮蔽"与"去蔽""在场"与"不在场"的斗争。[①]当我们拿到一篇文学作品时,阅读的过程就是一个由"遮蔽"到"去蔽"再到"敞亮"的过程。

例如马致远的小令:"枯藤 老树 昏鸦,小桥 流水 人家。古道 西风 瘦马。夕阳西下,断肠人在天涯。"单就语言的字面意思来讲,似乎就是各种事物的堆砌,如果这样看待这首小令,其意境全无;而当我们把这些可见、可说的东西放回"隐蔽"处,则能领会这首小令所"敞开"的一副凄凉景象,并感受到作者的无限惆怅,这正是不可见、不可说的诗意。因此,正是语言文学的"留白"和"想象",使其意味深长。从这个角度来讲,语文教学要通过学生与文本进行的深层次对话,发掘语言艺术的想象空间,提升学生创造性的审美能力。学生创造性审美能力的提升则有赖于教师对文本的创造性理解。

笔者曾在听完《故都的秋》的教学后随机采访了执教的李双义老师,他谈到关于教师对文本理解的问题:

> 语文的课堂既有预设性也具有生成性,就拿《故都的秋》来讲,尽管我的准备都是相似的,但是在平行班级的每堂课上的效果却有很大的不同。一般来讲,当我拿到一篇课文时,通常的做法是自己先读上三五遍,然后合上书,想一想自己阅读的过程里有哪些感受和想法,然后根据自己阅读感悟再设计教学活动。

---

① 张世英:《进入澄明之境——哲学的新方向》,商务印书馆1999年版,第87页。

他的学生这样评价李双义老师：

生 A：我们都太喜欢李老师了！自从听他第一节课开始，我就对语文产生了浓厚的兴趣。

生 B：以往的语文老师大多局限在课本内容上，而李老师非常博学，他不但给我们讲课本上有的东西，而且经常旁征博引，好多好长的经典句子他都能脱口而出，让我们觉得语文非常有趣味。

......

从李双义老师的个案来看，他不但自身有着过硬的基本功，而且始终坚持教师"个性化"教学——"当我拿到一篇课文时，通常的做法是自己先读上三五遍，然后合上书，想一想自己阅读的过程里有哪些感受和想法，然后根据自己阅读感悟再设计教学活动"。李老师对文本的阅读和钻研来自于自身的文学语言功力，而不是来自于现成的"教学参考"。因此，语文教师自身良好的素养是语文创造性教学的前提，倘若教师自身对教学内容的理解都停留在普遍的价值层面而缺乏创造性，何谈在课堂上引领学生进行创造性的理解和认识？这也正是古人所讲的"师严然后道尊"，只有在教师具有过硬的专业素养的前提下，才能够实现语文教学真正意义上的对话。

所谓教师的"学问魅力"，需要教师根据不同的文本选择恰切的教学内容，对于学生能力的培养，往往需要教师的专业知识作为支撑。例如，我们来看李静老师讲授高中语文选修课《庄子》中的选编课文《东海之大乐》，其中包含两则寓言故事。教学当中，教师往往容易落入两种窠臼。一是"逐句翻译"，重文言而轻文意；二是大讲"庄子"，重文意而轻文本。本课例则为学生呈现出清晰的"智力结构"，并通过比较让学生迁移和运用。

师：第一则寓言有河伯和海神两个人物。本则也是两个人物的对话，是谁呢？

生：公孙龙和魏牟。

师：公孙龙本自以为是"至达"的人，等魏牟回答完之后，他却"口呿而不合，舌举而不下，乃逸而走"。大张着嘴，舌头高高地抬起，并且还逃跑了。就像第一则里那个河伯，刚开始是"欣然自喜"，看到海神之后"始旋其面目，望洋向若而叹"。两则故事里，我们看到了很相似的变化。那么，魏牟到底说了什么，令公孙龙"大张着嘴巴"逃跑了？

生众：（小组合作学习，讨论）……

师：因此，庄子讲的两个故事，都指向"境界"不同。第一则里，"井鱼不可以语于海者，拘于虚也；夏虫不可以语于冰者，笃于时也。"公孙龙和魏牟这番对话，它的落脚点正是在层次和境界上。我们把两则中写大海的内容放在一起比较思考："大海"在《秋水》篇里到底有什么特征？何为"大乐"？

本案例中，李老师的教学环节由四个部分组成：复习旧课，掌握第一则中的人物"对话结构"；巧设悬疑，理解新故事；合作探究，探究新故事的寓意；比较拓展，总结两则故事的寓意。在这四个部分中，教学启发的关键在于第一个环节。李老师从自身对于文本的理解出发，引导学生们关注故事的"对话结构"。然后以人物的"惊讶"为学生的兴趣触发点，激发学生在主动探究中迁移理解第二则故事的"对话结构"和寓意。我们看到，教师良好的专业素养，尤其是对文本的准确、深刻把握，是教学有效展开的基础。在本案例当中，李老师正是为学生提供了准确、深刻的"智力结构"，从而使得学生能够运用它进一步分析文本、进行判断、推理和阐释。

从这个意义上讲，语文对话教学有效实施的核心因素基于教师良好的专业知识素养，也即教师的"学问魅力"，进而以教师专业知识为引领形成师生对于教学内容的创造性理解。教师比任何人都更应该具有本身的目的，而不是在革新项目中寻找清新感和意义。教师的独立思考和工作能力对教育改革极其重要。① 这既指出了语文教师在教学中的重要作用，又指出了教师由内而外的专业发展之路。教师的"学问魅力"既包含对教师的专业知识素养的要求，还包含教师在专业化发展道路上自我学习和发展的内心诉求。

第二节 "赋权增能"：提升教师组织教学素养

语文对话教学的实施除了要求教师具备扎实的专业素养之外，还需要关注学生的"学情"和学习的心理特点，强调教师在教学当中的"赋权增能"。"赋权增能"（empowerment）原本是来自社会学领域的概念。根据拉帕波特和基弗等的说法，"赋权增能"乃是个人、组织和社区对其事务获得控制的一种机制；② 可提升正向的自我概念及自我认知，增强其自信，使其获得更多的政治及社会资源。③ 将"赋权增能"引入教育领域，更多的是指赋予教师在课程和教学中的专业自主权，使得教师能够赋予学生专业学习的自主权，从而实现语文对话教学。

韦尔斯指出，教育要通过对话和交流来完成，其主题必须与学生的生活和认知密切相关，并且能够引起他们的兴趣，否则教育就没有意义。因此，保护学生的好奇心和对未知事物的兴趣，鼓励学生产生理解世界的愿望并愿意与他人共同探究是学校教育的一个重要任务。④ 这里对学生学习心理特点的关注侧重于关注学生的实际言语水平、兴趣和能力等因素，不陵节、不躐等，立足于语文教学的核心和学生言语发展的特点，循序渐进、有效地开展对话教学。马克思·范梅南认

---

① ［加］迈克尔·富兰：《变革的力量——透视教育改革》，中央教育科学研究所、加拿大多伦多国际学院组织翻译，教育科学出版社2004年版，第163页。

② Rappaport, J., "Terms of Empowerment/Exemplars of Prevention: Toward a Theory for Psychology," *American Journal of Community Psychology*, 1987 (15): 121–148.

③ Kieffer, C. H., "Citizen Empowerment: A Developmental Perspective," *Prevention in Human Services*, 1984, (3): 9–36.

④ ［英］韦尔斯：《在对话中学习：社会文化理论下的课堂实践·导读》，外语教学与研究出版社2010年版，第xiii页。

为，教育学的影响是情境性的（situational）。① 真正的有教育价值的"影响"是一种辐射四方、自然流动的东西；教学有效实施的前提条件是教师面对学生是坦诚的和开放的。就文化和传统而言，每一个人都是迟到者。因此，教师需要具备调和传统与文化对年轻人的影响能力。② 课堂上"赋权增能"的过程，就是教师通过教学情境对学生探究知识的兴趣和能力的"唤醒"和"激发"的过程。以下从"学情"和组织策略两方面探讨教师如何"赋权"的问题。

一 关注"学情"，施教不可躐等

教学是一种主客一体的活动过程，必然是在一种"关系"当中展开的，学生并不是教师传授知识的"客体"或"容器"，而是教学活动关系的参与者与缔造者。因此，教师的"赋权"应该着眼于对学生"学情"的关注。王阳明在其《传习录》中对此就有过这样的论述：

> 问："'中人以下，不可以语上。'愚的人，与之语上尚且不进，况不与之语，可乎？"先生曰："不是圣人终不与语。圣人的心忧不得人人都做圣人，只是人的资质不同，施教不可躐等。中人以下的人，便与他说性、说命，他也不省得，也须慢慢琢磨他起来。"③

这段话的意思是说，有学生就孔子所讲的"中人以下，不可以语上"请教王阳明，问他这句话的意思是不是"给愚钝的人讲了高深的道理，他们也不能理解；但如果不给这些人讲高深的道理的话，他们就更难以得到进步了！"王阳明说："不是圣人不给愚钝的人讲高

---

① [加] 马克思·范梅南：《教学机智——教育智慧的意蕴》，李树英译，教育科学出版社 2001 年版，第 21 页。
② 同上书，第 23 页。
③ （明）王阳明撰：《传习录》，于自力、孔薇、杨骅骁注译，中州古籍出版社 2008 年版，第 330 页。

深的道理，圣人恨不得人人都成为圣人呢！只是每个人的资质不同，因此，教育的过程不可以超越固有的规律。对于一般资质的人，需要慢慢地启发、开导他。"在王阳明看来，天下没有不可教之人，只是教师应该根据不同个体的状况选择适合的方法和内容，如果对于资质一般的人一开始就讲一些高深的道理，如"性、命"等，他们自然不能理解。因此"施教不可躐等"，这是教师教学的重要原则。要保障语文对话教学的有效性，教师就要了解"学情"，寻找可能与学生发生"对话"的平台和契机，这也体现出教师的教学智慧。

（一）既要"预设"，还要"留白"

笔者在与有教学经验的中学教师的交流中发现，很多教师认为，现在的"公开课"教学与平时的教学状态大相径庭，教师对公开课上的"一套"似乎也都"心知肚明"。一位教师讲到，公开课就是教师精心设计的一个又一个"陷阱"，让学生往里钻，如果这些逻辑严密、环环相扣的教学过程都一一实现了，那么这堂公开课教学就"成功"了。教师之所以会存在这样一种认识，与公开课的导向与境况不无关系。这里，我们强调语文对话教学的实施条件之一——教师在课堂上"赋权"，是要创设能够激发和唤醒学生学习兴趣的知识问题情境。这种知识问题情境有的是教师预设的，有的则是随机生成的。但无论哪一种，都需要教师在课堂教学中对学生的创造性予以合理保护，激发学生形成创造性的言语产品。

这里，我们以白银市第十一中学王亮老师的课堂作品《归园田居》为例。陶渊明的《归园田居》（其三）选自人教版八年级上册的古诗文单元。王老师上课风格含蓄沉稳、从容淡定。其课堂教学活动如下：

1. 王老师由介绍诗人陶渊明导入课程。
2. "初读感知"：指导学生在诵读中理解诗句的含义，读出语气和情感。
3. "研读赏析"。

活动①：联系陶渊明《归园田居·其一》的"守拙归园

田",提炼出"拙"字,引领学生从内容、主旨、风格等出发研究文本,感知艺术境界。

活动②:结合画面和对陶渊明诗歌"回归自然、淡而有味"特点的理解,创作一联五言诗。学生面对画面,展开想象,当堂创作五言诗。分享展示学生的作品,老师简要评点;再将学生的诗作镶嵌在《归园田居》中开展全班诵读。

4. "拓展探究"。

活动③:在两首五言诗中分辨陶渊明诗作,谈谈理解。

活动④:结合"归"的理解,小组合作诵读全诗,全班展示。

5. 结语及作业。

王老师的教学目标清晰,围绕吟诵、品味诗歌语言,体会诗歌意境展开;教学活动层次丰富,为学生创设了多个知识问题情境;学生探讨的积极性和参与度都较高,并生成了言语产品,包括"五言诗"创作,以及小组诵读展示等。

尤其是学生"五言诗"的创作,最后五位学生把他们创作的诗句写在了黑板上:"兔从草中过,鸟飞田园间""闲时回野望,叶间藏鸟影""夜深月圆静,雨露沾蓑衣""鸟穿树林间,遥望虹为桥""长白山下走,云雾绕满山"……这些五言诗句可能在内容和形式上都有待琢磨,但师生将这些诗句与《归园田居》一起诵读时,居然没有令人产生唐突感。它们既平实晓畅,又意境恬淡,真的具备了一点陶诗"淡而有味"的味道。这令学生们非常兴奋,王老师也给予了肯定:"以后这首《归园田居》的作者就不仅是陶渊明了,还有诸位同学们!"

在课后交流研讨环节里,有教师提出:"对于五言诗创作,毕竟只是初二的学生,您在公开课上敢于这样放手,您有几分把握?"这既是对王亮老师课堂设计提出的疑问,也是教师们对公开课预设与生成的反思。王老师回应道:"这样设计,其实就是冒险。因为在我的课堂上,更喜欢激发一些新的东西,不喜欢墨守成规。"他还说:"其实我一开始也有一些担心,学生写不出怎么办?所以事前还设计了一个小活动,让学生将名词和形容词进行组合,试写诗句,但由于时间关系,没有展开。"但据笔者观察,王老师课堂教学活动②的达成并非完全是"冒险",是有其铺垫和准备的。王老师在之前的活动当中,不断地引导着学生感受和理解陶诗的特点。在讨论陶诗"拙语"特点时,还创设了一个情境:"如果陶渊明把他的诗句读给老农听,老农能不能听得懂?"学生第一反应是"听不懂!"王老师说:"假如你们就是老农,听一听'种豆——南山下,(那个)草盛——(那个)豆苗稀'。"学生马上改口说,"听得懂!"这个情境拉近了学生与陶渊明的距离,而且体会到了陶诗浅近平实的特点。在此基础上,再让学生发挥想象,学生就真的成了"小诗人",生成了"陶诗体"。

所以,从这则"有争议的公共课"的案例中我们可以看出,对于王亮老师的"冒险",乍一看是一个很大的挑战,尤其是在全省"公开课"上;但仔细想来,王老师抓住了学生的兴趣,"赋权"给学生,从而在课堂上创造性地生成了诗句。这种"冒险"并非空穴来风,而是有着内在的机制与道理的。当然,有教师建议,为了降低"风险",王老师可以先给一个示范,以促进学生的创作生成。语文对话教学就需要教师在课堂上创设这种"知识问题情境",激发和唤起学生积极探究和表达的热情与潜力。假设王老师也是按部就班,那么公共课就会变成一堂中规中矩、环环相扣但缺乏教师"赋权"的课堂,学生与文本、与同伴、与自我的对话也就无从实现。

从建构主义的观点来看,教师给学生的"赋权增能",是为了改变传统教学中学生的不利或无权地位——教学的过程由教师控制,学生进入了一个早已开始的对话之中。这种情况如同一个人突然被推入正在开演的戏剧之中,而他的任务被限定为只能沿着别人正说着的话题随声附和。① 因此,换一个角度来讲,强调"赋权增能"是教师为学生创造良好的学习情境,设计合适的学习活动,搭建符合学生认知

---

① [美]莱斯利·P. 斯特弗、杰里·盖尔主编:《教育中的建构主义》,高文、徐斌艳、程可拉等译,华东师范大学出版社2002年版,第26页。

水平的平台，以便鼓励学生敢于和愿意通过交流、对话、合作来探求和获取新知。

（二）遵循学生的心理特点，建构学习过程

对话教学对学情的关注，是以建构主义的学习理论为基础的。建构主义理论又是基于格式塔学说、顿悟理论、结构理论、认知理论之上发展起来的学习理论。如果说行为主义强调的是外显的学习行为的变化过程，那么建构主义强调的则是内隐的学习心理的变化过程，即强调以学习者为中心，将情境、对话、合作、意义建构都看作建构主义学习环境中的基本要素或基本属性。社会建构主义理论的关键词就是"反思"，即学习者在合作、对话的学习过程中，通过不断的反思，超越先前的自己，建构起可以影响同伴的新的意义。

建构主义理论起源于皮亚杰（Jean Piaget）对西方哲学传统中知识论的不满。在西方哲学传统中，知识应该表征一个现存的、孤立的、独立于认识者的真实世界，而且只有当这种知识正确地反映那种独立世界时，才被认为是真实的。[1] 皮亚杰强调，在建构主义者看来，认识是一种适应性活动。知识既不是客观的东西（经验论），也不是主观的东西（活力论），而是个体在与环境交互作用的过程中逐渐建构的结果。这就是所谓的发生认识论（genetic epistemology），[2] 只有当儿童充分地理解了知识，即儿童能够把它同化到他已有的认知图式中去，才不会很快遗忘。而同化只有儿童积极参与和建构时才有可能发生。他还认为："认识的获得必须用一个将结构主义与建构主义紧密连接起来的理论来说明，也就是说，每一个结构都是心理发生的结果，而心理发生就是从一个较初级的结构过渡到一个不那么初级的结构。"[3]

---

[1] 欧内斯特·冯·格拉塞斯菲尔德：《教学中的建构主义》，转引自 [美] 莱斯利·P. 斯特弗、杰里·盖尔主编《教育中的建构主义》，高文、徐斌艳、程可拉等译，华东师范大学出版社2002年版，第6页。

[2] 施良方：《学习论》，人民教育出版社2001年版，第184页。

[3] [瑞士] 皮亚杰：《发生认识论原理》，王宪钿译，商务印书馆1995年版，第15页。

维果茨基发展了皮亚杰的理论，他提出，发展和教学是两种不同的过程，发展过程有自我运动的内部规律，而教学在儿童心理发展中则是必要的和普遍的因素。但教学不等于发展，教学应该"走在发展的前面并且要紧紧地带动发展，而不是要当发展的尾巴"①。他所关注的是学生的"最近发展区"（zone of proximal development）。并提出了儿童心理发展有两种水平，即现实发展水平和最近发展区。维果茨基认为："今天儿童靠成人帮助完成的事情，明天他便能自己独立地完成。这样，最近发展区将帮助我们确定儿童的明天，确定他的发展动态……这样，儿童智力发展的状态至少可以借助他的两个发展水平——现实发展水平与最近发展区来加以确定。"② 维果茨基的理论对教学具有积极的启示作用。当人们就教学当中的"教师主体"和"学生主体"的问题产生争论之时，维果茨基则另辟蹊径。

维果茨基的创见是从社会文化的角度来理解"语言和思维"的关系，"揭示思想和词之间的关系说明这是一个动态的过程，是从思想到词的过程，是思想在词中的完成和体现"③。在这个意义上，他提出了广为人知的观点："思想并不是表达在词语里，而是实现在词语里。"④ 维果茨基的语言与思维的观点与本书所提倡的语文对话教学的观念是相暗合的。语文对话教学是在"主客一体"哲学思想指导下的教学理论，即强调语文课程的"言语性"特征，在"言语实践当中"历练学生思维、积累语文知识、培养学生的审美能力等。而维果茨基也将语言与思维看作一个同一的过程。

激进的社会建构主义则更多地从社会文化的角度来看待知识的特性。其基本的关注点既不是外部世界，也不是个人的心理，而是语言。当分析我们奉为知识的文化积累时，我们找到的主要是一个

---

① 王光荣：《文化的诠释——维果茨基学派心理学》，山东教育出版社2009年版，第42—43页。
② ［俄］维果茨基：《维果茨基教育论著选》，余震球译，人民教育出版社1994年版，第402页。
③ 同上书，第373页。
④ 同上书，第318页。

语言作品的知识库：文本、文件、期刊。如果分析课堂中所使用的知识传播，就会又一次发现我们主要关注的还是语言：讲座、讨论、投影，等等。① 建构主义的知识观将知识作为两人或更多人的共同努力，例如社会可能会把莎士比亚贬为一文不值的人，也可能把一个粗俗的人提升到具有普遍洞察力水平的高度。从某种程度上讲，建构理论与维果茨基的观点有相近之处。即二者都将共同体置于个人之前，都极力主张个人理性是社会域界（sphere）的副产品，且都将合作和对话过程视为教育过程的核心。② 从语文对话教学来看，教学的过程不仅仅是学生对知识的同化、建构过程，也是在一定的语文情境当中生成文化内涵的过程。文化环境和背景对知识的生成具有非常重要的价值。

以下就以马艳霞老师"经典诵读"的教学案例为例，具体分析如何在教学中更好地凸显学生的心理特点。

> 从诗词歌赋到唐宋风韵，从美文雅言到经典章句，在小学六年的时间里，我希望凭借"诵读经典"活动，让学生思接千载，神游八荒，感受到中华民族经典文化的深邃意韵，体悟字里行间的流光溢彩，认识中华文化的丰厚博大。在教学当中，我发现应该努力创设一定的文化环境，从而引起学生诵读的兴趣，加深诵读的效果。例如，当无法用语言表达心中的诵读感想时，可以充分地发挥想象，用图画、歌声、音画谐和的视频等来抒发自己独特的诵读感受。以下是我在实践探究中摸索总结得出的一些经典诵读方法。
>
> 1. 诗文配画，情境相生
>
> 王摩诘所谓"诗中有画，画中有诗"真是不虚。每首诗甚至每句诗都是一幅画，而每一幅画都可作一首诗。我曾让学生们抄

---

① ［美］莱斯利·P. 斯特弗、杰里·盖尔主编：《教育中的建构主义》，高文、徐斌艳、程可拉等译，华东师范大学出版社 2002 年版，第 19 页。
② 同上书，第 20 页。

录"岁寒三友"的诗词,并为诗词自由配画。也曾让学生们把自己诵读过的诗文,用绘画的形式加以解读。结果都是令人欣喜的。当我看到孩子们为"咏竹诗"配上《墨竹图》时,我知道,竹的虚心劲节、高标挺立已然铭刻在他们的心灵里;当我看到孩子们为毛主席的《卜算子·咏梅》配上了一幅喜梅图时,我明白孩子们已然领悟了梅花"待到山花烂漫时,她在丛中笑"的襟怀和气魄。以此法助诵读,孩子们的诵读更加有滋有味了。

同时,我们会开展"题画诗文"活动。即首先让学生作画,然后看着图画"题诗配文",或写诗歌,或写散文,或编故事。当孩子们饶有兴趣地用文学的语言表达自己心灵的感受时,形式之美正内化为学生心中的敞亮之美,进而温润学生们的心灵。

2. 以唱助读,情韵悠长

《诗大序》说:"情动于中而行于言,言之不足故嗟叹之;嗟叹之不足故咏歌之;咏歌之不足;不如手之舞之足之蹈之也。"古典诗文本身就是作者心灵的歌唱与舞蹈,中国的古典诗文本身就可以信手拈来,低吟浅唱,因此,以唱助读不失为诵读的绝妙方法。

记得我读初中时,曾把陶渊明的《桃花源记》用电视剧里主题歌的旋律"唱背",以致我至今仍然能把《桃花源记》倒背如流。因此我和学生也尝试使用这种"以唱助读"的方式来诵读经典。例如,我们用王菲清幽婉转的曲调唱苏轼的《水调歌头·明月几时有》;我们用慷慨悲壮的曲调唱岳飞的《满江红》;我们用豪迈乐观的曲调唱毛主席的《长征》和《沁园春·雪》;我们用凄凉悲怆的曲调唱李煜的《虞美人》……孩子们唱得高兴,背得开心。当优美的旋律伴着铿锵的音韵,成为孩子们心头潺潺流淌的微笑时,诵读自然成了水到渠成、妙不可言的赏心乐事。

3. 音画伴读,情思盎然

在我的电脑里,有一个文件夹名为"经典音画",其中收录了我多年来积累的一些名家名篇朗诵的音频视频文件。我时常把这些宝贝在教室的电脑上播放，凭借完美谐和的音画意境和激情澎湃的名家朗诵，引领孩子们去解读、去品味、去领悟、去仰慕、去沉醉……我清楚地记得：孩子们在吃早饭的时候，听我播放的朗诵《与朱元思书》音频时的情景——"风烟俱净，天山共色。从流飘荡，任意西东……"优美空灵的朗诵，伴着清泉潺缓、泠泠作响的流水之声，似乎把孩子们带到了一个空山静默、清泉绝响的人间仙境。孩子们一边认真地听着，一边静静地吃着早饭。教室里回荡着美妙的音韵，孩子们被那一个个闪耀着生命光华的文字感动了，他们久久地沉醉其中。背诵《与朱元思书》自是格外迅速。毛主席的《沁园春·雪》，画面气势恢宏，朗诵磅礴大气，更是深深地攫住了孩子们的心；著名演员鲍国安朗诵的《岳阳楼记》，让孩子们领略了全身心投入的激情诵读，无论是情态、体态还是语态，都让孩子们生出一种敬重、一种亲近、一种珍爱、一种惊叹。

若说"登山则情满于山，观海则意溢于海"，那么，孩子们追随名家的足迹，早已体验到了积淀着五千年民族精魂的中华文化的美丽姿态。难道这还不足以让每一个孩子受用终生吗？

从以上案例我们看到，马老师的语文教学独具特色。她将"诵读"与"绘画""音乐"等艺术表现手法有机地结合了起来，应该说是一种"综合艺术教学法"。在视觉、听觉、感觉的共鸣和交融当中，形成全新的文化情境，使得教学过程给学生留下深刻的印象，甚至终生不忘；而且将课堂教学和课外熏陶相结合，使学生们在"共学"当中彼此影响、记忆深刻。这种教学方法早在孔子"诗教"课程中就有实践，所谓"兴于诗，立于礼，成于乐"（《论语·泰伯》），"志于道，据于德，依于仁，游于艺"（《论语·述而》），在孔子看来，治国之道在于礼乐教化，而游艺活动可以使礼治规范成为人发自天性的自觉需求，因此，在诵诗、歌唱、礼仪、舞蹈、乐律的和谐教化当中，形成浑然天成的诗教学习过程。语文对话教学需要建立"文化语境"，遵循学生学习的心理特点，在整体艺术氛围当中，自然化之地积累语文素养。

二 注重组织教学,形成有效"赋权"

教学组织形式是教学活动中师生相互作用的结构形式,或者说,是师生的共同活动在人员、程序、时空关系上的组合形式。① 从语文对话教学的角度来看,教师还需要有敏锐的观察力和交流能力,能够掌握和判断学生现有的认知水平,并且根据学生的需要搭建起可以促进学生获得新知的"支架",培养学生的言语能力、思维能力、审美能力和探究能力等。对于语文对话教学来讲,教师组织教学的策略是多种多样的,其中所关注的是语文教学的有效性和创造性。这里主要就"课堂对话"和"小组讨论"两种组织形式展开探讨。

(一) 课堂对话策略

1. IRE 模式特点与反思

梅汉把课堂教学中的对话单位分为"教师主导"(teacher initiative)、"学生回答"(students response)、"教师评价"(teacher evaluation)三个过程。这种课堂会话结构被简称为"IRE"模式。② 也有学者如勒姆克(Lemke, J. L.)将这种模式命名为"提问"(initiative)—"回答"(response)—"反馈"(feedback)结构,简称为"IRF"模式。③ 勒姆克认为,"IRF"是一种传统的且被广泛运用的课堂言语对话结构模式。对于 IRF(或 IRE)模式,很多人把这种对话模式视为默认的模式,在大部分中小学课堂上被广泛地使用。人们对这种模式存在不同的看法。一方面,有人认为,这种传统的对话模式可以有效地"调控儿童对于知识的理解和学习",可以"引导学生学习"等。④ 纽曼(Newman)、格里芬(Griffin)、科尔(Cole)等提

---

① 李秉德:《教学论》,人民教育出版社 2001 年版,第 214 页。
② 王鉴:《课堂研究概论》,人民教育出版社 2007 年版,第 179 页。
③ Lemke, J. L., 1985, *Using Language in the Classroom*, Geelong, Vic.: Deakon University Press, Republished by Oxford University Press, 1989.
④ Mercer, N., 1992, "Talking for Teaching and Learning," In K. Norman (ed.), *Thinking Voices: The Work of the National Oracy Project*, London: Hodder and Stoughton for the National Curriculum Council, pp. 215–223.

出，这种三段论的传统的课堂对话模式是一种具有"自我矫正结构"（a built-in repair structure）的模式。[1] 通过教师的反馈，可以让学生对已有的知识进行修正从而获得正确的答案。另一方面，也有很多学者指出了这种模式的弊端。例如伍德（Wood）[2] 认为，这种模式的问题在于，教师在教学中过多地使用提问，尤其是提出大量的已知答案的问题。而如果教师真正希望听到学生自己的思考或鼓励学生提出自己问题的话，就应该减少这种"控制性模式"（a controlling type of discourse）的对话，给学生更多地扮演"提问者"的机会。佐藤正夫也认为，在传统的"IRF"模式中，"讨论之球"任何时候都是从教师抛出，最后又返回教师的。这并不是共同解决问题、产生新知识的课堂讨论，而是单纯的问答式教学。问答式教学是教师奉送答案，让学生记住的方式。而当教师发问，众多学生作答，教师从众多回答中选择正确、适当的答案时，则向真正的对话教学靠拢了。在众多学生的回答中，每个人的角度是不同的，往往可以相互激发。"讨论之球"的特点是"教师—学生1—学生2—学生3……教师"。[3]

佐藤学认为，这种传统课堂教学的流程为：T（教师）—P（学生）—T—P—T—P，也即"教师主导的教学"是一问一答的形式。在这种模式中，由知道正确答案的教师提问，由不知道正确答案的学生回答，然后教师对学生回答的对错作出判别。这样"教师提问—学生回答—教师评价"三要素组成的自我完结的人为单位连续支配了课堂。[4] 这种对话结构是一种"教师—学生"一对一的"二项式"对话结构。

卡兹顿则从社会学的角度研究和探讨了课堂对话 IRE 结构中的

---

[1] Newman, D., Griffin, P., & Cole, M., *The Construction Zone*: *Working for Cognitive Change in School*, Cambridge: Cambridge University Press, 1989, p. 127.

[2] Wood, D., 1992, "Teaching Talk," In K. Norman (ed.), *Thinking Voice*: *The Work of the National Orac Project*, London: Hodder and Stoughton for the National Curriculum Council, pp. 203–214.

[3] ［日］佐藤正夫：《教学原理》，钟启泉译，教育科学出版社2001年版，第317页。

[4] ［日］佐藤学：《学习的快乐——走向对话》，钟启泉译，教育科学出版社2004年版，第43页。

"语脉创造"问题,他认为,班级是以独特的语言构成的文化共同体。教师是将这种语言作为"母语"来运用的"原住民",而学生则是新来的参与这种独特的文化共同体的"移民",首先必须在习得并掌握这种共同体语言的语法并能进行对话之后才能参与学习。① 佐藤学提出,在这种以形式性结构组织对话沟通的教室里,"学生们一边认真地学习、领会体现了课堂'语法'的教师的发言,一边学习作为一名'国民'主动参与到课堂中的语言。"② 因此,在这种结构当中,即兴式的对话被剥夺了,在这种封闭的对话结构中,教师的声音占据着权威的地位。

佐藤学进一步提出了"对话教学"的课堂对话模式。他提出,如果将一问一答的教学模式改为一问多答的教学模式,例如 T—P—P—P—T—P—P—P—P 的对话模式,在此基础上,与"IRE"的三要素课堂对话模式结合起来,就形成了一个新的教学流程和结构,即 T—P—P—P—P—T—P—P—T—P—P—P—T—P—P—T 模式。这种模式是一种"对话中心的教学"模式,也叫"师生共同探究式教学"模式。其特点在于:"在教师与学生借助反反复复的对话、一起探究和发现真理的过程里,重要的是每个学生'为什么'、'怎么样'的疑问和挫折、错误、发现。每个学生的发言都受到教师的引导,在彼此的对话中,探究真理。"③

因此,基于以上对课堂师生对话模式的反思和分析,我们发现,在语文课堂上,如何激发师生之间、生生之间、学生与自我之间的对话,需要对司空见惯的课堂对话模式进行反思。在对话模式中,问题的提出是不是一定都是教师?学生的回答相互之间如何激励与启发,在解决问题的过程中彼此联系、相互激发,为了更好地调动全班同学的参与,听取彼此的见解,发表个人的观点,进而相互补充、相互修正,使得对话一步步走向深入。评价的结果是不是唯一的,评价是否

---

① [日]佐藤学:《教育方法学》,于莉莉译,教育科学出版社2015年版,第118页。
② 同上书,第114页。
③ 钟启泉:《论教学的创造性》,《教育发展研究》2002年第7—8期。

一定要以教师的评价为标准等。要回到对话教学上，就必须从根本上反思课堂对话的结构，这样才能创生对话的课堂。维茨拉克（G. Witzlack）认为，课堂中的"集体思维过程"不是联想式思维行为的集结，而是永不止息的动态过程。①

从语文对话教学的角度来看课堂对话的结构，语文课程的言语性是课堂对话的基础。因为语文对话课堂通过言语的形式呈现出师生对话的"语法"结构，而且对于"文本"的解读，尤其是在"文学文本"的阅读上具有对话性。刘勰在《文心雕龙》"隐秀"篇中讲道："情在词外曰'隐'，状溢目前曰'秀'。"对于文学文本的阅读，需要通过一定的课堂对话结构，达成对诗中"言不尽意""言有尽而意无穷"境界的探索，对于象征、隐喻、画意性、音乐性等内涵的理解，在对话的"语法"结构上，则需要反思如何打破以教师为中心的封闭的 IRE 模式，借鉴如"以意逆志""熟读精思""讽咏涵濡"等方法和策略，形成真正的语文对话性课堂。

2. 对话技术探析

除了上面提到的"对话中心模式"的对话课堂结构以外，教学过程中是否还存在着一些技术性手段，可以使对话教学开展得更为积极有效？琳达·埃利诺在其《对话：变革之道》中指出，真正有价值的对话往往是一种充满艺术性的交流活动，需要高度集中的注意力、诚恳的态度和严肃的活动，只有这样，才能深入人的内心。② 她从七个方面提出了对话的技术策略。

（1）搁置判断（suspension of judgment），指的是要养成一种观察自己和别人的判断过程的能力，立场要中立，要能够置身事外。因为判断往往是一种"非此即彼"（either/or）的思维方式，只能二中选一，从而也就成为我们建立合作关系的阻碍。因此，需要一种"既彼又此"（both/and）的思维能力，学习真正重视和充分利用不

---

① G. Witalack, Zur Psychologie des Frage-Antort-Geschens in der Unterstufe, Phil. Diss., Karl-Marx-Universität Leipzig. 1965, S. 134.

② ［美］琳达·埃利诺、格伦娜·杰勒德：《对话：变革之道》，郭少文译，教育科学出版社 2006 年版，第 53 页。

同的观点。①

（2）识别并搁置假定。不宜以先入为主的假定影响问题的探究过程和结果。

（3）倾听。尝试倾听他人。当你以开放、认真的态度倾听他人说话时，思考一下与平常有何不同？② 倾听还包括"倾听自己"。

（4）质询与思考。苏格拉底改变了以前旨在赢得辩论的谈话方式，把它变成一种学习的方式。在此过程中他创造了西方文明的质疑和学习的精粹模式。③ 在思考当中，让思维"放慢速度"，例如谈话之间停顿的价值。

（5）非语言交流与对话。利用非语言的手段培养倾听能力，是对于对话的一种有力的补充。

（6）开始与坚持对话的指南。进入对话场的关键是每个人内心对对话内容的关注。

（7）逐渐融会贯通。能够通过有意义的对话发展我们的元认知能力，观察我们的思维过程以及形成观念、作出决定和采取行动的方式。

从技术层面指导思考语文对话教学的开展，是有启发意义的。如"搁置判断"和"搁置假定"，能够让师生带着相互尊重、平等对话的态度进入教学现场。"学会倾听"是对话现场中非常必要的技术条件。学会倾听，不但要倾听老师的声音，还要学会倾听同伴的声音，而且老师也要倾听学生的声音，进而在倾听当中建构和完善自我的认知与理解，达成"教学相长""相观而善"的对话效果。同时"倾听"是对话和交流充分、有效开展的前提和保障。"质询与思考"是语文对话教学中必不可少的思维训练过程，学生发现问题、提出问题，进而解决问题的能力，是语文对话教学的核心能力之一。"非语言交流"在语文教学当中的运用也是很普遍的。语言的交流只是对话

---

① ［美］琳达·埃利诺、格伦娜·杰勒德：《对话：变革之道》，郭少文译，教育科学出版社2006年版，第59页。
② 同上书，第86页。
③ 同上书，第94页。

的外在特征，对话的实质性特征是就某个具体的教学问题达成心灵的沟通和理解。"对话指南的技巧"强调了学习者从内心对对话的自觉性要求，旨在通过自觉的调控，达成对语文教学内容的探究与对话。"融会贯通"强调对对话过程的总体把握，以融洽的、理解的、新的意义的生成为主要特征的对话是语文对话教学的核心内涵。

我们还需要特别指出的是，语文课堂上存在着"非话语交流的对话"形式。"非话语交流的对话"主要针对课堂上有意义生成的对话过程。例如谈话间"停顿"和"沉默"等都是这样一种有意义的对话教学。很多老师在接受访谈时，就对话教学都举出了这样一个现象："有时候在课堂上有些学生虽然没有回答问题，但是你从他的眼睛里可以看出他在思考。可能他还没有机会站起来发表自己的见解，但这种眼神的交流应该说也是一种对话的表现。""我想对话不应该仅局限于老师和学生言语的对话，有时候在和学生眼神的交流中，就能感觉到对他的影响，这应该也是一种对话，一种无声的对话。"因此，适时地"停顿"和"沉默"，是开展语文对话的技术保障，体现了对话教学中"留白"的意义和价值，其中包含着教师的教学智慧。

（二）合作学习的策略

合作学习（cooperative learning）被认为是发展团队学习的有效形式之一。对语文对话教学来讲，小组合作学习是指学生在民主、平等的教学氛围中，就某个语文知识问题展开合作、探究，进而激发学生的创造性言语产品生成的学习过程。合作学习，是从传统知识传授为中心的"为教而教"的范式向以学生发展为中心的"为学而教"范式的转变，这是新时期教育对人的培养的需求。美国詹姆斯在《学习落差》[①]一书中，专门分析了美国课堂教学的状况。他认为，教育改革的成败，核心是课堂，而课堂的成败在于教师的教是否促进了学生的发展。如何"适学"？这涉及两方面的内涵，其一是转变教师的观念，教师不再只是单纯的知识传递者，而是要组织学生学习，引导和

[①] James W. Stigler, and James Hiebert, *The Teaching Gap*: *Best Ideas from the World's Teachers for Improving Education in the Classroom*, Free Press, New York, London, Toronto Sydney.

创设环境让学生"动"起来，是学生获得能力发展的促进者。其二是转变学生的学习方式，它不是指具体的学习策略和方法，而是学生在自主性、探究性和合作性方面的基本特征。①

如何有效地促进小组的合作学习，这就需要在讨论的内容选择和组织策略上下功夫。首先，我们来看以下合作学习的片段。

师：同学们，什么是褒禅山？请大家迅速地以四六人为一组，看看《游褒禅山记》写的是什么？褒禅是什么？
（学生前后桌组成小组）
师：好，谁来说说《游褒禅山记》写了什么？
生：……（略）

从中可以看到，这段小组合作学习在组织上存在一定的不足。其一，从合作学习的内容和目标来看，老师的初衷是想通过学生之间的探讨、对话形成对课文的理解，但在分组时，老师向学生提出了三个问题："什么是褒禅山""《游褒禅山记》写的是什么""褒禅是什么"。同时提出这三个问题本身就值得商榷，而问题的侧重点又各有不同，因此问题的层次性显得庞杂混乱，不能给予学生以清晰的小组讨论指令，这就很难期待获得理想的讨论效果了。其二，从组织策略上看，既然已经请学生分组讨论了，学生的发言理应代表小组成员共同商讨的结果，但教师却又直接针对每一个同学："谁来说说……"显然，学生的反馈是个人思考的结果，而非合作的结果。教师在组织开展合作学习时，如果忽略了内容的选择和有效的组织，这样的分组讨论、生生对话就形同虚设。21世纪新课程改革以来，因为提倡"自主、合作、探究"的学习方式变革，"小组讨论"的课堂教学形式似乎成为"新课程"变革的"表现和标志"，许多教师在实践当中并没有深入思考何谓"有效的合作学习"，只是在形式上将学生分为

---

① 王鉴、王明娣：《课堂教学范式变革：从"适教课堂"到"适学课堂"》，《山西大学学报》（哲学社会科学版）2016年第3期。

四人、六人小组，或者在教室桌椅摆放上便于小组讨论，但却既不关心分组前学习的目标是否明确，也不太注重小组讨论的组织策略，以及小组讨论的实质性成果的分享展示，这样的小组合作学习必然收效甚微。

为了更好地了解实际语文教学中"合作学习"的情况和效果，笔者进行了实地调研。调研采取了"问卷法"。关于"小组合作学习"是问卷中的一个小题，笔者采访的问题是："在语文课堂上，你们是否经常组织小组讨论？你觉得效果如何？能否列举具体的实例说明？"收回问卷后，笔者进行了阅读和分析，就"小组合作学习"问题，将学生的观点归纳为两种倾向，并从中筛选出具有代表性的一些观点。

第一种倾向是肯定小组合作学习的形式，其代表性观点如下：

（1）在学习《春江花月夜》时，老师让我们小组讨论了这篇课文的意境，通过同学们的交流、讨论，各小组代表在全班发言，同学们有了不同的心得，对课文的内容有了更深刻的了解。

（2）我觉得效果很好。学习《夜归鹿门歌》时，老师组织小组讨论"这首诗体现了诗人怎样的一种心境"，印象非常深刻。

（3）效果好。例如学习《说"木叶"》时，老师按照课文分层一步步地进行详细的讲解，根据讲解，老师找出例子如"红了樱桃，绿了芭蕉"等让我们在小组里讨论，同学们各抒己见，氛围活跃。

（4）经常有小组讨论，我觉得效果是很好的。例如在《一剪梅》的学习中，主要是老师提出问题，小组同学进行讨论，并最后作解答。如"兰舟""罗裳"是什么意思？"为什么说'才下眉头，却上心头'？"在这个过程中小组成员各抒己见，查漏补缺。

（5）我觉得小组讨论的方法不但提高了同学们的语言表达能力，而且增强了自信，提高了学习的效率，渲染了学习的气氛……

（6）我们偶尔会组织小组讨论，它使大家都有发言的机会。

（7）我认为效果非常好，甚至比光是老师讲的效果更好。例如学习《孔雀东南飞》时，大家讨论"焦仲卿到底是不是一个懦夫，造成刘兰芝和焦仲卿爱情悲剧的原因是什么"，同学们各执一词，为自己的观点展开辩论，有的认为焦仲卿作为一个男生，不能捍卫自己的爱情，不能保护自己的妻子，就是一个懦夫；有的同学则认为"自古忠孝不能两全"，焦仲卿不光要顾及自己的感受，还要考虑母亲的感受，夹在中间其实是最难的选择。最后老师也发表了他的观点……

（8）我觉得比个人思考要好一些。在小组讨论时可将自己的想法告诉别人，再分享别人的想法，可以使自己从多个角度理解问题。

（9）课堂上经常会谈论一些开放性的话题，老师会让我们进行小组讨论。例如有一次老师让我们想一些广告词，通过小组讨论，大家集思广益想出来很多好点子。我们为"大众"汽车的广告词是"三人大众，为你手足"，体现了大众汽车作为代步工具与人类情同手足的关系。

（10）效果很好，例如我们学习《青铜奔马》时，老师让我们讨论艺术手法，每个人的观察角度不同，发现的方面也不同，而且人人参与，让每个人都有收获，但就是比较浪费时间。

第二种倾向是不太赞成小组合作学习的形式，或持有异议。其观点主要如下：

（1）我基本赞成。但有的同学不认真对待，导致课堂纪律较乱。

（2）小组讨论的效果不一定好。遇上同学们感兴趣的，就感觉效果很好；但是遇上同学们不感兴趣的，就感觉很冷清。

（3）我觉得效果不好。上课时老师经常组织同学们开展小组讨论，但讨论的人很少，说废话的人却很多。讨论大半天也讨论不出个结果，大多数同学在说别的，而且小组讨论太乱。

（4）我们也组织小组讨论，但效果不理想。因为很多自制力差的同学常常会"转移话题"，在课堂上聊天。还有一次老师让大家讨论某篇课文的主要表达方式，大家觉得很难，说两句就开始聊天了。

（5）以前我们学校施行的是"生本教学"，小组讨论是经常的。但这样的效果并不是非常好，浪费很多时间。

（6）效果不好，许多同学经常利用小组讨论的时间扯废话。

从调查问卷的结果来看，赞同和喜欢小组合作学习的同学的理由主要有：第一，从内容层面讲，小组讨论使大家对课文的内容有了更为深刻的了解；小组成员彼此的观点可以查漏补缺；对教学内容印象深刻；集思广益。第二，从课堂参与来看，同学们各抒己见，渲染了学习的气氛，给大家提供了更多发言的机会。第三，从教学效果来看，有效的合作能够提高学习效率，培养学生从多角度思考问题的能力等。

不赞同小组合作学习的同学的理由主要有：第一，从教学内容来看，当"遇上同学们不感兴趣的，就感觉很冷清"；"大家觉得很难，说两句就开始聊天了"。第二，从课堂参与来看，"自制力差的同学常常会'转移话题'""导致课堂纪律较乱"。第三，从教学结果来看，"浪费很多时间""利用小组讨论的时间扯废话"；"讨论大半天也讨论不出个结果"等。

从本次调查问卷的统计情况来看，赞同和喜欢合作学习形式的同学还是占到被调查总人数的70%以上，不喜欢或持有异议的同学占到被调查总人数的近30%。这一数据基本上反映了新课程改革以来，学生对于"小组合作学习"的认可程度。从优点来讲，小组合作学习具有一些其他教学组织形式无法替代的优势，如学生们在课堂上能够有更多"参与""合作""对话""分享"的机会，能够激发学生"创造性"的生成。但存在的问题也是明显的，从学生反映的"浪费很多时间""扯废话""讨论大半天也讨论不出个结果"等现象中可以看出，合作学习要有效地开展，还需在内容、组织等方面进行有效设计。

1. 合作学习要有明确的任务与内容

合作学习的有效开展，首先需要确立合作学习的目标和内容，这是合作学习有效开展的关键。从语文教育的角度来看，"语文知识问题情境"是为学生提供合作学习目标和内容的有效方法之一。一方面所呈现的合作学习的问题应该具有一定的开放性，另一方面应关注学生的学情，注意问题选择与学生的相关性。例如，调查中同学们所指出的："当遇上同学们不感兴趣的，就感觉很冷清"；"大家觉得很难，说两句就开始聊天了"。因此，在内容的选择上应该考虑到学生现有的知识、经验水平，确定合作学习问题的难易程度。

例如，我们来看卓玛老师就《上帝发的答卷》一课开展合作学习的片段：

(1) 课文理解

师：上帝吃饱喝足了之后，突然闲的没事就想：如果给世界上的生物再次选择的机会，问他们愿不愿意做自己。他给每个生物都发了一份答卷，让他们去答上帝读后怎么样啊？

生众：大吃一惊。

师：第一组猫和鼠，猫和鼠分别是怎么想的？

生：……（略）

师：他们都不想做自己，都想做对方。我们再来看"猪和牛"

（"鸡与鹰""蛇与青蛙""男人与女人"）

……………

师：最后我们看到，上帝看完后气不打一处来，甚至把所有的答卷都撕得粉碎。因为所有的生物都不满足自己的现状，所以上帝宣布一切照旧。

(2) 指导仿写

师：在第12自然段，有省略号，我们能不能以"温室中的花和旷野中的树"为主人公续写两段文字。可以前后左右合作。

（学生围成小组，讨论交流）

师：温室中的花怎么样呀？它的生活怎么样呀？为什么温室中的花羡慕旷野中的树，而旷野中的树又羡慕温室中的花？要把它羡慕的对象的特点写出来。

（学生小组讨论交流）

师：温室里的花，它的特点是什么样的？

生众：不受风吹雨打、受人保护、娇嫩。

师：就是娇艳、美丽，有人呵护，不需要经历外面的风吹日晒，这是温室里的花的特点。那么旷野中的树呢？

生众：自生自灭、顽强的生命力、能经历风吹雨打。

师：旷野中的树经得住风吹日晒，自由的生长，经历了风雨，生命力很顽强。大家以"假如让我再选择一次，我愿做……因为……"仿写句子。

（学生仿写）……

在本堂课上，学习完课文之后，为了让学生深入理解从不同角度看待问题的方法，老师设计了"仿写"环节。卓玛老师能够通过合作学习，发展学生的思维能力和言语表达能力，其教育理念和方法都是十分可取的。但通过对案例的分析，我们发现，这里的合作学习还有待于改进和完善。第一次合作学习，是教师让学生讨论"温室的花和旷野的树"各自的特点。学生的小组合作似乎成效不大，老师进行了课堂引导；第二次小组合作，是让学生写出"温室的花和旷野的树"的特点，但似乎还是成效不大，教师再次进行了引导，然后让学生"补充句子"。我们可以从技术的层面来看，卓玛老师没有给学生留出充分的讨论、思考、交流、分享的时间。每当看到学生有困惑时，教师就打断了小组合作学习，转向师生问答学习。从内容的层面来看，学生之所以合作的"成效不大"，是因为合作学习的内容"太抽象"。"温室的花和旷野的树"本身具有隐喻的意味，并非如课文当中的"猫和鼠""猪和牛""男人和女人"等，是非常具体的；而且"温室的花和旷野的树"与学生的生活经验显然有一定的距离，学生关于"温室的花和旷野的树"的特点缺乏体验和认知，也就很难在短时间内概括其特点。因此，语文对话教学中的合作学习，一定要有明确的任务，选择恰切的内容，这是提高合作学习质量的基础和保障。只有当学生对所探究的问题产生兴趣，处于"愤然"和"悱然"的状态时，才能真正展开实质性的合作与探究。

2. 合作学习要注意组织的策略

对于合作学习的组织策略，一般遵循以下步骤[①]：

(1) 为学生的发展选择学习目标。
(2) 创设学习情境。
(3) 提供学习材料与工具。
(4) 确定活动时间。
(5) 确定小组内角色分工。
(6) 确定学习任务和步骤。
(7) 各小组积极参与学习。
(8) 学习成果展示。
(9) 评价与反思。

以上步骤包括了合作学习的目标和任务、学习材料与内容、学习过程与步骤、小组角色分工、评价与反馈等几个方面的内容。其中关于"分组"，主要有"同质分组"和"异质分组"两种类型。本纳特（Bennett）和卡斯（Cass）的研究表明，一些学生的组合似乎比另一些运行得要好。在包含一个高分学生、两个中等学生及一个低分学生的混合小组当中，绝大多数的相互作用是高分学生对低分学生的指导，中等学生则相对消极。同质高分组的成员明显认为，没有人需要

---

① 靳健：《后现代视界中的语文课程与教学论》，甘肃教育出版社2006年版，第142页。

帮助，而同质低分组的成员则经常因不能给予同伴有效的解释而感到沮丧。他们发现，两个低分学生和一个高分学生（2LH）的组合远远比一个低分学生和两个高分学生（2HL）的组合效果要好。①

关于分组的策略问题，张掖中学郝云老师结合自己的实践谈道：

> 小组合作教学中老师的组织非常重要。我在分组时不是随意的，而是根据学生的成绩、性别等均衡分组，这样就不至于出现有的小组讨论非常活跃，而有的小组的同学不好好参与的情况。另外，在讨论时，要求学生在组内首先确立一个主发言人、记录员，推选或自荐都可以。主发言人发言之后其他人再进行补充，主发言人再代表小组在全班发言。当然，"主发言人"是在小组内轮换担当的，这样的组织能够保证讨论的有条不紊。

酒泉市张老师为东关二小的语文老师，有15年从教经历，在小组合作学习方面颇有心得，他认为：

> 小组合作学习的分组不能太随意，尤其小学低年级的学生。一个班上的学生在学习能力和水平上是有差异的，所以，我们尽量让每个小组的实力均衡搭配。我们的具体做法是：全班62名学生，首先根据学生的学习状况大致分为8组，然后再根据学生的性别、爱好、性格以及上课的活跃程度等进行调配。这样每个小组的同学在学习、性格等方面能够搭配互补，更好地形成协作和互学。

在对以上两位老师的访谈中，他们不约而同地提出了"分组"的策略问题：应该保持小组各种能力的均衡性，这样才能更好地保证学生组内合作学习的效果。郝云老师确立"主发言人"以及"轮换担

---

① ［美］汤姆斯·古德、杰瑞·布鲁芬：《透视课堂》，陶志琼译，中国轻工业出版社2008年版，第151页。

当"的做法，是对小组内分工的进一步要求，应在实践当中因地制宜地加以采用。

对李双义老师的访谈，谈到了合作学习中的"合作"与"争鸣"问题。

李：小组讨论能够培养学生的合作意识、与人分享的意识，这种形式本身是很好的，但你要保证小组讨论的质量，不能信马由缰地随意展开。我更赞赏教学当中形成碰撞和争鸣，并且能够由此生成一些东西，这是比较理想的语文教学方式。

笔者：这就涉及了小组讨论如何保证质量的问题。

李：对！老师的要求一定要明确，在分组之后要加强引导，让学生知道如何去做。个体和集体的关系很奇怪，作为个体他站起来发言，老师给他一个评价，只是代表个人。当形成一个小组、一个团队的时候，就会有一种竞争在里面。所以"合作"和"竞争"是分不开的，有合作就会有竞争。

笔者：比如这次课本剧《孔雀东南飞》的演出，几个班都进行了分组，应该也是这种思路？

李：我要求分组，让课代表先熟悉文本，看看可以分成几组。为什么一定要分组？虽然说，有的人演得好，有的人演得不好，但分组以后刘兰芝和焦仲卿、焦母角色增多了，这样参与度就很高。参与度高之后，小组之间就会形成一个比拼。就如这两天看到的同学的表演，你会发现包括台词的风格都不一样，有的你就感觉演绎得纯真典雅，如五班的第二组，有的就比较现代，如最后一个组。

笔者：而且每个组诠释的角度也不一样。

李：就是，最后一个小组表演的时候，"刘兰芝"的独白里有那么几句台词已经探讨、触及悲剧的原因了。这可能就是你所说的理解的角度不一样。还是会有很多精彩的东西，值得留下来。

从以上的访谈里我们看到，李双义老师提出的比较理想的语文教学方式，是"教学当中形成碰撞和争鸣，并且能够由此生成一些东西"，正是立足于语文课程特点之上的。语文教学中尤其是阅读教学，文本往往具有丰富性和多元性的特点。因此，通过小组合作学习，激发学生形成碰撞和争鸣，正是语文对话教学所追求的。由"合作"到"探究"，再到"碰撞""争鸣"，这个过程包含着对学生思维的训练和言语产品的生成过程，真正达到了"对话教学"所追求的意蕴。靳健教授谈到"语文知识问题情境""语文思维历练方式""审美情感体验活动"和"言语成果分享过程"是形成语文参与式合作学习的有效条件。① 我们需要一方面明确合作学习的任务与内容，另一方面要探究合作学习的组织策略，在语文教学的具体问题情境当中，促进学生与文本、教师、同伴、自我的对话。

综而述之，语文对话教学要做到有效"赋权"，还需要教师在教学组织方式和策略上进行内容与技术的探究。从对话教学的方法和策略来看关于应该坚持"教无定法"这一基本原则，新课程改革以来，有研究者将小组合作学习看作对话教学的典型形式，是有失偏颇的。如果缺失了精神的平等、尊重，缺失了课堂上创造性的言语生成，那么，问答法也可能是在权威的引导下对预设的标准答案的猜测，小组合作学习也可能流于表面的形式而缺乏实质的对话和交流；而看似独白式的讲授却因为师生能够共同面对某个知识问题展开交流和对话，实质上达成了真正的"对话"。因此，我们所说的"小组学习"和"讲授学习"并非教学的"两极"。波尔诺夫认为，"对话"代表了非连续的形式，"讲授"则是指向和谐的、连续发展的"陶冶"，"讲授"和"对话"拥有各自的功能。而单向的"讲授"往往受权力性、非人性态度的左右，因此，为维护和实现现代的人性，"讲授"也必须是对话式的。② 从根本上讲，语文对

---

① 靳健：《语文参与式学习及其有效性条件》，《教育研究》2014 年第 6 期。
② 转引自［日］池野正晴《走向对话教育——论学校教育中引进"对话"视点的意义》，钟启泉译，《全球教育展望》2008 年第 1 期。

话教学并不存在某种全新的教学模式或教学策略，而是要发掘出教学的实质性特征，旨在创造一种符合母语教育规律的，促进学生语文言语能力、思维能力、审美能力以及主体人格健康发展的语文教育教学之路。有学者就重建对话教学的方法论问题展开研究，认为重建对话教学的方法论意味着走出技术主义的窠臼，让教学基于批判意识和反思性实践当中。① 这无疑对对话教学的方法研究具有积极的启示价值。

第三节 "学问魅力"与"赋权增能"之一体两面

对于教师素养的认识，往往将"学问魅力"和"赋权增能"割裂开来，甚至将二者看作传统型教师素养与"新课程"所倡导的教师素养的区别特征。认为强调"学问魅力"即是一味重视知识的灌输与讲授，强调"赋权增能"则是轻视专业知识、只关注教学形式的转变。这显然是有失偏颇的。我们认为，"学问魅力"和"赋权增能"是教师素养的一体两面：教师为学生"赋权增能"须以专业知识素养为内核，同样，教师"学问魅力"的价值乃是促进学生能力的发展，二者共同形成对新时期教师素养内涵的积极建构。

一 倡导教师"目中有人"的"学问魅力"

提倡"学问魅力"，在于通过教师的专业引导唤醒和引发学生学习的兴趣，最终促进学生能力的发展。在新课程实施以前，教师只注重静态知识传授的状况非常突出，因此，我国课程改革的理念之一即是改变"过于注重知识传授"的状况，提倡自主、合作、探究的学习方式的转变。真正做到"育人为本，目中有人"。例如，我们来看西北师范大学附中李静老师关于选修课《外国小说欣赏》的教学案例：

---

① 张华：《重建对话教学的方法论》，《教育发展研究》2011 年第 22 期。

1. 学习"小说的视角"

师：今天，我们来学习小说的"视角"。视角就是……同学们回忆一下，我们学过的课文或读过的小说，哪些比较像全知视角？哪些比较像有限视角？

（师生交流讨论，教师点评）

2. 用"视角"分析《桥边的老人》

师：既然《桥边的老人》基本上是"显示"的，那就说明有一些是作者"讲述"出来的。请同学们从头到尾再读一遍，看看哪些内容不是用凡人视角显示出来，而是用上帝视角讲述出来的？

（学生默读课文，讨论交流）

3. 续写小说、交流探讨

师：《桥边的老人》中有三处是有限视角，我们来猜一下老人的心理，并且把它说出来、写出来。那么第一、二、三组续写、讨论这三处：你要像上帝一样来揣摩一下老人的心理。

（学生"续写小说"，小组交流讨论。老师巡回指导、讨论）

（全班交流，探讨）

师：刚才同学们的续写中还涉及了人称问题。我们发现，当使用第一人称的时候，往往是有限视角。而采用第三人称时，视角往往不受限制。我们今天的作业，请分析鲁迅小说《祝福》采用的叙述视角是怎样的。

我们看到，李静老师这堂课是以"小说视角"的知识为教学内容的。但李老师并没有停留在"教授"小说知识的层面上，而是将其贯穿于学生的学习、反思、写作、交流的活动当中。用了三个层次的支架，将"视角"知识很好地转化为学生的能力。首先是对"视角"知识的理解和运用，对照平时阅读，看看哪些小说是全知视角，哪些是有限视角；其次是运用"视角"知识分析《桥边的老人》，师生在具体的语境当中，分析两种视角的特点；最后，运用"续写小说"的方法，将《桥边的老人》中三处有限视角，补充为全知视角，并且组织小组交流讨论，全班分享点评。李老师的教学设计，始终围绕着"视角知识的运用"展开，而且这三个环节之间相互关联、层层深入，最终在学生"小说作品"的交流分享当中，实现了对该理论知识的深入理解和掌握。由此可见，教师的"学问魅力"体现在教学当中必须是"目中有人"的学问，不能脱离学生的实际建构一套外在于学生学习的知识体系，而是要根据学习内容的特点、学生的学情综合选择恰切的内容，开展教学活动。

二 形成由专业知识引领的"赋权增能"

在新课程实施中，之所以会出现一些"轻视知识"的现象，是因为很多人对新课程提出的"自主、合作、探究"理念的误解。一堂有效的教学活动必须是以一定的专业内涵为基础和依托的，并在此过程当中形成师生民主、平等的对话关系，所赋之"权"和所增之"能"都需以专业知识的精进为核心。下面以一位老师的公开课《背影》中的一个活动设计——"感受父爱"为例：

1. 分析《背影》中的场景描写，探讨"父亲"的形象。
2. 播放印度短片《父爱》。篇中讲述的父亲是一位聋哑人，女儿从小因为父亲的残疾而受到同伴的欺凌，因此，由于父亲，她感到自卑，很多时候对父亲的关爱表现得不屑一顾，最后以至于轻生。在送往手术室的路上，她回忆起多年来父亲对她的无私付出，于是幡然醒悟的故事。

（师生观看影片，课堂上许多学生边看边流泪）

师：同学们，看完影片，大家想到了什么？

生：（噙着眼泪）我觉得我对不起父母亲，对他们的关心不理解，还经常发脾气……

生：我一定要好好回报我的父母亲，他们对我那么无私，我却那么任性……

师：那么，大家准备对自己的父母亲说点什么呢？

生：我准备对我爸爸说，爸爸，我爱你！（哽咽）

3. 出示关于描述亲情的名言,请同学们下课后写一封给父母亲的信。
……

从这一教学活动设计来看,教师与学生关于"父爱"的探讨,通过文本、影片、名言等形式,取得了"情动于中"的效果。学生们在情境中被亲情的力量所感染,发自内心地表达了自己对于父母亲的理解和情感。但这一设计的问题在于,缺失了语文课的知识内核。这一篇课文是朱自清的《背影》,但教师的教学目标和内容却是"理解亲情",《背影》倒成了阐释"亲情"的材料之一。作为一篇散文作品,其目的是要表达"作者独特的情感和人生体验",那么,语文教学就是要引导学生走进"作者独特的情感和人生体验",体验朱自清所要表达的情感。这要求我们具备"读懂这一篇"的能力和素养。于是,语文教师就要具备这样的知识,首先,作为读者,必须"读懂"这一篇的内涵;其次,作为教师,要发现学生阅读"这一篇"的困难点,从而确定语文教学的目标。在该课例当中,教师既缺乏作为"读者"的阅读散文的知识,也缺乏作为教师提炼"教什么"的知识。因此,教师"赋权增能"的内涵,并不是指外在形式和口号上的"师生对话与交流",而是强调教学能够围绕专业知识的情境,展开对话和交流,从而提升学生的语文素养。

在新课程实施当中,出现了很多这种"表面热闹"的课堂,教师在课堂成为话筒的"传递者",对学生发言内容的评价也一概冠以"真棒"之类的鼓励之词。看似对话,实则缺失了教师专业知识的引领,在单纯教学形式的改革中将课程的"内涵"掏空了。有学者指出,"现代课堂并不应当以讲课者的失语为代价""一个老师不只是具有一份很详细的设计性的教案,还应当有一份像样的讲稿;一节语文课不只是提问,应当有一段一段十分地道的言语,像宝石一样镶嵌在整个教学过程中。"[1]

---

[1] 曹文轩:《语文课的几个辩证关系》,《光明日报》2013年4月25日第14版。

总之,语文课堂由原先教师的"满堂灌"到现今的"不作为",都是对教学本质的一种误解。语文对话教学的有效实施离不开教师素养的提高,而教师素养应具有"学问魅力"和"赋权增能"两个方面的特征,二者有如一个硬币的两面,是相辅相成、合而为一的,应倡导教师"目中有人"的"学问魅力",形成以教师专业知识引领的"赋权增能"。

第五章　语文对话教学的反馈

语文对话教学的有效实施必须结合有效的反馈，教学反馈是提升语文对话教学质量的重要保证。通常来讲，教学的反馈是以教学目标和学习任务为依据的，通过对学习者认知领域、思维领域、情感态度领域等的表现与状况进行判定，为促进学生的学习和教师的教学提供反馈信息与矫正信息。教学反馈与评价在对象的指向上有所区别，教学评价是以整个课程与教学的体系为评价的对象；而教学反馈更侧重于关注作为教学主体的反馈者。因此，本章使用"反馈"这一术语，也正是在于突出语文对话教学中反馈者的主体性，通过反馈更好地促进教学活动中主体的发展。通常认为，教学反馈与价值有着密切的关系。[1]

语文对话教学的反馈与其价值取向有着直接的关系。语文对话教学是以语文知识为媒介，涵养学生的言语能力、思维能力、审美能力及其情感态度的有效性、创造性的实践活动。其外延一是重建学习者与客体（语文知识与语文能力）的文化性实践关系，即求真的关系；二是重建学习者与自身（情感行为与创造能力）的存在性实践关系，即求善的关系；三是重建学习者与他人（合作精神与分享能力）的社会性实践关系，即求美的关系。因此，语文对话教学的反馈是对语文对话教学这一事件的基本价值的评判过程，是根据语文对话教学的价值取向和目标，对语文对话教学活动进行检测、诊断、反馈、调控进而改进的过程。基于语文对话教学的价值追求，语文对话教学的反

---

[1] 李秉德主编：《教学论》，人民教育出版社2001年版，第307页。

馈包含有效性和创造性两大特征。

第一节　语文对话教学的有效性反馈

一　理论基础：负反馈理论

语文教学的有效性是实现语文对话教学的基本保障，从本质上讲，"有效性"问题是对语文学力的关注。本书不断强调语文对话教学具有"言语性""思维性""知识性"与"审美性"等语文课程的内涵和特质，就是对语文课程的核心目标的关注。语文对话教学有效性反馈模式的建构，其基本依据有二：一是基于学习心理学的负反馈理论；二是基于语文课程学习的基本特性。

首先，从心理学负反馈理论来看语文对话教学的学习过程。控制论代表人物维纳提出，"人的随意活动中的一个极端重要的因素，就是控制工程师所谓的反馈作用"，人的学习心理过程是由一个个负反馈环路构成的，学习是对系统的系列输入内容不断进行检出偏差、纠正偏差的监控，使系统的输出值与目标值趋于一致的过程。[①] "负反馈环路"理论包含了三个层次和阶段，即学习刺激与认知结构的内化（S－O），学习刺激的适应过程中通过机能作用的外化（O－R），以及学习刺激与行为的强化（R－S）。负反馈环路理论突破了巴甫洛夫反射弧学说的局限性，也就是说，学习的心理路径不是一个开放的弧形，而是一个闭合的环形。在教学系统中，如果教学目标和教学结果在负反馈过程中趋于吻合，则说明教学过程是有效的。从语文教学的角度观之，有效语文课堂教学也应包括三大基本要素，即"知识刺激""思维操作"和"言语表达"。因此语文有效课堂教学总是由一定的目标提示开始，由语文知识刺激引发学生的学习行为，通过听、读、说、写活动内化为思维操作，并形成外化的言语产品，进而掌握和强化一开始的知识刺激。这是一个由目标到反馈的环路过程。

[①] ［美］维纳：《控制论》，郝季仁译，科学出版社1985年版，第6页。

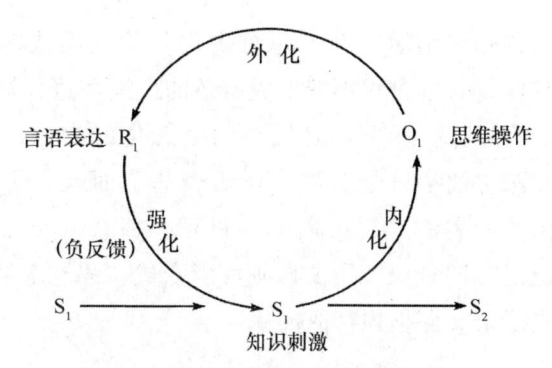

```
           外化
   言语表达 R₁        O₁ 思维操作
         强      内
        化      化
      (负反馈)
   S₁ ──────→ S₁ ──────→ S₂
            知识刺激
```

图5-1 学习心理过程的负反馈环路图

资料来源：靳健《后现代文化视界的语文课程与教学论》，甘肃教育出版社2006年版，第119页。

其次，从语言课程和学习的基本规律来看。语言学家王宁提出：语文教学从言语实践的过程来看，是个性化的"言语"与社会化抽象的"语言"相互转换的过程。① 这里"言语""语言"的概念来自索绪尔的区分：语言（langue）是一种社会现象，是全体社会成员共同遵守的一种特殊规范；而言语（parole）是一种个人的活动，是个人的意志或智力的行为。语文教学实践从本质上讲就是"言语—语言—言语"转换的过程，也即"用他人的言语作品来提高学生的语言能力"的过程。

我们发现，心理学中负反馈理论的知识刺激、思维操作、言语表达的学习环路过程与语言学习的基本规律"言语—语言—言语"特征具有内在的相通性，它们共同指向语文教学的"有效性"。例如，语文中的课文可看作一种"知识刺激"，这是一种个性化的"言语"，教学由学生与文本、作者、教科书编者的对话开始，通过学生的"思维操作"活动，将作者个性化的"言语"归纳概括为具有普遍意义的"语言"，也即学生对言语的认同和内化阶段。最后，通过学生外化的"言语表达"，实现学生的"着我之色"的个性化"言语产品"。

---

① 王宁、易敏：《语言与言语理论在语文教学中的运用》，《语文建设》2006年第2期。

如果只停留在"知识刺激"与"思维内化"阶段而缺失了"言语表达"的反馈活动，教学过程不能形成有效的反馈环路，学生看似学到了"语文知识"，但实际上还是抽象的概念化的知识，这就容易遗忘；如果语文课堂教学只是关注"言语表达"而缺失了语文的"知识刺激"和由此产生的"思维内化"过程，那么语文课堂就可能会出现一种"泛语文"现象，语文课则可能变成"思想教育课""社会课"等，缺失了语文课程独特的内涵。

二　有效性反馈机制：走进文本—走出文本—走进自我

具体从一节语文阅读教学的活动来看，为了促进教学的有效性，应该从三个阶段评价语文课堂，即"走进文本"—"走出文本"—"走进自我"。

（一）以意逆志，走进文本

"走进文本"是指通过语文教学活动实现学习者与作者、与文本、与教科书编者等之间的对话过程。这一过程也可被称为"以意逆志""沿波讨源"。刘勰在《文心雕龙·知音篇》中写道：

> 夫缀文者情动而辞发，观文者披文以入情，沿波讨源，虽幽必显。世远莫见其面，觇文辄见其心。

其意是说，作者往往是情有所感、心有所动之后将思想和感悟表达和寄托在作品当中的，读者通过阅读可以感受到作者的"所感""所动"。阅读的过程就如同逆流而上，追溯作者写作意图的过程。那么，即便与作者所处的年代相隔久远，通过文本阅读仍然能够走进作者的内心。即"以读者之意，逆作者之志"。从语文对话教学的角度来讲，"走进文本"阶段，是师生在文本阅读的过程中，通过言语实践活动追溯作者之"意"，形成学习者与文本及作者的精神对话和相通。对于学习主体而言，教材当中的文本并不是随意呈现出来的"被认知"的客体，而是与学习主体相遇的另一个"主体"，在学习者与文本的相遇与理解当中生成了意义和价值。正如王阳明所言，是

"我与此花一起明白起来"的过程。学习者与教科书编者的对话，是指教科书内容的选择与编排在某种程度上体现的是教科书编者的策划和意图，因此"走进文本"的过程也包含着学习者对编者意志的某种回应，如单元设计意图、教学重点等，从而形成了学习者与教科书编者之间的对话。因此，走进文本，实质上是学习主体走进作者、走进文本，形成与作者、与文本乃至与教科书编者之间的多重对话。

我们以临夏回民中学马晓春老师的《奥斯维辛没有什么没新闻》为例，来看马老师如何引领学生"走进文本"的。

师：今天我们一起来学习两篇短新闻中的《奥斯维辛没有什么新闻》，首先大家一起读一下诗人勃罗涅夫斯基的这首诗：《我的故乡》：

我的故乡，有百万坟墓。
我的故乡，让战火烧尽。
我的故乡，是多么不幸。
我的故乡，有奥斯维辛。

师：大家知道波兰出现过的一个名人是谁吗？
生众：居里夫人。
师：对。诗人也是波兰人。1939年，德国大举进攻波兰，波兰亡国。勃罗涅夫斯基写了这首诗，诗中出现了奥斯维辛，也就是今天我们所学新闻稿中的奥斯维辛。德国侵占整个欧洲后，二战拉开了序幕。据历史统计，二战期间，德国纳粹屠杀了600万犹太人，其中在奥斯维辛就屠杀了500万人。奥斯维辛是波兰南部的一个小镇，二战期间，德国纳粹在这里建立了最大的集中营。接下来，看奥斯维辛的一些历史照片，大家感受一下。（电脑展示图片）

师：本课学习目标：第一是了解奥斯维辛集中营，以及作者写作的视角和价值；第二是体味作者的情感，作者为什么写这篇新闻稿？

师：给大家三分钟的时间，迅速地读一下这篇课文。读的时候一定要专注，同时思考一个问题，作者在整篇新闻稿中有没有直接描写集中营是怎么残害、屠杀犹太人的？作者是以怎么样的独特视角来进行描写的？

生：参观者。

师：作为读者，我们也同样是参观者。作者以参观者的视角来写有什么好处？

生众：（略）

师：我们就把他们参观的路线找出来，可以作旁注。大家再来思考，为什么写这些反映参观者感受的句子？目的是什么？

生：（略）

师：在作者笔下，奥斯维辛有不同的色调，"温暖光亮的东西"，他感受到的温暖光亮的东西有哪些？迅速找出来，体现了作者怎样的情感和思考呢？

生：（略）

首先，我们看到马老师的导入非常独具匠心。他以波兰诗人勃罗涅夫斯基的一首诗《我的故乡》导入：是什么样的故乡，坐落百万坟墓、战火烧尽？而比这更不幸的是"奥斯维辛"。然后结合历史照片，带领学生"走进"奥斯维辛。诗歌给予学生以情感的震撼，这比图片更能够引发心灵的理解和共鸣。其次，师生整体感知课文。以问题的形式启发学生，整体理解文章内容。其一，"作者以什么独特的视角来写集中营的罪行的？"其二，"找一找关于参观者感受的句子，说一说写的目的？"再次，合作探究，品析细节。教师为学生提供了不同的思考角度，第一，"在罗森塔尔眼里，感受到温暖的东西有哪些？"第二，"作者本来写奥斯维辛的恐怖，却又写阳光明媚，体现了作者怎样的情感和思考呢？"最后，立足文本，拓展反思。"如果你是这个姑娘，请写100字左右的文字，描述一下她的内心活动。"

从该案例中我们看到，马老师带领学生"走进文本"的过程，实际上是学生与文本、与作者对话的过程。对话教学"走进文本"的评价标准，是看教学中是否引领学生在熟知文本、涵泳体察文本的过程中，达成对文本的深入理解，从而为学生的言语、思维、审美等能力的发展打下基础。

（二）建构言语，走出文本

"走出文本"是指语文课堂教学当中，通过学生与教师、同伴以及环境等的对话，形成语文课堂的"成果"，即"言语产品"，提升学习者"听读说写"的言语实践能力。这是负反馈理论中的"外化"环节。对于语文对话教学来讲，"言语产品"的生成与否是判定语文教学有效与否的重要标准。具体来讲就是语文的"听、读、说、写"能力。这四种言语能力的发展在一堂课上未必面面俱到，而是应该根据具体的教学目标和篇目内容有所侧重。

例如诗歌的教学，就应该凸显学生"诵读"的言语实践能力培养。学生是否能够真切地体会诗歌语言的魅力，除了要"以意逆志，走进文本"外，还需要"建构言语，走出文本"。那么，有效性反馈的重要指标就是学生"诵读"的言语产品的生成。笔者在访谈兰州市高三语文课吴老师的过程中，当问及"这些年的从教经历中有没有让你感到特别满意的语文课"时，吴老师谈道：

> 要说自己感到满意的课，印象比较深的就是李白的《将进酒》了。因为对于以前的诗歌教学，一般是师生先读一读，或者听听名家的朗读录音，之后还是老师讲解诗歌大意、写作手法等。这篇课文出自人教版选修模块1"诗歌与散文"中的"中国古代诗歌散文欣赏"部分。《将进酒》是第三单元的"赏析示例"课文。该单元的主题为"因声求气、吟咏诗韵"。我就尝试突破了一下，将培养学生的"吟咏"能力作为教学的主要目标。一开始，我先给学生播放了网上下载的名家朗诵的音频，朗诵得特别有感情，当读到"五花马，千金裘，呼儿将出换美酒"时，朗诵者有意将音拉长了，"呼儿——将出——换美酒"，学生一开始觉得可笑，可是，很快他们就对诵读产生了兴趣，大家纷纷模仿。之后，我没有按部就班地讲解、分析课文，而是用了"吟咏"法：自读、分小组读、合作诵读等。虽然都是读，但是你会

发现每个人读出来的感情和味道都不一样。在诵读分享的环节中同学之间就开始相互点评，你那里读得不够好，重音没有把握好。不但课堂气氛很热闹，而且一节课上完之后，学生就基本上能背诵下来了。因此，我发现，读得多了，学生自然就能感受到作者的思想情感，在他们形成自己的"诵读作品"的过程中理解全诗。老师也不用再多说什么，当然，这跟他们本身对李白非常熟悉，这篇文章恰好也不是很难有关系。

从吴老师的心得里可以看出，在诗歌教学中，借鉴古人"因声求气"等语文教学方法仍然具有实践指导价值。吴老师指出了"吟咏诵读"的价值："虽然都是读，但是你会发现每个人读出来的感情和味道都不一样"。可见，学生的诵读活动已经不单单是对文本的阅读了，而是加入了学生自己的体验。有了自己的体验后，学生之间也就形成了一种对话——"同学们之间就开始相互点评，你那里读得不够好，重音没有把握好"。因此，对于语文对话教学来讲，有效的"外化"活动就是形成学生的言语产品。在本案例中提高的是学生的"吟诵"能力，学生不但产生了吟诵的体验，而且在群体交流中探讨吟诵的心得，最后达成"背诵"的效果。因此，言语产品的生成是语文对话教学的重要反馈指标。

（三）知言养气，走进自我

"走进自我"即通过学习者"走进文本""走出文本"的对话过程，最终"走进自身"，形成与自我的对话，也即通过语文学习活动达成学习者语文素养提高的目的。例如学习了小说的"视角"和"场景"理论，就能够续写和改编小说；学习了陶渊明的《归园田居》，学生就能够仿写"陶体诗"，用诗歌的形式来表情达意；学习了"意识流"的文学创作手法，学生就能够尝试用意识流手法来进行写作，等等。在李静老师的课堂作品《荷塘月色》中，学生学习了文章的"通感"艺术手法之后，随即就在课堂上进行实践。

师：关于文中的写作手法，同学们提出来的比我想到的还要多,但是同学们没有提到"通感"。请大家看课后题:通感又叫"移觉",即使感觉进行转移的手法。那么使感觉转移是什么意思呢?我们来看看通感的典型例子。(出示幻灯片例句,请大家分析是哪些感觉的转移)

(师生分析,略)

师:下面请大家尝试用通感来写一句话。前面同学有一句话写得很有趣,大家不要笑,但他写的是通感——李老师长得很香。(笑)

生1:我写的是"点点离人泪是哀歌,唱不尽便是繁华的落寞"。前面的"点点离人泪"是视觉,"哀歌"和"唱"是听觉。

生2:我想到的通感是一句歌词"听到你的眼泪",将听觉转移为视觉。

从对话教学的"强化"环节来看,学生不但需要理解语文知识的内涵,而且能够在实践当中运用,使语文知识真正内化为学生的语文素养。就如李静老师对于"通感"的教学,如果仅仅停留在知识的识记层面——通感又叫"移觉",即使感觉进行转移的手法——那么这些知识尚未内化为学生的语文能力。在教学当中,教师通过"通感的典型例子"分析以及让学生"自己用通感写一句话"之后,学生不但真正理解了该语文知识,而且学会了运用通感。这即是语文对话教学有效性的最终目的——使语文知识内化为学生的语文能力和素养。

我们再来看戴老师的课堂作品《我有一个梦想》,其中不仅突出了"读",而且加入了"写"。既为学生设立"诵读情境",又为学生设立"写作情境""读写结合",相得益彰。"诵读情境",具有鲜明的节奏感。将全篇分为三部分:"梦想的缘由、梦想的内容和梦想的实现方式",每一个部分都以"问题—文本—诵读"为小节展开。学生带着问题逐一走进文本,然后在诵读当中提升精神境界。尤其是诵读的部分,教师精心安排了"原文听读""合作朗读""对比朗读"等活动,使得文章的意义境界呼之欲出。正如伽达默尔所言,语言的根本特点就是表达出不在场的、隐蔽的东西，我们通过语言的学习，从而成长、形成概念、认识世界。这种"不在场"与"在场"的两重境界通过"诵读"得以联结和沟通，学生借助"言语之气"，再创造了马丁·路德金当年的情怀和精神。这正是对话教学的真正价值之所在。

在"诵读文本""产生感悟"之后，戴老师设计了一个"迁移训练"的环节："请仿写第 18—21 自然段"。学生当堂仿写之后，戴老师就学生们的"作品"进行了交流和反馈。以下是两位同学的"作品"。

1. 赵一杰同学的作品：

我梦想有一天，可以站在理想大学的门前，坐在大学教室里聆听老师传授知识；

我梦想有一天，"官二代"与"富二代"也会在"奋二代"前羞愧难当；

我梦想有一天，我们通过努力让老一辈人对九零后的认识有所改观；

我梦想有一天，父母可以在我们的照顾下安享晚年！

2. 陆铉清同学的作品：

我有一个梦想，可以考上理想的大学，昔日的苦难随风而去；

我有一个梦想，可以让自己的父母不再为我而在风雨中奔波；

我有一个梦想，让爱我和我爱的人们，可以无忧地在青天下一起奔跑；

我有一个梦想，在我生命的尽头，可以向走过的路说一声无悔！

由此可见，语文阅读教学的有效反馈，最终是要走向自我，实现对自我的超越。语文教学的文化性、思想性、教育性等都是通过言语实践活动得以实现的。这是主客一体、不可分割的过程。由言语到文化、由言语到精神的升华,正是语文对话教学"走进自我"的有效评价过程。

以上是从具体的一堂语文课的角度来探讨语文对话教学的有效性问题,教师或学生对于一堂语文课的反馈应该始终从以上三个方面着手:是否立足于文本——实现学生与文本、作者、教科书编者的对话;是否有言语产品的生成——在学生与教师、同伴以及环境等的对话中历练学生的听读说写的言语实践能力;是否提升了学生的语文素养——在学生与自我对话中涵养情感态度,提升思维和审美的能力。此外,"走进文本""走出文本""走进自我"也不是全然独立的过程,而是相互观照和渗透的。

三 听读说写、相互迁移

语文的言语实践活动,主要包括"听读说写"。"听读"是"输入"的过程,"说写"是"输出"的过程。在一堂语文课中,应根据具体教学目标和内容,在"听读说写"并重的基础上侧重选择其中一项或两项展开教学。例如,识字写字教学应该以读准字音、写对字形为主,同时可比较、"说"明汉字的特点;口语交际教学以"口头表达"为主,但也可让学生先"写"下"说"的提纲;阅读教学中以"阅读理解"为主,同时也应"说"出感想,适当"摹写";写作教学以"写作"为主,但应该让学生阅读相关写作理论与范文,"说"清思路。因此,语文对话教学反馈的有效性应注意"听读说写"言语实践活动之间的相互关照和配合。

兰州市第五十一中的常明老师发现了课堂上口头对话的弊端:

> 讨论开始,学生前后桌摆好合作的态势,有人在书上圈点,有人则开始发表自己的观点,有人在倾听,教师来回巡视……其中总会有一些不和谐的音符:一些学生津津有味地大谈特谈,但当教师走近时,他们热烈的讨论却戛然而止;还有一些学生,天生的羞涩与内向让他们变成了永远的倾听者。

基于此，常明老师提出，在大班额的课堂环境下，如何真正调动学生的学习自主性，兼顾学生个性差异，可以尝试让课堂对话"说写结合"。常老师尝试让学生写"课前读后语"，即让学生在认真研读课文的基础上，在上课前写几句或议论或抒怀的话。例如，学习《归去来兮辞》，一位学生这样写道：

有谁不愿意追求高质量的生活？可是我们追求高质量生活的目的是什么？不就是获得幸福感吗？可当你为考上好大学而焦头烂额，为了升职而处心积虑的时候，内心的关键词恐怕就只剩下"痛苦""失望"了吧！我不禁双手合拢，纵情地吟咏起《归去来兮辞》了，"寓形宇内复几时，曷不委心任去留"。与其将生命中大把的时间都交给"追求"，不如好好珍惜眼下，知足常乐。做此生愿做之事，爱此生愿爱之人。

常明老师评价道：学生对生命的参透令人惊讶，他精彩的"课前读后语"也自然而然地成为我们那节课的开场白。这样的表达是平时口头对话中从未出现过的。课堂上与教师面对面的对话，学生没有充足的时间准备，再加上心理紧张，他们往往会让自己的语言尽量简短。有时即使某位学生想到了文采飞扬的表达，也不好意思当着全班同学的面表达。现在，"写"打消了他们的顾虑。再如在经典小说《林教头风雪山神庙》的学习之前，有学生这样抒发自己的观点：

林冲对林娘子珍惜呵护，对感情坚守一生，他们两情相悦、至死不渝的爱情让我感动不已。他对李小二一家，施恩而不图报，帮助别人纯粹出于人道主义的关怀，这又是何其可贵的胸怀与境界。风雪夜他忍无可忍手刃仇敌，陆谦恶有恶报死有余辜，那是一种大快人心的酣畅淋漓，我心中的火快意燃烧着。林冲，就是我心中的英雄。

同样的主题，也有同学表达了不同的观点：

> 林冲一忍再忍、委曲求全让我觉得无比窝囊，他的得过且过让仇敌的迫害更加猖狂。最后在草料场，如果说以恶制恶是情理之中，那剜心挖肝，且将人头割下的举动是否太过血腥？以粗暴为勇武，以虐杀为荣耀的暴徒岂能称作英雄？他不过是落魄的屠者罢了。

课堂的对话，最难能可贵的就是让学生摆脱人云亦云的套路，突破定势的束缚。这两位学生的"课前读后感"，一个视林冲为英雄，一个视其为"落魄的屠者"，如此一来，课堂便活了起来，学生们会心一笑，原来争论从最初的阅读就开始了。笔者以为，差异是对话的基础，常明老师通过让学生写"课前读后感"的方式，实际上为学生的独立阅读提供了平台，保护了学生最真实的阅读体验和感受。在教师上课之前，学生已经通过"写"实现了与文本的对话，又用"读"和同学、老师沟通，形成了师生间的对话，这种倾听是平等的，深刻的。最终促进学生与自我的对话，促进学生阅读和写作能力的发展。

我们再以语文教学当中比较常见的"背诵"为例，来说明言语实践活动各项目之间的关系。笔者在阅读和统计学生调查问卷的过程当中，发现为数不少的学生对一个问题中的回答有相似之处。该问题是："语文课上老师经常让大家朗读或背诵课文吗？你觉得效果如何？能否以具体的教学实例进行说明？"笔者摘录其中的代表性观点如下：

> 1. 我觉得单纯的背诵课文效果不好。我几乎每篇课文都会背诵，但是考试的时候总写不对，所以我觉得背诵之外还要加强默写。
>
> 2. 我们经常背诵课文，但经常是集中背诵后，时间一长，不去巩固就只会背诵不会写，而且对内容的理解也越来越模糊。
>
> 3. 一次语文老师抽我背诵《蜀道难》，我以前背得很熟，但

是被叫起来之后却背得断断续续，这让我明白，我必须时常回顾过去背会的文章。

4. 我们老师每周会专门抽出一节课的时间来检查背诵，所以我觉得背诵的效果很好。

5. 有些老师上课喜欢整节课提问背诵，我觉得不好，因为这样大家就会突击背诵，检查时背会了，过一段时间就忘了。

从整体调查的情况来看，大多数学生肯定了朗读和背诵对语文素养提高的作用。但也发现了一些问题：①会背诵，但默写常常出错；②背诵及时，但巩固不足，容易遗忘；③会背诵，但理解不透，等等。

我们发现，提出"会背诵但默写常常出错"等问题的学生大多是高三的学生。对于高三的学生而言，在高考的压力下学生们开始自觉反思"背诵"的效果问题，并提出了"不但要会背诵，而且要会默写"的观点。背诵是语文学习的一种非常有效的方式，周振甫称之为学习语文的"坦途"，而朱熹也强调"人读史书，节目处须要背得，始得。若只是略绰看过，心下似有似无，济得甚事！"如果只是粗略地读书，不加以背诵，心中似乎知道又似乎不知道，终究没有真正明白。在语文教学当中，教师应当如何指导学生背诵呢？

首先，应该做到温故而知新。我们发现，有效的背诵方法是不断地温习。德国心理学家艾宾浩斯（H. Ebbinghaus）提出了"记忆遗忘曲线图"，他经过研究发现，人的大脑对新事物的遗忘具有一定的特点，因此人们可以掌握遗忘规律并加以利用，从而提升人的记忆能力。从艾宾浩斯的研究来看，人的遗忘是必然的，但是具有一定规律的；遗忘在学习之后立即开始，且遗忘的进程是，最初遗忘速度很快，以后逐渐变缓。当人们有计划地对所学的内容进行温习和强化之后，就能取得很好的记忆效果，通过背诵和不断温习，文本的语言才会真正内化为学习者自身的言语。尽管艾宾浩斯的记忆遗忘曲线是基于"无意义"的机械记忆研究得出的规律，但对我们背诵语文诗词仍然有所启发。

对于语文教学而言，背诵的有效性同时取决于学生对文本的"理解"程度。例如奥苏贝尔和罗杰斯都提出了"意义学习"的理论。前者强调的是新旧知识之间的联系，后者关注的是学习内容与个人经验的相关性。无论哪一种意义学习，关注的都是提高学习有效性的策略。语文教学中的背诵并不是机械的字符的堆积，每一篇背诵的文章都蕴含着深厚的文化价值和内涵。因此，对语文经典篇目的背诵，不仅是提高学生言语表达能力的方法，而且是提升学生文化素养的有效途径。好的文章总是"常读常新"，正所谓"温故而知新"。因此，及时的巩固和温习是使得背诵持久、克服记忆的自然遗忘规律的一种有效方法，同时，每一次巩固和温习的过程，又是学生对于所背诵内容重新学习和认识的过程。在不断的温习当中，不断产生新的理解和见识，这才是背诵要经常"温故"的核心意义和价值。

其次，应做到背诵与默写兼顾。"背诵"属于"说"的层面，而"默写"属于"写"的层面，前者落实的是学生的口头语言表达能力，后者落实的是学生的书面语言表达能力，尤其是文字书写的能力，且"说"和"写"也是相辅相成的关系。对此，我们提出了这样的策略。第一，生生互评。每过一段时间，让学生自己总结背诵过的篇目，然后自命"默写填空"题若干，在课堂上与同学们相互交流答题，答完后相互评阅。第二，师生测评。教师不但集中检查学生的"背诵"效果，而且利用课间或自习不定期地抽查学生们背诵默写的情况。如准备一些"默写填空"的条子，或默写"篇目"的条子，让个别学生在黑板上默写，然后请其他学生订正并查缺补漏。

通过以上背诵的有效性策略可以看到，单纯的背诵往往侧重一面，如果结合默写等其他方式，可以取得良好的背诵效果。阮真在其《国文科考试之目的及方法》中，专门论述了"背诵与默写"的关系。他认为：

    背诵作为考试的最旧的方法，其优点在于能令学生注意读音之正确，声调之抑扬，气势之流畅，并能使学生将句法语调与重要的辞句典故成语"熟习于口以帮助记忆而保持永久"。①

意思是说，背诵的优点在于可以使得学生注意读音的准确，声调的抑扬顿挫，气势的流畅等。但其缺点是"只能矫正其字音之错误，而不能矫正其书法之错误"。而默写的方法正好可以弥补背诵的不足。二者间隔使用，可以形成一种相互作用，彼此对字音和字形进行矫正，进而提高学习的有效性。

第二节　语文对话教学的创造性反馈

一　理论基础：由"遮蔽"到"敞亮"

教学反馈应关注语文对话教学所具有的创造性特征。从语文对话教学的内涵来讲，其目的是促进学生言语实践能力、审美能力、探究能力等语文能力的有效提高，并促进学生主体个性的发展。在教学当中，应遵循"共同基础"与"多样选择"相结合的原则。一方面我们要提高语文对话教学的有效性，夯实学生的整体语文素养，提升学生对母语的价值认同；另一方面，应注重语文对话教学的创造性，发挥学生的创造性思维和审美能力。例如在文本的阅读中品味语言和汉字的独特魅力，进而陶冶性情，养成独立思考和质疑探究的能力；通过对话和交流，形成思想的碰撞，在与同伴的相互切磋中，提升领悟能力；通过对话教学，形成对多元文化思想的尊重和理解；培养学生追求思维创新、表达创新的意识和能力。

（一）"遮蔽"到"敞亮"：创造性反馈的重要内核

"语文课程标准"称语文课程具有工具性和人文性的特性。所谓工具性，是指语文是人类表达思想情感的工具。这一观点受到很多学者的批判。从20世纪哲学的语言学转向来看，语言不是工具，而是存在的家园，人类通过语言实现自我的存在。从这个角度来讲，语言

---

① 参见赵志伟编著《旧文重读》，华东师范大学出版社2007年版，第175页。

是一种"有意味的形式"。庄子就提出"得意忘言""得意忘形"的观点,《庄子·外物》篇说:"荃者所以在鱼,得鱼而忘荃;蹄者所以在兔,得兔而忘蹄;言者所以在意,得意而忘言。吾安得夫忘言之人而与之言哉!"① 魏晋玄学代表人物王弼则运用"得意忘言"方法,阐释了他的"言不尽意"论。陶渊明则在他的《饮酒》诗中写道:"结庐在人境,而无车马喧。问君何能尔,心远地自偏。采菊东篱下,悠然见南山。山气日夕佳,飞鸟相与还。此中有真意,欲辩已忘言。"一方面是对于"言、象、意"之间关系的理解,我们认为,得意而忘言,得意而忘象,"言"和"象"都是一种形式,重要的是"言"和"象"所传达的一种"不可言语"的审美境界。另一方面是对于语言和文学的"留白"和"想象"的认识。

语言艺术既然是一种"有意味的形式",那么,就同其他艺术形式如书法、绘画、文学等一样,能够带给人们以审美的想象。因此,审美的想象是语言艺术的独特特征,这与西方哲学所强调的"在场"与"不在场"是相通的。在海德格尔看来,语言的本质是诗意的语言,其特征是"遮蔽"与"去蔽""在场"与"不在场"的斗争,诗意语言总是由"此"指向"彼"的,总是超越"在场"而指向"不在场"的。因此,诗意、审美意识在海德格尔看来不是一个与存在论平等并列的美学问题,而是属于存在论的问题。②

因此,从语文教学来讲,教学的过程就是要实现"我—你"的交融状态,通过教学揭示出语言的"言、象、意",达成人与文本、与作者、与同伴、与自我的交融状态。用海德格尔的话来讲,这是一种"去蔽"的过程,因此,语文课程"言语性"的本质特性,决定了语文教学的过程是一种"去蔽"的过程,语文课程的反馈,也就是要揭示语文学习活动的这一由"遮蔽"到"敞亮"的过程。具体到一篇文学作品的阅读教学,应该呈现出由"遮蔽"到"去蔽"而到"敞亮"的过程。例如马致远的小令:"古藤 老树 昏鸦,小桥 流水

---

① 刘建国:《庄子译注》,吉林文史出版社1994年版,第546页。
② 张世英:《进入澄明之境——哲学的新方向》,商务印书馆1999年版,第87页。

人家。古道 西风 瘦马。夕阳西下，断肠人在天涯。"单就语言的字面意思来讲，似乎就是各种事物的堆砌，如果这样看待这首小令，其意境全无；而当我们把这些可见、可说的东西放回"隐蔽"处，则能领会这首小令所"敞开"的一副凄凉景象，并感受到作者的无限惆怅，这正是不可见、不可说的诗意。因此，正是由于语言的这种"留白"和"想象"的特征，才使得其意味深长，而且想象的空间越大，其艺术审美的价值就越高。也正是从这个角度来讲，语文对话教学的反馈，立足于语言艺术表达的特点，探究语文教学过程当中对言语世界的"去蔽"，达成创造性的对话与生成，发掘语言艺术的想象空间，进而提升学生的审美能力。这也正是对话教学创造性反馈的理论基础。

（二）在多元反馈形式中凸显创造性

"语文课程标准"在"评价建议"部分，提出了"评价主体的多元化"和"评价应根据不同的情况综合采用不同的方式"的实施建议。反馈主体多元化是当前评价改革的重要理念和方向："语文课程评价一方面要尊重学生的主体地位，指导学生开展自我评价和促进反思，另一方面要鼓励同伴、家长等参与到评价之中，使评价成为学校、教师、学生、同伴、家长等多个主体共同积极参与的交互活动。"课程反馈方式的多元化是指："课程评价有多种方式，每一种方式都有其优势和局限，都有适用的条件和范围。学生发展的不同侧面有不同特点和表现形式，对评价也有不同的要求。如书面的语文考试（纸笔测试）较适合于评价认知水平，观察活动较适合于评价学生的兴趣特长，成长记录能较全面地评价学生的情感态度和实践能力等。再如，探究能力的形成，具有重过程、重体验的特点，所以评价学生的探究能力不能简单地以活动结果作为主要依据，而应将学生自主探究的过程与结果统一起来，以学生在自主探究中的表现，如态度、创意、责任心、意志力、合作精神、参与程度和交往能力等方面，作为评价的重点。要努力探寻适合于不同目的的评价手段和方法，提高评价效率。"通过这些评价建议可以看出，我们在注重语文对话教学的创造性特征的同时，在反馈形式和方法上也应该注重创新性。形成多元反馈主体和多元反馈方式相结合的办法,对学生进行认知性反馈、情感性反馈和技能性反馈等全面的评价。

多元化反馈探索了反馈形式的多样性和可能性,对于语文对话教学来讲,多元性反馈还需结合语文课程与教学的特性展开,围绕语文课程与教学活动的内涵凸显反馈的创造性。通过反馈形式的多元化,促进语文对话教学活动的开展。例如笔者听取了一堂高三语文复习课:

> 师生讲评试卷中的文言文阅读。讲评之前,学生已经做完了试卷,并且订正了答案;讲评时,教师让学生逐一翻译试题原文,一边翻译一边指出常见的文言文知识和重点字词。笔者随机采访了几位学生,发现错题多的学生在教师讲评后对于答案的理解仍然模棱两可,推测他们在遇到相似的题目时仍然会产生困惑;而答对的同学,对于这一类文言文阅读的理解一向正确率较高。因此,笔者反思,该教师的高三课堂讲评课是较为低效的。

对于这一现象,从表面上看,教师尽职尽责地开展讲评教学活动,学生认真听取并参与到学习活动当中,但之所以收效不大,是因为反馈形式的单一和缺乏创造性,还是一名教师同时应对 50 名学生的反馈形式。要提高学生文言文阅读理解的正确率,一方面需要深入探究此类题目的共同特点和规律,另一方面需掌握学生学习的困难点,只有从大多数学生学习的困难点出发,解决此类阅读题目所需要的基本知识,才能够提升他们的理解能力和答题能力。据笔者观察,教师既没有反思"这一类"阅读题目的共同知识,也没有对学生学情作出预判,更没有思考如何发掘已有的资源促进教学反馈。例如"一向正确率较高"的学生,有没有可能成为反馈的主体来引领学习活动?那些出错率高的学生,有没有可能通过自我反馈与诊断来促进反思与改进?这些都是创造性反馈所要探索的。

二 创造性反馈机制：文本研读—发散思维—语境激发—多元反馈

（一）研读文本，涵养创造性思维

语文对话教学的创造性，强调在对文本和作品的阅读之上形成合理的想象和诠释，而非标新立异地标榜"创造性"。我们首先来看 L 老师的课堂作品《游褒禅山记》的导入和总结。

> 导入：我们并不能改变生命的长度，但是我们能够拓展生命的宽度，从而让生命更有价值和意义。下面我们来学习王安石的《游褒禅山记》。
> ……
> 课堂总结：人生态度决定人生的高度，本文中最后一段所记的四个人只有王安石彪炳史册。我们大家来齐读幻灯片的内容。（出示幻灯片："我把生活的每一天当作一个新的开始，一切从'零度'出发，仰望生命的高度，拓展生命的宽度，体验生命的深度。"——张正耀《零度的眺望·后记》）

从 L 老师的教学设想来看，他由"生命的感悟"导入，再由张正耀《零度的眺望》关于生命的感悟结束，可谓是首尾呼应，主旨清晰明确。但是，语文创造性评价的标准，要看这位教师的解读是否尊重文本的特性，是否引领学生真正达成了对这样的主旨的理解，如果只是教师的一厢情愿，那么，这样的"创造性"不但未必符合文本的特点，而且不符合学生理解的学情。我们知道，阅读的过程是一个建构和想象的过程，每个人对于同一篇文本可能会有完全不同的体验和感受。像这篇文言文《游褒禅山记》，其作者王安石由游览褒禅山而生发的感悟是：尽志则无悔，深思而慎取！这与教师预设的"生命的高度、宽度、深度"的思想感悟在多大程度上具有关联性暂且不去深究，但就这种以教师单方面的预设代替学生对文本主旨和内涵的探究而言，是值得推敲的。

语文对话教学是学生与文本、与作者对话的过程，与文本的对话是学生言语实践的基础和根本；在此基础上，生发出学生与作者的对话，与同伴的对话，以及与自我的对话，从而形成学生个性化的体验和感悟。其中的"创造性"与文本和语言是紧密不可分的。教师的教学预设应该建构在对文本充分理解的基础之上，而且对于课堂教学当中的学生生成部分，尤其是思想价值层面的体悟，是教师难以预设的，在教学当中需要的是智慧地灵活处理。如果教师从一开始就限定学生的阅读感悟和思想，那么必然会破坏语文对话教学意义的生成，这是在教学当中值得反省的。

笔者曾参加省中语会"创新杯"的课程作品评比活动，听取了六位语义教师对同一篇课文《陈太丘与友期》的教学课程。按理来说，这六位老师在面对同一篇课文时应该具有各自不同的视角、切入点、聚焦点和兴奋点，教学活动应当是各具特色的。但实际的情况是六位老师的课堂设计基本相同，大家不约而同地将课文的主旨归结于"守信""明理"，而且都将一节妙趣横生的文学阅读课上成了简单、规范的道德说教课。这正是由于教师缺乏对文本独特的理解和体悟，笔者推测之所以如此雷同，是因为他们都参考了相同的"教参"。如果教师总是以一种先入为主的方式进入文本，那么语文课堂的"创造性"将大打折扣。《陈太丘与友期》虽然是一篇简短的文言文作品，却是一篇表现魏晋风度的趣味盎然的儿童故事，是脍炙人口的名篇，应该能够常读常新，阅读教学对其内涵的挖掘也就不应该停留在一个既定的结论上，应该鼓励学生从文本中发掘自己的创见。如元方所言"非人哉""元方不顾"等，教师完全可以引导学生通过文本细读，品味、挖掘其中的韵味和思想，进而实现语文对话教学创造性价值的生成。

再如人教版九年级课文《范进中举》，教师首先向学生们介绍《儒林外史》的思想价值，告诉大家《儒林外史》刻画了"儒林群丑"的形象，而范进则是"群丑"代表之一。这也是一种典型地用先入为主的价值判断代替文本阅读过程的教学。教师的语文教学不是从文本的阅读出发，而是首先为范进下了一个文学史普遍意义上的

"定义"——儒林群丑的代表，用通识价值判断替代个性化阅读的创造性价值的生成。如果教师在教学中能够结合文本的阅读，就不难发现，范进其人之所以成为古代文学史上独具魅力的文学形象之一，不是因为他的"丑"，而是因为他的"可爱"。他一生穷困潦倒，对岳父胡屠夫唯唯诺诺；当他赶考没有盘费时，去同岳父商议，却被胡屠夫"一口啐在脸上，骂了一个狗血喷头"。而当他中举，喜极而疯，胡屠夫为了救他要扇他嘴巴时，"众人和邻居见这模样，忍不住的笑"。可见，他在乡邻们眼中是一个充满了喜剧意味的人物。从整篇课文来看，《范进中举》充满了喜剧的因素，描写了人间百态。因此，在教学当中，只有"回到文本"，通过师生对文本的阅读，才能形成真正有价值的"创造性"阅读。正如慧能所言"诸佛妙理，非关文字"。慧能并不是要否定文字本身的价值，而是认为要个性化、创造性地理解和体悟才是真正地悟道。文字是一种公众普遍认同的工具，但如果我们对文字传达的价值和意义也停留在公众普遍认同的大众化的价值和意义层面的话，就是人云亦云。文本和语言对我们每个人而言就谈不上"触动"和"对话"了，因而就失去了对话的"创造性"价值的生成。

对学生创造性思维的培养，还可以结合有序的情感行为来强化"创造"生成的可能性。情感行为维度的语文课程目标主要包括愿意、行动、批判、建构、创造五个水平的学习成就。愿意指学生能够主动地接受语文学习的提示，愿意参与语文教学的过程；行动是指学生对语文学习产生了兴趣，并随之出现了自主的学习行为；批判是指学生在鉴赏文艺作品或评价社会现象时所表现出来的价值评价，学生已逐渐形成了自己的审美倾向和是非标准；建构是指养成了一种系统化的意识和行为，能够将各种零碎的知识条理化、结构化，具有良好的语文学习习惯，能够综合不同的学术观点，能够独立自主地审视社会问题；创造是指已经形成了个性化的人格范式，进入了精神自由的境界，具有高雅的审美情趣，具有创造性的言语能力，能够用自己的视角、自己的情感、自己的语言去表现人生、表现社会。通过语文学习的愿意、行动、批判、建构、创造五个层级的情感目标，强化了学生进行"创造性"生成的可能。

(二) 用"发散思维"促进创造性言语

形象思维为语文学习者打开了一扇表现独特个性的窗户，使学习者透过它发现自然的丰富多样，领略生活的精彩纷呈，感悟内心的大千世界。学习者一旦发现了形象思维认识世界的无限可能性，体验到形象思维带给自己的浪漫与快乐，那种被市井教条和世俗观念长期禁锢的枷锁便会打开，精神便会步入自由王国之境界。语文学习中的形象思维具有不同于其他思维方式的特点。

例如笔者在课堂上以"谁欲逃离春天"为题，请学生们续写，"字数不限，文体不限"。对于这样一篇开放性的题目，其核心是为学生创造一个意象的情境，即"逃离春天"，对此，学生可以尽情地展开想象力。学生们当堂写道：

1. 谁欲逃离春天？清风拂面，杨柳花开，何必要逃？（陈鹏）

2. 河北省诸多城市，因雾霾侵袭，石家庄、邢台、保定、邯郸等城市空气污染指数位居全国榜首。它们最想逃离春天。（郭继飞）

3. 有时候，我真的想送走你。回忆中的轻罗裙，春天般清新悠远。你为谁漂泊，身后积淀厚厚的沧桑与苦楚。你是乐此不疲的，泪水和花，汪洋恣肆。有星星的夜晚，你轻吐一口气，吹开春天。——这里没有逃离，世界与我，静静相爱。（靳蕊娟）

4. 谁欲逃离春天？看漫天的柳絮，到底为谁缱绻？伴随着东风，只为赴一个有花的约会。似水流年，望着三月的桃瓣纷飞，暗想我到底错失了哪一瓣？（朱鹏飞）

5. 若你想逃离，就要面对以下问题。请问你为何要逃？你想逃往何处？你想如何逃离？我想逃，因为它让我不舒服，究其原因，春，一年之计在于春，春是开始，春是新生，而转头观我新生有何意义？人生的目的是什么？动力源于何处？寻找这些问题的过程，让我筋疲力尽！所以，我想逃。（马杰）

从中我们可以看出，关于"谁欲逃离春天"这样一个开放性的题目，既可以把重点放在"谁"想逃离的角度上，也可以把这句话看作一个反问句，即谁也无法逃离如此美好的春天。学生们创造性的想象和丰富的语言表现力远远超出了教师的想象。有的学生是从诗意的春天写起，"伴随着东风，只为赴一个有花的约会。""有星星的夜晚，你轻吐一口气，吹开春天。"有的学生则从现实写起："因雾霾侵袭，石家庄、邢台、保定、邯郸等城市空气污染指数位居全国榜首"。还有的学生有哲学思辨的味道："你想逃离？就要面对以下问题。请问你为何要逃？你想逃往何处？你想如何逃离？"因此，形象性思维的特点是对于"意象"的关注，通过为学生提供一个"意象性的境界"，就能够激发学生创造性言语产品的生成。

（三）在特定语境中激发创造性灵感

创造性思维具有独创性、灵活性、流畅性、精密性特点。教师对学生在语文教学中"灵光一闪"般的创造性言语实践，应该予以及时的反馈和鼓励。例如，在学习《奥斯维辛没有新闻》之后，郝云老师原先的教学目的是让学生通过学习了解新闻报导的一般特征和结构方式，并了解德国纳粹分子的残酷罪行，培养学生反对战争、热爱和平的思想感情。在课堂教学中，学生马原意外地举手站起来，并将他当堂所作的一首诗进行了朗诵：

奥斯维辛没有新闻，
那是强权和暴力对自由和生命的践踏。
那些无声无息的喘息，
如同鲜血般划破黎明的静寂！

奥斯维辛没有新闻，
那是我们无法面对的悲怆。
愿那些漂泊的灵魂，
在和平和希望中聊以慰藉！

马原的朗诵使在场的教师和学生都产生了深深的震撼，当堂响起了热烈的掌声。马原进行诗歌创作和朗诵的过程，不仅是对这篇课文思想价值和内涵的一种深化，而且通过他与全班同学的言语分享和思想碰撞，同学们达成了一种发自内心的交融和对话状态。这正是语言文学的"创造性"魅力——在创造性言语产品的生成和分享当中，达成教学主客一体的理想境界。

在教学当中，教师不但要善于发现和鼓励学生的创造性言语实践，同时应该为学生提供充分展示创造性才能的条件。例如，我们来看杨老师的课堂作品《我有一个梦想》。在引导学生学习了演讲词中"排比"的修辞手法之后，要求学生们"以'我有一个梦想'开头，创作一组排比句"。因为刚刚学习了课文，受到文章的感染，学生们非常热情地投入写作当中。但遗憾的是，教师只是蜻蜓点水般地让一位学生就自己的创作与全班同学进行分享，然后直接转入下一个环节的内容——教师出示了自己的一篇创作：《我有一个梦想》。

> 我有一个梦想
> 那一天，孩子们的书包不再沉重
> 那一天，没有刻意评比和竞争
> 那一天，乐教好学的鲜花到处开放
> 我有一个梦想
> 那一天，父母不再因为眼中的沙子而忧伤
> 那一天，父母抖落了满心的担忧焦虑
> 那一天，亲情的鸟儿展翅翱翔
> …… ……

我们认为，教师能够"下水作文"是十分难能可贵的，她亲自动手写作，为学生树立了很好的榜样。但是，让我们觉得遗憾的是，教师的"下水作文"未能与学生的"即兴创作"展开充分的对话和交流。学生在满怀兴趣的创作之后，却没有得到教师及时的点评和反

馈，在心理上是多少有些失望的。而教师在展示其创作的作品之后，也没有进一步与学生们就创作过程和感受进行交流。这些都是由课堂教学中"创造性"意识不足和对其的忽略所致的。课后，笔者就该问题与杨老师进行了交流。

笔者：您好！这堂课中您设计的让学生进行创作的环节似乎很受学生的欢迎。

杨老师：是吗？我的本意就是想让学生多写多练。

笔者：但是，学生们的作品好像没有在课堂上得到充分的展示啊，您只请一位学生读了自己的创作，然后就进入了后面的环节。我们多少觉得有点遗憾。

杨老师：是啊，应该让更多的学生进行展示的。但是时间太紧张了，后面我还设计了其他的环节，我担心进行不完啊。

笔者：呵呵，也是。但学生当堂生成言语产品正是本堂课的亮点，但这个亮点却一闪而过。

……

杨老师后面设计的环节还包括"教师英文演讲""思考讨论——马丁·路德金的梦想在今天是否已经实现"和"教师寄语"等。我们看到，这些设计的内容大多属于教师个人能力的展示或教师对教学活动的主导，杨老师也意识到自己为了完成原先的教学设计在"赶时间"，因此放弃了学生"创造性"言语产品的展示和分享过程。我们认为，语文对话教学追求的目标是培养学生的言语实践能力和创造性言语产品的生成，即便是教师的"下水作文"也是为了引起学生的学习兴趣。而当学生学习兴趣正浓时，教师却自说自话地进行才艺表演，这其实违背了对话教学的本真，值得我们深思。

（四）在多元化反馈中形成交流、碰撞

反馈多元化一方面是指从不同主体出发进行反馈，除了传统的教师反馈、学校反馈外，还包括学生的自我反馈、同伴反馈、家长反馈、专家反馈等形式，从而形成学校、教师、学生、同伴、家长等多个主体共同积极参与反馈的交互活动。另一方面是指反馈方式的多元化，可以从反馈时间、反馈目的、反馈性质等多个层面展开。

1. 反馈主体的多元化

（1）学生反馈既包括学生之间的相互反馈和评价，也包括学生的自我反馈。学生的相互反馈可以激发评价者和被评价者的学习兴趣。学生的自我反馈是学生对学习状况的自我认知和有效调控。奥根曾经通过心理学实验证明，抱着长期记住意图进行学习的一组，比抱着短期目的进行学习的一组在持有知识上有显著意义。[①] 通过学生的自我反馈，可以调动学生学习过程的能动性并及时矫正和自我督促。同样，教师反馈既包括教师之间对教学活动的相互反馈，也包括教师的自我反馈。我们应结合不同角度的声音对教学活动进行反馈与调控，实现反馈主体的多元化。

例如，从前面所列举的课本剧《孔雀东南飞》案例的反馈来看，就运用了学生反馈。本班学生专门设立了评委团，并由评委团事先拟订了"评分标准"，在课本剧表演之后，由各个评委根据"评分标准"打分，并评选出最佳主角与最佳配角。

表 5－1　　　　　　《孔雀东南飞》评分标准

最佳主角	总体流畅度（5分）	台词熟悉程度（3分）	表演精彩度（8分）	道具使用情况（4分）
最佳配角	总体流畅度（5分）	台词熟悉程度（5分）	表演精彩度（5分）	与主角配合程度（5分）

在演出结束时，评委团对评选出的"最佳演员"撰写了颁奖词。其中评委团为"最佳女主角"获得者所撰写的颁奖词为：

　　身着绣夹裙，足踏金丝履，衣衫微摆，举步流苏，腰肢芊

[①] 转引自［日］佐藤正夫《教学原理》，钟启泉译，教育科学出版社2001年版，第277页。

芊，眉若远山，目含清波，她是如此美丽之女子，更是如此贤淑温柔之女子，你的演绎更是完美地诠释了兰芝的痴情，请将掌声献给我们的最佳女主角——董××同学。

我们可以看出，这种来自学生的反馈，不但是对表演者的一种肯定，也是对"学生反馈者"的创造性才能的激发。

（2）听评课活动是学校里经常性开展的评价反馈活动，其反馈主体通常包括专家、校长、同事等。佐藤学主张要"打开教室的大门"，让每个教师都作为教育专家，共同构建一种互相促进学习的"合作性同事"（collegiality）关系。① 而这种关系建立的有效途径一方面在于文化环境的营造，使得教师愿意参与"打开大门"的教学研习活动；另一方面在于反馈方法的转变，即形成一种研讨的氛围而非彼此的批判。通过教学研讨、教师间的相互学习，共同成长，建立起真正的合作性同事关系。从听评课的角度，包括带有考核、评定性质的上级教育部门和学校领导的听评课，带有甄别、选拔性质的评委和专家的听评课，带有指导、推介性质的教研员听评课，带有研究、探讨性质的研究者听评课，以及带有学习、分享性质的同事听评课等。② 对于教师来讲，听评课活动既是对被评价师生的一种反馈，也是对评课者自身教学思想和方法的一种反思。从教师的角度，可以作为研究者听评课，也可以作为欣赏者、学习者听评课，还可以作为评析者、思考者听评课，而且这些层面可以兼而有之。以下为马艳霞老师的一篇评课稿：《评尹振瑜老师执教的〈十五从军征〉》。

其一，灵光闪烁之处：
1. 丰厚的文化底蕴支撑起了语文的诗性与灵性。有人说，诗

---

① ［日］佐藤学：《静悄悄的革命：创造活动、合作、反思的综合性学习课程》，李季湄译，长春出版社2003年版，第61页。
② 余文森等编著：《有效备课·上课·听课·评课》，福建教育出版社2008年版，第213页。

歌的最高境界是领悟诗歌的意境，而诗魂又能够引出人生的真谛。我曾一度致力于潜心研究诗歌教学的妙法，很多年来不能得其精要。可是听了尹老师的这堂课，我似乎倏忽间豁然开朗。唯有教师丰厚的文化底蕴作支撑，才能真正将诗歌教学课上得具有诗性、活性和灵性。尹老师的整堂课，从诗句积累到文学常识的渗透，从每个字的理解到每句诗的解读，从每个问题的提出到每个问题的解答，都显得那么自然、灵活而又充满了诗意。我非常欣赏，并且深深叹服。

2. 扎实的基本功构建了朴实、真实的语文课。尹老师具有扎实的语文功底，因此，她在教学过程中，对教学环节的设计，对教学内容的把握，对学生表现的评价，都非常自然，不着痕迹。例如，她教学"十五从军征，八十始得归"一句时，简单巧妙的几句朗读指导，就让学生读出了诗味；还比如，尹老师提醒不认真听课的学生，也是信手拈来地说道"小不忍则乱大谋，我先忍着"，既点到为止，又诙谐幽默。

3. 用传统的教学方法进行诗歌教学，却不落俗套。尹老师教学《十五从军征》这首诗歌，从诗题入手，链接了文学常识《乐府》及《汉乐府》，还拓展了"乐府双璧"《孔雀东南飞》和《木兰诗》，而后逐句理解，逐句解读。看起来，这是传统的古诗教学方法，细细揣摩，却能看到尹老师不俗的教学功底。理解都是由学生完成的，学生在尹老师的引领下，通过探究，自然而然地完成了对诗歌的字句和意义的理解。

4. 感情充沛，激情飞扬，全身心浸润在课堂之中，浸润在诗意的教学当中。都说教师职业容易消磨教师的激情，可是，不惑之年的尹老师在课堂上依然是那么激情四射。她激情地投入诗歌，投入诗歌教学，饱含激情地朗诵，饱含诗情地解读文本，让学生，让课堂，让我们所有听课的教师都浸润在了她诗意的教学当中。

其二，问题与建议：

"课堂是一门遗憾的艺术。"因为遗憾，所以才更加美丽。因此，对这堂课，我也想谈两点建议：

1. 诗歌教学，应当以读悟情，读中感悟。本节课，读得还是有点少。

2. 为使学生将这首诗理解得更好，建议尝试让学生用自己的语言，以老兵的口吻改写这首诗，或许既能加深学生对诗歌的理解，又能培养学生的写作能力。

从以上案例我们可以看出，教师之间相互评课本质上是一种教学研讨活动，通过相互观摩、学习，不但促进上课的教师更好地改进教学，而且是听评课教师反思和学习的过程。马老师的评课稿，既反映了她听课的收获，也渗透了她自己对语文教学的理解，如主张"教师扎实的基本功""逐字逐句理解古文""注意诵读"等，还提出了"改写诗歌"的建议，具有教学的智慧和创造性。因此这是一个共赢的过程。

（3）教师的自我反馈。苏霍姆林斯基所提倡的"教师写教育日记""教学反思"等都属于教师的自我反馈。苏霍姆林斯基建议每一位教师都要写教育日记，这不是什么官方文献，只是一个人在工作中的随笔记录。[①] 例如，苏霍姆林斯基在《我怎样写教育日记》一文中，列举了一个由教育日记引发的教学研究的例子。"大约二十七年前，我在七年级的文学阅读课上，听了两个学生的朗读。他们的朗读很单调，毫无表情……我在想：'为什么他们会这样朗读呢？'我把这个疑问写了几行在记事簿里，它一直使我不得安宁。我又去听了几次文学阅读课，于是我发现了一些奇怪的现象。原来，这两个学生不能用视觉和思维感知一个以上的词……"由一条课后反思，到几十年苏霍姆林斯基对于阅读教学技巧的钻研，体现出教师自我反馈对于提高教师教学水平的积极作用。同时，这也是教师对自我的一种肯定和反思，有助于教师专业水平的提高。

[①] ［苏］B. A. 苏霍姆林斯基：《给教师的建议》（修订版），杜殿坤编译，教育科学出版社 1984 年版，第 123 页。

2. 反馈方式的多样化

反馈方式的多样化是指应该因地制宜地采用适合的策略和方法进行反馈的原则。从反馈的功能来讲，语文教学的反馈是对教学目标达成情况的检查和诊断，同时也是促进教学目标达成的有效激励手段和调控手段。教学反馈既具有甄别和选拔的功能，还具有诊断、激励和发展的功能。对反馈的各种功能都不能忽视，对话教学的反馈尤其要充分发挥诊断、激励和发展的功能，不应片面地强调评价的甄别和选拔功能。因此，应注意前置性反馈、过程性反馈与终结性反馈相结合的原则。前置性反馈也叫诊断性反馈，是指在学习课文和开展语文实践活动之前，或者在一个学期一个阶段的学习开始的时候，对学生有关的知识基础、学习态度、学习能力进行评价，以便了解情况，发现问题，有针对性地制定教学方案，提前进行补偿教学的过程。[①] 通过前置性反馈的情况，将学生已有的知识结构与新知识、新课堂连接起来，这样，新的知识对学生来讲更具有意义，学生更会积极地对之进行思考和探究，并进而完善已有的知识。这正是学习当中的"同化""顺应"过程。过程性反馈，是指在语文课堂学习与实践活动过程中，对学生的思维表现、言语行为、学习兴趣、参与程度与合作精神等方面随时进行的反馈活动。[②] 过程性反馈能够对教学活动做及时有效的调控，可以有效地强化和巩固所学到的语文知识，例如前面列举的"通感"修辞手法的学习与反馈。同时，过程性反馈作为一种激励手段，可以更多地关注学生的情感态度和价值观的培养，具有情境性。终结性反馈，是指在一个学期或一个阶段的语文学习活动结束时，对学习目标的达成情况、对学习方法的运用水平、对学习态度的涵养程度以及对教学计划的实施效果进行评价活动。[③] 因此，为了更好地实现语文对话教学反馈的有效性和创造性，应当注重将前置性反馈、过程性反馈和终结性反馈结合起来。既关注反馈的选拔和甄别功

---

① 靳健：《后现代文化视界的语文课程与教学论》，甘肃教育出版社2006年版，第266页。
② 同上书，第267页。
③ 同上。

能，关注学生语文知识能力的掌握情况，同时关注学生的情感性目标和发展性目标，发挥反馈的激励性和调控性功能。同时，从反馈的形式来看，应将纸笔测试、观察活动、成长记录等反馈形式结合起来，根据不同的需求交互使用。从反馈的内容来看，应关注学生的综合语文素养，其中不仅包括学生的认知能力，而且包括学生的情感态度和技能发展等，因而应将认知性反馈、情感性反馈以及技能性反馈相结合。

此外，从具体的一堂语文课来看，教学反馈通常可以从以下五个方面入手：第一，教学设计，其中包括教学目标的确定、教学重点难点的把握、教学过程的合理、教学资源的运用等。第二，教学内容，包括对教学内容的科学性、系统性和合理性的把握；对教材等教学资源的创造性开发；能结合学生学习经验和社会实际等。第三，教学方法，包括根据内容选择合理的教学方法；富有启发性和有针对性地贯彻新课程的理念，合理运用参与式、合作学习、对话教学，等等；注重学生言语实践能力的培养和思维能力的开发。第四，教学效果，主要是指学生是否有创造性言语产品的生成，教学目标的实现程度，等等。第五，教师素养，主要指课堂语言准确、生动、流畅、精炼；板书设计合理，具有创造性；能结合教学内容和学生实际合理运用现代化的教学手段；教态自然，仪容整洁等。对一堂课的反馈通常称之为听评课，教师听评课是教师专业发展的重要途径。对一堂课的反馈方法还包括诊断性反馈、专题性反馈、个案观察式反馈，等等。例如，苏霍姆林斯基在《给教师的建议》中就非常细致地描述了一个"差生"的思维觉醒过程[1]，这就是运用个案观察的反馈方法。

---

[1] ［苏］B. A. 苏霍姆林斯基：《给教师的建议》（修订版），杜殿坤编译，第330页。

第六章　语文对话教学案例探析

第一节　识字、写字对话教学案例与评析

一　《小汉字、大乾坤》：体验汉字的温度

（一）教学案例：《小汉字、大乾坤》

授课教师：酒泉市东关二小马艳霞

授课年级：小学低年级

汉字作为世界上少有的表意文字，其一点一横，一撇一捺，一折一提，都体现了中华文明的厚重与精彩，它不仅是记录汉语的书写符号系统，而且承载着悠久的文化和历史。识字写字教学，应当结合汉字自身的特点和学生身心发展的特点展开，引领学生领会汉字的文化意蕴和审美价值。

低年级学生思维的最大特点就是形象思维，在孩子的眼中，汉字如同一个个能呼吸、会说话、会思维的朋友。因此，引导学生结合实际的生活、创设各种识字情境的方法，往往会给教学带来许多意外的收获，可谓小汉字、大乾坤。

1. 猜编字谜，趣味识字

在生字的识记中引入谜语，让学生通过猜字谜、编字谜来学习和记忆一些生字，会极大地激发学生的求知欲。在实践当中我们发现，学生对字谜非常感兴趣，因此，恰到好处地运用字谜帮助学生识字，也是行之有效的方法。例如：

三人同日去看花——春。

太阳照首都——晾。
牛走独木桥——生。
真丢人——直。
廿字头，口字中，北字两边分，四点下边蹲——燕。
一家十口住草房——苦。
大雨落在田上——雷。
一口咬掉牛尾巴——告。
1+1不等于2——王（田）。

又如，学生们根据高字的字谜"一点一横长，口字在中央，大口张开嘴，小口里边藏"，自行创编了五个相近的字谜。

一点一横长，口字在中央，儿子不听话，耳朵拉拉长——郭。

一点一横长，一撇到南阳，南阳有个人，只有一寸长——府。

一点一横长，一撇到南阳，南阳两棵树，栽在石头上——磨。

一点一横长，一撇到南阳，南阳两棵树，栽在大手上——摩。

一点一横长，一撇到南阳，南阳两棵树，全被鬼砍光——魔。

学生对字谜非常感兴趣，兴趣是学生识字的不竭动力。把猜字谜引进识字课堂，学生不仅生字学得津津有味，还加深了对生字的印象，锻炼了他们说话的能力，丰富、拓展了他们的想象力，激发了他们的创造力。

2. 分门别类，对比识字

当学生掌握了一定量的汉字之后，教师就可以帮助他们进行适当的归类，这样有助于提高识记效果，让学生能够举一反三，触类旁通，扩大识字的范围。例如，要认识"树、松、梨、枝、柳"等字，在教学过程当中，可以引导学生观察，从而发现这些字的共同点和不同点，使学生得出结论"这些字都带有'木'字旁，这些字的意思都跟树木有关系"，从而让学生初步了解形声字的含义。在此基础之上进行拓展学习，让学生想一想还认识哪些带有"木"的字，然后进行全班的交流。现行汉字绝大多数都是形声字，形声字中形旁表示意类，声旁表示读音。通过归类，让学生理解和掌握形声字的特点和规律，以便更好地学习和辨析形近字。

3. 巧手拣择，剪贴识字

为了让学生趣味识字，从一年级第一学期开始，就让每个学生都准备一个"识字剪贴本"。每到周末，就要求学生和父母一起，把家里的废旧报纸、书报杂志上的字剪贴在"识字剪贴本"上。每周一页，每页剪贴几十个字，然后和父母一起认会这些字，再给认得不清楚的字标注拼音。一学期下来，每个孩子就都有了一本自制的识字图书。有的孩子的"识字剪贴本"，图文并茂，从对全班学生的"识字剪贴本"的统计来看，每本识字剪贴本上至少有几百个汉字。这既锻炼了学生的动手能力，又使学生在轻松愉快的动手操作中丰富了识字量，并形成了自己的"识字作品集"。

4. 巧变魔术，游戏识字

游戏具有趣味性和竞争性，对小学生有较大的吸引力，而且能够吸引学生的注意力，活跃课堂气氛，对学生识记汉字具有很大的帮助作用，如汉字"变魔术"游戏。

汉字"变魔术"游戏，是指引导学生利用加减笔画，加减部首或变换部首等方法，让某一个汉字变成另一个汉字，如"人"变"大"，"大"变"天"，"天"变"夫"，"大"变"太"；又如学完"寸"之后，教师要引导学生观察"时、村、付、守"等字的字形和特点，一个"寸"字加上"日、木"等不同的部首，就会组成不同的汉字；学完"十"字后，加上部首可以变成"什、汁、叶"等。在这个过程当中，学生不仅初步领会了汉字的规律，而且感受到了汉字的神奇之美，进而培养学生学习汉字的兴趣和能力。

5. 巧妙联想，生活识字

汉字在学生的生活中是随处可见的。利用生活中的资源识字，是一种重要的识字方法。比如，大街上的广告牌、路旁商店的名称、商店里各种商品的名称、食品包装纸、饮料瓶、牙膏盒、说明书、废旧报纸、同学姓名等，都是学生识字的好材料。因此，鼓励学生在生活中看到感兴趣的字就读一读，遇到不认识的字就问一问、查一查，做个生活的有心人，对漂亮的广告牌上的艺术字猜一猜、画一画，让生活教会他们更多的汉字。事实证明，学生用这种方法开心地学会了好多较难的字。

6. 浸润书香，阅读识字

如上文所述，识字的重要途径是阅读。当儿童所识汉字积累到一定数量时，就会有阅读的愿望和冲动。这时教师就应该及时抓住机遇，机智、有效地激发学生阅读的兴趣和热情。一方面鼓励学生进行阅读，另一方面指导学生如何阅读。在教学实践中，教师应该及时了解适合学生阅读的书本，并向学生和家长推荐，鼓励学生多购买课外书，并相互借阅。学生阅读的书籍包括中外的童话、科普知识读物、名人小传等。为了行之有效地促进学生的课外阅读，教师应当及时掌握学生的阅读状况，并通过他们在学校的表现进行宏观调控。对于识字多、词汇量大、知识面宽的学生，教师应予以大力表扬、鼓励，从而在班级中创设浓浓的读书氛围，培养学生读书的兴趣。例如班级中曾经有一个学生酷爱看书，懂得许多知识，讲起故事来绘声绘色，一下课就和同学们神吹海侃。因此，教师就有意识地经常夸奖他，并送他"百科全书"的别号。其他学生也就很自然地以他为目标，暗暗较着劲，想追上甚至超过他，从而形成了班级中争读课外书的氛围。

同时，教师还应适时地引导学生学习使用工具书。让他们在阅读的过程中手边准备一本小字典，遇到"拦路虎"就自己消灭它，并把自己阅读时已经"消灭"了的字词做成小卡片，进行存档。为了使阅读活动长期有效地开展，教师在班上不定时地组织一些识字比赛。这样，班上大部分学生的阅读量大大增加了，而且学生在这个过程中自得其乐、乐此不疲。通过阅读与识字，学生们开阔了视野，在交流时所表现出的见识更是超出了教师原来的想象。通过这样大量地阅读课外书，一些不认识的或者记不准的字，在联系上下文和故事情节的阅读过程中得到反复识记并逐渐掌握。学生们认识的字越多，识字的兴趣也就越浓，在阅读中识字也变成了一种习惯。识字变得非常轻松而有意思，教学取得了事半功倍的效果。

除了上述方法以外，还有情境识字法，"加一加、减一减、换一换"识字法，看电视识字法，姓名识字法，图解识字法，儿歌识字法，故事识字法，比较识字法，迁移识字法，分解识字法等各类识字方法。

（二）评析：识字教学——重拾汉字的"温度"

作为一套表意的符号系统，汉字首先是一种交际工具，《义务教育语文课程标准（2011）》（以下简称"课标"）要求，学生须"认识3500个左右常用汉字"。但如果仅仅着眼于"工具性"的话，语文识字教学便成了对"工具"的占有，乃至演变成孩子们作业里不厌其烦的抄写。"课标"还指出，语文课程须"认识中华文化丰厚博大、汲取民族文化智慧""培育学生热爱祖国语言文字的情感"。因此，如何在识字中让孩子们感受文化意蕴，培育其对汉字的热爱，酒泉市东关二小马艳霞老师做了有益的尝试，可谓独具个性。她说："童心纯真的孩子们，有很多看似幼稚的想法，背后却闪耀着智慧的光华。在识字教学中，教师如果能以满腔的热情为学生铺路搭桥，帮助学生寻找隐含在汉字背后的文化和趣味，那么识字将不再是他们的负担，而会成为一种快乐。汉字，也将成为孩子们眼里最美丽、最有趣的文字，并且逐渐学习体会到汉字的文化内涵。"我们不得不承认，汉字是有温度的。兰州市孙海芳老师也进行了有益的探索。

1. 在历史文化的场域中理解汉字

汉字是中华民族深厚文化的积淀。结合历史文化来识字，是要唤醒学生们对于文字的"感觉"和"热爱"，这正是教育的根本价值之所在。

例如，一位学生为"温"字画了一幅画：在一个陶罐状的器皿里盛着半缸水，在太阳的照耀下，冉冉蒸发。这是陈浩然眼中直观的

"温"字,是非常具有个性特点的、仅仅属于他想象中的"温"字。我们看到,画面上既有暖暖的、当空照的"日",又有冉冉升空的"水"(水汽),还有作为容器的"皿",三者和谐地统一,形成了一个独具个性的"'温'字写意图"。

再例如讲到"福"字,一些学生容易将偏旁"衤"和"礻"混淆。如果从"福"字字形的源头讲起,便有了新的发现:"'福'是一个会意字。甲骨文的左上边是一个酒樽(酉),下边是一双手,右上方是'示'部,意思是端着酒樽祭献以求福。"因此,凡是跟"祭祀"有关的汉字都从"礻"。"福"的意思是"求福",也就应该从"礻"。至此,学生误写为"衤"字旁的情况就大为减少了。

引导学生结合汉字的历史文化情境来识字,往往会给教学带来许多意外的收获。因此,识字教学才能够由"梨"到"忽如一夜春风来,千树万树梨花开",由"钟"到"古寺枕空山,楼上昏钟静",由"祖"到"一脉相承"的祖辈们的精神浸润。对于教学来讲,展示在学生们面前的不仅仅是一个个独立的"符号",更是一种有情感、有故事、有传说、有温度的文化和历史,使得学生们在与这些"有温度"的历史和文化的交流对话当中,建构和生成对于汉字的理解。

2. 在"当下"的生活体验中走进汉字

"理解"的过程,是作为"此在"的人在传统、历史和世界的经验当中认识和感知的过程,进而形成对于世界、历史和人生意义的解释。[1] 语文识字教学应该结合学生们真实的生活经验开展,从而建构起对于汉字的独特理解。如果说关注汉字的"历史文化"内涵是教学的"纵向"延伸的话,那么关注生活的"当下"和"经验"是教学的"横向"拓展。

例如,讲到"梨",就不得不讲当地"软儿梨";讲到"窗",就联系匠人们手下独特的窗户造型;讲到"船",就延伸到兰州黄河滩上特有的"羊皮筏子"……学生们透过"羊皮筏子"这种古老而简

---

[1] 刘放桐等编:《新编现代西方哲学》,人民出版社2000年版,第498页。

朴的水上工具，能够感知到不只是作为历史物象的交通工具的意义，更有着对于先辈们坚韧不拔的精神的想象；在当今钢筋混凝土的整齐划一的城市格局中，引导学生们欣赏匠人们独具智慧的"窗"，已然成为一种地方文化的象征；从"软儿梨"的传说故事中，学生们可以更深地体会到地方特有的饮食风俗。如果从课程理论的角度来讲，这些知识或常识在教学当中形成了一种特有的地方性课程，让学生对自己的家乡有了更为直观和形象的认识和理解，从"梨"到"船"，这些汉字在学生经验世界的"当下"，渗透着浓厚的乡情和韵味。

关注"当下"，不但体现在对家乡物什的关注上，还体现在对于家乡语言的敏感上。例如，方言里频繁出现"立马悬蹄"这一成语，并由此猜想祖先们骑马放牧的生活。"立马悬蹄"与当今时代的生活早已隔绝，但方言里的词汇却世代流传了下来。这种猜测，既可以看作对语言的一种文学想象，也可以看作人类学田野考察的一种科学方法。又如，在教学中由"刀"字到"刃"，再到方言里特有的比喻说法"卷了刃"："一场大雨让夏日的酷暑卷了刃"——将方言表现魅力展露无遗。作为教者，首要是敏感，敏感于事，敏感于细节，只有这样，才能将理所当然的忽略变成触手可得的知识。[1]

3. 在创造性教学情境中体悟汉字

语文教学不是传授给学生固有的知识，而是让学生在知识情境当中建构和生成，这才是教学的价值追求。而"每周一字""识字剪贴本"等活动，正是为识字教学创设了一种语文知识情境。

例如"马"字，一位学生为这个字画了一匹美丽的骏马，在"字里行间"中写道："乱花渐欲迷人眼，浅草才能没马蹄""葡萄美酒夜光杯，欲饮琵琶马上催"。在"字字珠玑"中写道："马到成功、单枪匹马、人仰马翻、车水马龙……"又例如，学生为"年"字作了一幅画，画面是一扇门上贴着一幅红色的对联："人寿年丰福永存，风和日丽春常驻。"通过这幅作品，我们可以看到学生对于"年"的理解，具有浓厚的中国文化特色，即每到过年之时，家家户户"总把

---

[1] 孙海芳：《这些字，那些事（代自序）》，甘肃民族出版社2012年版，第62页。

新桃换旧符"。而且"对对子"本身也是传统语文教育的重要内容。在我国古代,入学后学生要练习"属对",也即"对对子"。如蔡元培在回忆其所受的旧教育时就谈道:"对句之法,不但名词、动词、静词要针锋相对,而且名词中动、植、矿与器物、宫室等,静词中颜色、性质与数目等,都要各从其类。"① 该学生的书写,也是对"对联"这种形式的一种初步认识。

在"每周一字""识字剪贴本"的语文知识情境中,充分激发了学生对于汉字的"想象力",既积累了语文知识,又发展了学生的思维能力、言语能力和审美能力。如伽达默尔所言,语言的根本特点在于能够表达出不在场的、隐蔽的东西。② 因此,语文学习更需要我们打破僵死的抽象概念,进入活生生的情境当中,在交流和对话中,不断构建"不在场"的意义和价值;通过师生的想象和对话,真正进入和参与到汉字丰厚的文化境界当中,从而实现教学的价值和目的。

好的教学能够充分激发学生们的创造力和想象力,正如《学记》所言:"善待问者如撞钟,叩之以小者则小鸣,叩之以大者则大鸣,待其从容,然后尽其声。"③ 正是在学习者与历史文化的对话中、与当下体悟的对话中形成教育春风化雨般的境界。"汉字是有温度的",强调的是汉字不仅具有交际的工具符号价值,而且具有丰富的文化传统与精神内涵。正是基于这种思想,我们希望的语文教学,不是征服,不是占有,而是感染,是熏陶;是春风化雨,是润物无声;是在汉字的文化精神浸润当中,重新拾回教育和汉字的"诗意的温润"。

二 识字、写字对话教学的原则与策略

从中国古代来看,识字教育是传统语文教育的一个重点。其突出的做法是在儿童入学前集中一段时间教其识字。清代的王筠谈道:

---

① 蔡元培:《我所受旧教育的回忆》,高平叔编:《蔡元培教育论集》,人民教育出版社1980年版,第228页。
② 张世英:《进入澄明之境——哲学的新方向》,商务印书馆1999年版,第17页。
③ (清)孙希旦撰,沈啸寰、王星贤点校:《礼记集解·学记第十八》,中华书局1989年版,第969页。

"蒙养之时，识字为先，不必遽读书。先取象形、指事之纯体教之。识'日''月'字，即以天上日、月告之……能识二千字，乃可读书。"① 其意是说，孩童入学前，先集中识字，不必着急读书。识字先从象形字、指事字等纯字开始，到学会两千字左右再开始读书。这是传统语文教育的经验总结。识字的主要教材是《三字经》《百家姓》《千字文》等。而且这些识字教材的编排是有一定规律和特色的。如《千字文》并不是一千个字的堆砌，而是组成了通顺、表达一定意义的句子，而且前后连贯，相当有条理。②

新中国成立后，中国逐渐形成了"集中识字法""分散识字法"以及"集中与分散相结合识字法"等方法。③ 有学者指出，"集中识字"的特点是以汉字学习为本位，"分散识字"是以发展语言为起点。④

识字、写字是阅读、写作的基础，是义务教育第一学段（1—2年级）的教学重点，是整个语文教学的重要内容，也是学习其他课程的基础。2011年《义务教育语文课程标准》在"总体目标与内容"中规定，学生要学会汉语拼音，能说普通话，认识3500个左右常用汉字，能正确工整地书写汉字，并有一定的速度。在"学段目标与内容"中除了要求学生书写硬笔楷体书法外，到第二学段（3—4年级）起，还要求学生学习毛笔楷体书法。由此可见，识字、写字教学是教师依据教学计划，借助相关知识（拼音字母、造字法、工具书）帮助学生有效地积累所必需的字词，培养学生热爱祖国文字的情感，激励学生从书写中发现美、欣赏美、创造美的过程。⑤

---

① （清）王筠：《教童子法》，转引自张志公《传统语文教育教材论——暨蒙学书目和书影》，上海教育出版社1992年版，第13页。
② 张志公：《传统语文教育教材论——暨蒙学书目和书影》，上海教育出版社1992年版，第18页。
③ 孙孔懿：《论教育家》，人民教育出版社2006年版，第248页。
④ 陈黎明、邵怀领：《中国当代识字教学法研究·引言》，中国社会出版社2011年版，第10页。
⑤ 靳健：《后现代文化视界的语文课程与教学论》，甘肃教育出版社2006年版，第159页。

一方面，识字、写字是学生进一步学习的重要工具。识字、写字既是语文教学的基础，也是学习其他课程的重要工具。其中识字、写字教学还包含了"汉语拼音"的教学。为了给汉字注音，人们采用过很多种记音的办法，主要包括三种方法。第一是"汉字记音"法，包括直音法和反切法。直音法如"苟，音狗"，反切法如"东，德红反"，"德"取其声母，"红"取其韵母。第二是"注音字母"，这是创制于五四时期为了推广"国语"的一套注音方案。第三是"拼音字母"注音法。例如包括了威妥玛式方案、国语罗马字拼音法式（简称"国罗"），北方话拉丁化新文字（简称"北拉"）以及国际音标和《汉语拼音方案》。[1] 其中《汉语拼音方案》是由中国文字改革委员会于1956年2月拟订草案，并于1958年2月第一届全国人民代表大会第五次会议批准作为正式方案通过的。相较于其他汉字的记音方法，汉语拼音方案更为完善、优越，因此被推广至今。

另一方面，汉字本身也是中国传统文化的承载者。作为传统文化智慧的结晶，汉字是汉族人的祖先在长期社会实践中逐渐创造出来的。西安半坡氏遗址出土的距今五六千年的彩陶上就出现了简单的符号，到三千多年的甲骨文已经是非常成熟的汉字了。从总体上说，世界上的文字可以分为表音文字和表意文字。汉字属于表意文字，在形体上独具特色。关于汉字形体的构造，传统上有六书之说。班固《汉书·艺文志》说："古者八岁入小学。故周官保氏掌养国子，教之六书，谓象形、象事、象意、象声、转注、假借。"其大意是说，在汉代以前，学生八岁进入小学，周官便教学生们识字。许慎在《说文解字·叙》中提出，六书为"指事、象形、形声、会意、假借、转注"。许慎六书的名称被沿用至今。《汉书·艺文志》讲到，六书当中只有象形、指事、会意、形声是造字之法，转注和假借是用字之法。在象形、指事、会意和形声四种类型的汉字当中，又可分为没有表音成分的纯粹表意字（包括象形、指事、会意），以及有表音成分的形声字。[2] 在低年级

---

[1] 黄伯荣、廖序东主编：《现代汉语》，高等教育出版社1997年版，第29页。
[2] 王力：《古代汉语》，中华书局1999年版，第162页。

的识字、写字教学当中，教师未必会向学生说明"六书"的问题，但应该将六书的基本造字精神贯彻进来。

基于以上分析，对话教学的识字、写字应注意以下原则。

（一）注重教学过程的形象化、趣味化原则

汉语拼音是一年级学生学习的重点，是学生识字、写字的重要科学工具。但作为一套表音的符号系统对一年级学生来讲是非常抽象的，因此，教学要尽可能地具有趣味性，宜多采用活动和游戏的形式。例如，声母"j、q、x"与韵母"ü"相拼时，《汉语拼音方案》规定：写成 ju（居），qu（区），xu（虚），ü 上两点也省略；但跟声母"n、l"相拼时，仍然写成 nü（女），lü（吕）。在教学当中，教师往往采用拟人的手法将这一拼写规则交给学生："j、q、x，真淘气，见了鱼眼就挖去。"又如音节标声调的方法，《汉语拼音方案》规定：声调符号标在音节的主要母音上。那么，小学生理解"主要母音"的概念是困难的，因此，教师用口诀来方便学生的记忆："有 a 不放过，没 a 找 o、e，i、u 并列标在后。"

在识字、写字教学方面，《义务教育课程标准》在"实施建议"中指出，识字教学要注意儿童心理特点，将学生熟识的语言因素作为主要材料，结合学生的生活经验，引导他们利用各种机会主动识字，力求识用结合。因为识字、写字教学是小学低年级学习的重点，因此，结合低年级小学生的身心特点展开教学显得尤为重要。这就需要教师多联系小学生的生活经验，创设生动的学习情境，寓教于乐。这是在识字、写字中对话教学的关键。

（二）注意将识字与阅读教学相结合的原则

对于低年级学生，"会认"和"会写"字量的要求是有所不同的，总体要求是"多认少写"。因此，将识字与阅读教学相结合的方法，既能够提高学生学习的兴趣，又能够学以致用。黎锦熙早在 20 世纪 60 年代就提出了"先读书，后识字"的观点。[①] 所谓"先读书，

[①] 黎锦熙：《拼音字母和"文化革命"》，黎泽渝、马啸风、李乐毅编：《黎锦熙语文教育论著选》，人民教育出版社 1996 年版，第 290 页。

后识字",是指先读"注音读物"头一行的拼音,而后逐渐对着拼音认识下一行的汉字,不必等到两三千个汉字都认识了才读书。这就是说,在教学的过程中,并不需要把识字和阅读分为先后两个阶段来进行,而是在学习完汉语拼音之后就可以引入注音读物,让学生反复熟悉汉字的面孔,从而打好识字教学的基础。

(三)将书法教育贯穿于语文教学活动的始终

在基础教育阶段,让学生学习写美观规范的汉字,并具有一定的艺术性,是识字、写字教学的重要内容。这一方面体现了母语教学对学生规范的书写能力的培养,也是对中国传统文化精神的弘扬。书法教学主要分为硬笔书法和毛笔书法两种。书法教学要求学生有正确的写字姿势,养成良好的书写习惯,并且在义务教育阶段的前三个学段,要求每天在语文课上安排10分钟的书法随堂练习。在书法教学当中,应渗透书法的审美教育,中国书法本身的艺术价值在于审美和写意,让学生在书写的过程当中,体悟中国书法的意境之美;也可将思想教育寓于书法教学当中,从风骨的角度体会汉字的精气神,从学写汉字到堂堂正正做人。这是学生通过书写汉字所形成的与自我的对话。

第二节 阅读对话教学案例与评析

一 《荷塘月色》:在文本细读和比较阅读中彰显对话

(一)教学案例《荷塘月色》

授课教师:西北师范大学附中李静

授课年级:高一

课时:2

第一课时:《荷塘月色》讲析

1. 导入。

(了解作者,学习生字词)

2. 研读文本,探究"月色"。

师:本课题为《荷塘月色》,哪些段落集中写了"荷塘月色"？

生：第四、五、六段。

师：大家思考一下，第四段与"月色"有没有关系？

（学生众口回答，有人认为写到月色，有人反对。教师请全班学生首先集体背诵第四段，然后开展小组讨论）

生：我认为，第四段没有写"月色"，因为没有找到与"月色"相关的句子。

师：对，这也是很多同学的想法吗？但也有人认为，第四段写得非常美，写的是"月色下的荷塘"，有没有同学支持这种观点？

生：文中写了"一粒粒的明珠"，这应该是月光照耀下的反光。

生：第二段最后一句"今晚却很好，虽然月光也是淡淡的"，因此，第四段的描写是在月光映衬下的荷塘，所以我觉得写月光了。

生：如果没有月光，这些美景是看不到的；而且这一段有一种很宁静、很美好、很平和的氛围，虽然没有直接写到月光，但上下文中洋溢着一种月光的柔美在里面。

生：第四段的最后一句"叶子底下是一些流水，遮住了不能见一些颜色，流水却更见风致了"，这里面说的流水和叶子的颜色有一种对比，可见是有月光的。

生：我们所说的是"荷塘月色"，而不是"荷塘月亮"，所以它不一定要指"月亮"这种物体，而是一种景色。第四段中描写荷塘的一些形容词，都是很朦胧渺茫的，这种美好只有在月光下才能体现出来。

师：举手的同学越来越多，是不是意味着大家都同意这一段是在写"月色"，还有没有同学持不同意见？

生：我觉得这一段如果单独拿出来，我们不能看出是月色下的荷塘。

师：刘同学的提法特别好，如果单独把这一段拿出来，是不

是能够看出这一段是在写月色呢？（学生们回答结论不一）

师：不管你是坚持哪一种观点，都要找出理由。不唯书，不唯上。好的，请同学们根据自己的理解在书上记下自己的观点。

3. 分组探究、品味意境。

师：接下来，我们看看《荷塘月色》总体呈现出一种什么样的特点呢？

生（众）：宁静的……柔美的……朦胧的……美好的……

师：好，《荷塘月色》总体给我们呈现的是一种宁静的、柔美的、朦胧的感觉，那么，为什么会给我们呈现出如此一致的感觉呢？请第一、二、三组的同学分别讨论课文第四、五、六段是如何呈现的？

（小组内讨论，之后三个小组依次发言）

4. 大胆假设、分析文意。

师：第四、五、六段集中写荷塘月色，大家想一想，写感想的第三段和第七、八、九段和第十段前半部分的内容可否删去？这值得我们来研究。先说说第三段吧，请说明原因和理由。

生：这一段主要写的是作者内心的感受，类似于内心独白，语言非常的朴实，字里行间表现了作者心境的淡泊，以及随性与脱俗的精神境界，这样就可以达到一种情景交融的效果。

生：如果没有情感，那么是一种空的景，而他所写的景，都是自己情感的一种表现。第三段刚好写的是一种心情，其中写道："我也像超出了平常的自己，到了另一个世界里。"这一句很重要，正是因为有了这种超然的心态，所以才能在后面欣赏到这样美丽的荷塘月色，将自己的情感融入景物当中。

师：非常好，这一段在表达感情方面非常重要，同时还有一个作用，即承上启下的作用。

师：把第七、八、九段和第十段前半部分删去可以吗？大家思考一下。

生：不能删去，这几段是由荷塘月色出发的一种感想，如第八段"可惜我们现在早已无福消受了"，结合当时的时代背景，人们已经不能悠闲地享受采莲的乐趣,可见作者对现实的一种叹惋。

生:前面四、五、六段都是静态写荷的,《采莲赋》和《西洲曲》主要写人在荷塘中的活动,是动态的,动静相互映衬,使内容更丰富。

生:第六段最后一句,"但热闹是它们的,我什么都没有",作者这里突兀地加了这样一句,一定是要表达什么,而后面的《采莲赋》《西洲曲》的内容正是对这句话的回应,更衬托出作者的寂寞。

师:本课文的内容、结构的安排、情感的表达等方面都对我们的写作有所启示。

5. 作业

反复阅读洛夫的《一朵午荷》。

第二课时:《荷塘月色》《一朵午荷》比较阅读

1. 以"荷"为比较点

师:请快速阅读课文《一朵午荷》,找出写荷的内容。

生:(略)

师:很多同学反映,看不太懂《一朵午荷》,我们先不看它写了什么,先来看看它们共同写"荷"的内容。《一朵午荷》写"荷",但题目却是"一朵午荷",那么"午"有怎样的含义?请第一组同学着重研究这个问题;第二小组同学注意,两篇文章都写了荷,但呈现出的是不同的美,找一找有什么不同的美?第三组同学,这两篇文章写荷的方法有什么不同。请大组内再以3—4人为一个小组进行讨论。

(学生小组讨论)

师:先来看一下"午"的含义。

(第一组同学发言,略)

师:接下来我们看一下这两篇文章所写的荷花的美,有什么不同?

（第二组同学发言，略）

师：这两篇文章在写法上有什么不同呢？

（第三组同学发言，略）

2. 探究主旨异同

师：大家想想这两篇文章的主旨有何不同？先谈谈《荷塘月色》。

生：《荷塘月色》表达了作者对"夜色下的荷塘"的喜爱之情，也表达了对宁静生活的向往。

生：《荷塘月色》写"心里颇不宁静"，作者希望在宁静的荷塘中寻找一种慰藉。

师：（出示PPT）以下是前人对《荷塘月色》主旨的几种不同理解（略）。下面我们来看一下《一朵午荷》的主旨。

生：表达了作者对生命的某种状态的观点，如果生命已经走到孤寂的状态，那就坦然地面对一切，听从命运的安排。

生：我觉得作者写了荷的精神，表达他个人内心的一种追求，如风雨中的荷一样，应该用一种傲然伟岸的姿态去面对人生的风雨；外表是凌厉而又决绝的姿态，但内心却是坦然、宁静的。

生：谈到了荷与爱的关系，也表达了作者对爱情的看法，如同欣赏荷花一样，要有一种包容的心态。

师：《一朵午荷》的主旨是，"兴衰无非就是生命里的一部分"，我们要以豁达从容的姿态去面对。或认为生命如荷花，爱生命中的"兴"，也爱生命中的"衰"，爱就要爱它的全部。关于这篇文章的主旨，同学们能不能想起表达类似主旨的其他作品呢？

（讨论，学生发言，略）

师：我也想了几篇。例如苏轼的《赤壁赋》，"逝者如斯，而未尝往也；盈虚者如彼，而卒莫消长也"表达了对于人生的慨叹。又如《我与地坛》《情人》《致橡树》（略）。

3. 布置作业（略）

（二）评析：在"文本细读"和"比较阅读"中实现对话教学

文本细读理论主要源自于"英美新批评"的语义学批判理论。以瑞恰兹、燕卜荪、韦勒克等为代表的"英美新批评"派，也被称为"语义学"文学批判。其文学批判的显著特点是关注文本本身。在新批评崛起之前，实证主义文学批判只注重作家个人的生平和心理、社会历史与政治等方面因素对文学的影响，而浪漫主义文学批判则只关注作者的情感表现，二者都忽略了对文本本身的研究。新批评派的崛起正是对文本的回归。从中国语文教学的实际来看，新中国成立后受到苏联阅读教学模式的影响，阅读教学往往因循"时代背景、作家介绍、段落大意、中心思想、写作特点"等框架，将文学的"外部特征"作为文本的内涵来加以理解。雷奈·韦勒克提出了文学的"外部研究"和"内部研究"的理论。他指出，以往的研究方法往往是从作家的创作心理、个性、创作过程、所处的社会环境等因素着手，这些因素是与文学相关的"外部因素"，而文学的"内部因素"是指对文学作品本身结构的研究。"外部研究是一种因果式的研究，它只从文学作品产生的原因去评价和诠释作品。但研究起因显然绝不可能解决对文学艺术作品这一对象的描述、分析和评论。"① 在此基础上韦勒克提出了"文学性"问题，认为"文学性"是文学和艺术的本质。例如《荷塘月色》的阅读教学案例，我们发现，课堂当中师生阐释、理解作者"这几天心里颇不宁静"的原因时，有不少学生就联系到"大革命失败"的历史事实。但依照新批评的观点，"大革命失败"固然可能成为朱自清创作《荷塘月色》的原因，但外在的起因未必能引起创作的结果，二者之间的联系是牵强而不可信的，这是一种"起因谬说"。

朱自清的《荷塘月色》可谓现代散文作品中的名篇，它唯美灵动的语言以及主人公"颇不宁静"的内心情感的书写，已成为写景抒情散文的一种典范。如何上好这篇经典的散文作品，对所有教师来讲

---

① 朱立元主编：《当代西方文艺理论》，华东师范大学出版社1997年版，第121页。

都是一种考验。因为越是经典的文章,其审美及鉴赏一方面呈现出众说纷纭、不一而足的热闹,另一方面则容易贴上概念化、程式化的标签。如孙绍振所批评的"一讲到《荷塘月色》,就只有一种思路,那就是社会学的政治功利价值"①;朱纯深认为,几十年来,除了一度流行的附会社会形势的批评观点外,人们通常把《荷塘月色》作为"一幅清新淡雅的水墨画"来欣赏,追求的是"梦幻般的意境,田园诗般的痴情"。② 课堂本身是生成的,是围绕文本展开对话的过程,因此,如何让学生通过阅读来理解和体悟这篇文章,才是教师需着力把握的语文课堂的要义。西北师范大学附中李静老师的这篇《荷塘月色》,可谓是一部扎实而灵动的语文课堂作品。

以下我们就以课堂作品《荷塘月色》为例,来具体分析如何运用"文本细读"法和"比较阅读"法进行对话教学。

1. 立足于培养学生言语实践能力的文本细读

20世纪西方现代文论中的"语义学和新批评派"提出了"文本细读"的主张,即以文学语言研究为基础,用语义学分析的方法对作品加以细读分析③,而不是通过文学作品的外部如社会环境、历史背景、作者生平来解读作品。"新批评"的观点是20世纪西方文学理论"语言学转向"后的产物,在所指(signifier)和能指(signified)之间更为关注后者,是一种独特的形式主义批评模式。其代表人物艾略特强调批评应该从作家转向作品;瑞恰兹则为"新批评"提供了方法论基础,他通过引进语义学使人们把注意力移向语言。"新批评"的方法尽管也有不足之处——完全将文本看作一个封闭的系统而忽略与外部的联系——但其对于文本符号系统的关注和分析,是对长期以来形成的习惯于"社会反映论"的文学解读模式的冲击和反拨,对

---

① 孙绍振:《超出平常的自己和伦理的自由——〈荷塘月色〉解读》,《名作欣赏》2003年第8期。
② 朱纯深:《从文体学和话语分析看〈荷塘月色〉的美学意义》,《名作欣赏》1994年第7期。
③ 朱立元、李钧主编:《二十世纪西方文论选》,高等教育出版社2002年版,第225页。

语文教学也具有可资借鉴之处。面对这样一篇现代经典的散文诗篇，教学所做的第一步，不是了解前人的评价和观点或写作的社会历史背景等，而是要走进文本。立足文本，涵泳体察，是语文教学最为核心的方法论和指导思想。

对于语文课程而言，言语实践性是不同于其他课程的显著特点。无论是工具性还是人文性，其落脚点都在于言语实践。只有通过对学生言语能力的培养，才能实现母语课程对学习者人文精神的熏陶和培养。不但西方现代文论倡导对文本的"细读"，中国古代孟子的"知言养气"论也强调了学习主体对"言语"的体察和涵泳。如果脱离了语文的"言语"性，就可能将语文课上成无所不包的"大杂烩"，如思想教育课、道德说教课等。

本课堂作品由"写什么"入手，在引导学生充分阅读第四、五、六段之后，进入了"怎么写"的讨论阶段。美的文学语言是有规律可循的，这就需要学生思考具体的"描写手法"。通过文本细读，学生们大多认可文本的景物描写具有"宁静、柔美、朦胧"的特点，那么"如何表现"是对文本言语特征的进一步分析。教师要求大家"有观点，有论据"地解答问题。学生们从文本分析出发，归纳出如"以动衬静""多角度描写""拟人"等手法，而且学生在表达观点时又回到文本，用原文中的语言来说明问题。这篇文章是一篇写景抒情散文，其价值不仅在于"景"即"写什么"和"怎么写"，更在于"情"即"为何写"。教师引导学生阅读全篇，使学生探究作者主体精神之"情"，体味"为何写"。

从"写什么"到"如何写"，再到"为何写"，都是立足于"文本细读"来促进学生言语能力发展的过程，是学生通过文本来体悟"然""所以然"以至"之所以然"的过程，这个过程当中，在充分尊重文本的基础上，理解文本、分析文本，训练学生的言语能力、思维能力和审美能力，正是将语文教学落到实处的良方。这种通过文本细读来促进学生的言语能力发展的方法，也是学生与文本之间深入对话的过程。

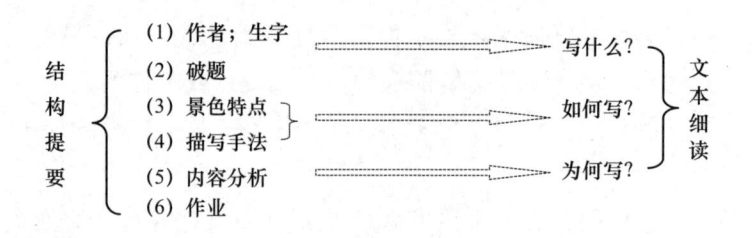

```
        ⎧ (1) 作者；生字  ═══════⟩  写什么？  ⎫
结      ⎪ (2) 破题        ═══════⟩            ⎪ 文
构 提   ⎨ (3) 景色特点    ═══════⟩  如何写？  ⎬ 本 细
要      ⎪ (4) 描写手法                        ⎪ 读
        ⎪ (5) 内容分析    ═══════⟩  为何写？  ⎪
        ⎩ (6) 作业                            ⎭
```

2. 通过知识问题情境来激发学生言语产品的生成

本课堂作品的总体思路是立足于文本细读、体味、发掘、分析文本。教师应该如何引导学生深入探究文本，引起学生探究的热情和兴趣，这是教学的关键。我们发现，在课堂上教师通过知识问题情境的设置，达成了教师与学生、学生之间、学生与文本的有效对话，在此过程中，激发了学生的创造力，进而生成了言语产品。以本课堂作品中两处精彩的问题情境设置为例，来观察教学活动推向深入的过程。

首先来看破题之后问题情境的设置。

师：第四段"曲曲折折的荷塘上面"说明该段是写"荷塘"。可大家思考一下，第四段有没有写到"月色"呢？（学生众口回答，有人认为写到月色，有人反对。）

师：对于这个问题，很多同学有着不同的看法。这段到底和"月色"有没有关系？我们先来背诵一下第四段然后进行讨论。（全班背诵第四段，小组讨论）

第四段有没有写"月光"？这本身是一个具有争议的话题。当教师抛出这个问题时，学生明显呈现出两种观点。教师对此不置可否，当全班背诵完第四段后，教师又重申了这个问题，学生们还是各持己见。这时，教师请学生们"思考并讨论"该问题，氛围营造就已经恰到好处了。学生的讨论和思考始终是围绕文本展开的，而不是空穴来风地自由发挥；在小组讨论中，不同观点之间相互碰撞，也是学习者彼此交流的过程。在讨论发言中，我们不难看到学生们精彩的、创造性言语产品的生成。例如有学生说道：

  生：文中写了"一粒粒的明珠"，这应该是月光照耀下的荷塘。
  生：第四段的最后一句"叶子底下是一些流水，遮住了不能见一些颜色，流水却更见风致了"，这里说的流水和叶子的颜色有一种对比，可见是有月光的。
  生：我们所说的是"荷塘月色"，而不是"荷塘月亮"，所以它不一定要指"月亮"这种物体，而是一种景色。
  ……

  这个问题情境的设置，一开始就把学生们带入了"荷塘月色"的意境中，并进一步激发起学生对文本分析的热情，教师最后肯定了学生们各自的观点，并点出"不唯书、不唯上"的阅读方案。这也是对学生阅读方法的指导，从文本出发，研读文本，生发出自己的观点，而不是束缚于既成的观点和成见。
  其次来看关于文本结构讨论的知识问题情境设置。
  本课堂作品并没有按照段落顺序设计教学顺序，而是先切入写景最为精彩的第四、五、六自然段并进行了深入的文本研读。那么其他段落对于全篇有没有价值呢？在梳理完大意之后，教师抛出问题：写所思所感的第三段以及第七、八、九、十段能不能删去？为什么？通过思考和讨论之后，有学生回答：

  生：第三段主要写的是作者内心的感受，类似于内心独白，语言非常朴实，字里行间表现了作者心境的淡泊，以及随性与脱俗的精神境界，这样就可以获得一种情景交融的效果。
  生：如果没有情感，那么是一种空的景，而他所写的景，都是自己情感的一种表现。第三段刚好写的是一种心情，其中写道："我也像超出了平常的自己，到了另一个世界里"，这一句很重要，正是因为有了这种超然的心态，才能在后面欣赏到这样美丽的荷塘月色,将自己的情感融入景物当中。

生:第六段最后一句,"但热闹是它们的,我什么都没有",作者在这里突兀地加了这样一句,一定是要表达什么,而后面的《采莲赋》《西洲曲》的内容也正是对这句话的回应,更衬托出作者的寂寞。

这个问题实质上是关于"为何写"的问题。散文的特点往往在于"状物抒情","状物"是表征,"抒情"是内核。因此,通过外在的表征来探析作者的情感是散文阅读的核心。教师巧妙地将这个问题转化为一个知识问题情境,让学生思考"写所思所想的段落能不能删去?"学生则必然会回到文本,通过文本研读去体悟、思考作者的情感态度。带着问题进行阅读,可以激发学生解决问题的兴趣和热情。之所以称之为"知识问题情境",而不是"问题情境",是因为这些问题的设置都是立足于"语文知识"的,不是脱离语文内涵的问题情境。有了语文知识作为支撑,才使得学生的言语实践活动有了抓手,其语文素养的提升才不会流于表面。

3. 在比较阅读中提升语文课堂的文化境界

通过比较阅读的方法进行对话教学,是立足于"文本间性"提出的阅读策略。在对话哲学的理论背景之下,20世纪涌现出许多新的文学批评理论,这些理论对中小学阅读教学具有一定的启示意义和价值。例如,"耶鲁学派"文学批评家之一的哈罗德·布鲁姆提出了著名的"误读"理论。他认为,文学作品的意义不存在于原生与派生的区别中,而存在于文本与其他文本之间比较、影响、转换关系,也即"文本间性"之中。"为了解释一首诗,你必须解释它与别的诗的差异。这种差异正是该诗生气勃勃地创造意义的地方。"[1] 同时,文本的意义也依阅读行为而发生,阅读行为使得文本内在的差异关系活动起来,使意义在关系当中发生。当阅读行为发生之时,读者理解的内涵一方面具有文本的原意,另一方面则发生了一定的合理的偏转。

---

[1] 朱立元、李钧主编:《二十世纪西方文论选》,高等教育出版社2002年版,第253页。

因此，阅读总是一种误读，总是在比较之中相互影响和转换，从而产生新的意义，生成作品的文化境界。

之所以强调阅读中的文化境界，是因为如果阅读仅仅停留在"言语分析"的层面，那么就如同剥洋葱，一层层剥开之后，最后发现什么都没有留下。这也是西方形式主义批评的弊端之一，即完全割裂了文学作品与外部的联系。教育是教人变得更为敏感的艺术，其出发点和归宿都在于"人的发展"。因此，作为高中语文课堂，在历练学生言语实践能力即听、读、说、写能力的同时，还需强调母语教育所承载的文化精神内涵与意蕴。这正是孟子"知言养气"之"养气"，也是韩愈"气盛言宜"之"气盛"。

教师引领学生进行文本研读之后，如何进一步理解文字背后的意蕴和精神，是对语文课堂文化境界的提升。对此，本课堂作品采用了比较阅读的方法进行教学。选取了人教社配套阅读教材的文章《一朵午荷》与《荷塘月色》进行比较阅读。分别从"内容比较"和"写法比较"以及"主旨比较"三个角度进行研读。

表 6-1　　　　　　《荷塘月色》与《一朵午荷》比较

	《荷塘月色》	《一朵午荷》
内容比较	主要是静态下的荷，突出了荷的柔美、淡雅的形象之美	不但写出动态的荷的形象美，而且写出荷的精神之美。主要体现出雨中伟岸挺拔的峻拔之美，将谢未谢且安静温柔的孤寂之美
写法比较	侧重于工笔写实，多用描写的手法	粗笔写意，兼有描写、叙述、抒情、议论等手法
主旨比较	对"夜色下的荷塘"的喜爱之情，对宁静生活的向往	表达了作者对生命的一种态度，坦然地面对生命的盛与衰……

在内容比较当中，略感遗憾的是教师引导大家解题时，只关注了"午"，而未关注"一朵"，正是在深秋枯败的景象当中，找到"一朵将谢而未谢，却已冷寂无声的红莲"，让作者"惊喜得手足无措起来"，进而带给作者无限的生命感悟。

从内容、写法再到主旨进行比较的方法，可谓将两篇散文作品的内涵淋漓尽致地展现在人们的面前。"荷花"在中国传统文化当中本身就具有很深的意味，那么，本课堂作品则从《荷塘月色》的朦胧、纯美的意境延伸开去，到懂得欣赏《一朵午荷》中那朵"将谢而未谢，却已冷寂无声的红莲"，再到面对生命的孤寂和凄冷淡然不惊的人生体悟。步步深入，将文学的课堂引向了生命体悟的课堂。继而教师又进一步延伸，让学生们列举与之相近的文学作品，并通过与学习过的历代名篇的比较，如引用苏轼的《赤壁赋》，史铁生的《我与地坛》，杜拉斯的《情人》的片段，将课堂的文化意蕴推向高潮。

　　语文课堂须具有一定的文化内涵和底蕴，这是由母语课程的特性所决定的。高中语文课本所选的课文大多是文学史上的经典篇目，阅读并理解这些经典，不仅需要对相应的语文知识有科学的学习和掌握，而且需要在阅读中涵养学生的素养，丰富学生的精神境界，这对教师提出了更高的要求，从而真正发挥母语课程对精神文化传统继承和弘扬的价值。

二　《涉江采芙蓉》：在艺术探究中激发审美体验

（一）教学案例：《涉江采芙蓉》

授课教师：临夏回民中学汪燕

授课年级：高一

课堂实录整理：陈昕

课时：1

　　1. 导入

　　师：大家都知道古往今来以爱情为主题的作品数不胜数，而且爱情的悲剧尤其动人心魄。印度诗人泰戈尔写过一首诗，《世界上更遥远的距离》。今天我们要学习的这首古诗，讲的就是两个明明相爱的人，却不能在一起，这是一种多么怅惘伤心的境地啊！这首诗就是《涉江采芙蓉》。

　　它出自《古诗十九首》。《古诗十九首》产生于东汉末年，它并不是一人一时所作，而是许多人的创作，南朝梁萧统整理了这些诗歌，结集而成。诗歌没有专门的名字，于是把每首诗的第一句作为整首诗的名字，这就是诗名《涉江采芙蓉》的来历。

师：下面说一下东汉末年，当时社会尔虞我诈，动荡不安，一些下层的士子，为了寻求功名，要么上京师寻太学，要么拜谒权贵。可谓外有游子、内有思妇。而游子最容易思乡。乡愁是当时弥漫在《古诗十九首》当中的一个非常明显的主题。它的感情基调是比较伤感的，而语言则非常质朴。刘勰在《文心雕龙》中评价了这首诗，称它为"五言之冠冕"，这是什么意思？

生：五言当中最好的。

师：好，我们来看看这首诗。（师生一起朗读课文）

2. 初读正音

师：好，我们首先就三个字来正音："遗"（wèi）、"谁"（shuí）、"还"（huán）。大家再齐读课文。（全班齐读）

3. 读出情感、节奏

师：读得好不好？

生：不好……没有感情……

师：那就带着你对全诗的理解再读一遍。（全班齐读课文）

师：有进步，我给大家范读一下。

（教师配乐范读）（学生鼓掌）

师：你们认为这首诗的节拍是怎样的，给它断一下？（师生断节奏）

生：二三……

师：那这四句当中情感有没有发生变化？它的转折在哪里？

生：从高兴到忧伤。转折点是"采之欲遗谁""还顾望故乡"。

师：既然这是表达情感的，那语速应该怎么样啊？

生：慢一点。

师：我给大家配音乐，大家跟上诗歌的情感和节拍。

（全班配乐朗读）

师：很好啊！"忧伤"读得很好，"欢快"没有（学生笑）。前两联是乐景，应该是非常欢快的。最后，哪位同学毛遂自荐来读一下这首诗？要把握情感和节奏，我给你配乐。

（一生朗读）（学生鼓掌）

4. 理清脉络，研读诗句

师：非常好！陶行知说过国文学科是读的学科，里面有很多学问。其实读好一首诗，能够很好地理解其中的感情。大家读得这么好，那初步感受一下，诗歌中表情达意的方法是什么？

生：借景抒情。

师：好的，请各小组讨论全诗大意：直译、意译都可以，语言优美更好。

……（学生讨论）

师：哪个组觉得译得比较美？

生：撑船渡江去采芙蓉，生有兰草的沼泽地里长满了芳香的草，我所采的芙蓉是想送给谁呢？我所思念的人在远方，回过头望着故乡，那长路漫漫无边无际，两人感情深厚却远在他乡，将以忧伤的方式孤独终老。

师："以忧伤的方式"，能不能再改一下？

生：将在忧伤中度过。

师：非常好，有没有什么不同意见？

生：渡江涉水去采芙蓉，在沼泽地里长满了许多芳草，我把芙蓉采来是想送给谁呢？我所思念的那个人在远方，回头望着回家的地方，回家的路无边无际，两个感情深厚的人却分居两地，我将以忧伤终老，直到死去。

师：非常好。（学生鼓掌）有一个细节，第二句中"兰泽多芳草"，翻译成"到沼泽地里去采芳草"，显得不美。兰泽，长满兰花的沼泽地，加上一个定语，我觉得画面更美，对吧？还有一个个人之见，两人相爱却两地分居，这个现代词语有点歧义，我觉得改为心心相印，却不能在一起，这样就更美了。翻译诗歌讲究的是信、达、雅，往美的方向走，明白吧？下面大家思考一下。第一句"涉江采芙蓉,兰泽多芳草",第二句描写多芳草的兰泽有什么艺术作用?

生齐答:烘托渲染、增强画面感。

师:烘托渲染什么东西?

……(师生逐句探讨诗句的内涵,并分析艺术特点,体会语言的含蓄美)

5. 小组讨论,拓展延伸

(教师 PPT 出示两个讨论题目:(1)诗人真的是看到"芙蓉芳草",才想到"所思在远道"的吗?(2)诗中主人公是男性还是女性?)

师:请大家在小组内探讨一下这两个题目。

(小组讨论)

生:……(发表对第一个问题的看法,略)

师:你的意思我懂了。"想"是常态,"采"是偶然。就是说我想他、我爱他,所以,美好的东西就想献给他,是这个意思吧?她采芙蓉,采得特别欢快,采之欲遗谁?感觉好像就是一段话没有说到头,让诗歌的韵味更美。那么第二个问题,主人公是男性还是女性?理由何在?

生:……(发表对第二个问题的看法,略)

师:当时东汉末年士子为了取得功名,多半离家外出,上京师,谒太学。这么说,很大一部分人觉得是男的,也有人觉得是在外的男子模拟女性的口吻写的。但还有一种说法,他们觉得"芙蓉"二字带有谐音,"夫容",所以是女子所写。因此,这个没有定论,只要言之有理即可。

6. 美读诗歌,升华情感

师:那么,带着大家的理解和情感,再次诵读本诗。

(学生配乐诵读)

师:非常好。给大家一分钟的时间,快速地背下全诗。(学生背诵)

师:已经有五个人背会了,第一个举手的来背一下。

生：（背诗）

师：我把这首诗改写成了一篇小散文，我给大家读一下。（配乐诵读）纵使江水溅湿了衣衫，我依然要采到这江中最美的莲。这淡雅的莲花、挺拔的枝叶，像极了你——我远在天涯的爱人。我对你的思念一天又一天，随着莲花的开落，我那等在季节里的容颜日渐凋零，却依然寻不见你那熟悉的面庞。我想，此刻的你一定也在回望故乡，朦胧中，仿佛看到你噙满了泪水的双眼。家在心间，路在眼前，隔着山山水水，遥遥无尽。我日日思念的人儿啊，怎样才能飞到你身旁，曾经沧海，蜡炬成灰，此生，若是无法执子之手，我便只能孑然一身，孤独到老了。

生：（鼓掌）好！

7. 布置作业

（1）背诵诗歌。

（2）按照自己的理解，发挥想象，用优美的、散文化的语言，将诗中两个主人公的爱情故事补充完整。（毕）

（二）评析：诗歌教学的对话境界探析

诗歌教学的有效开展，需要从诗歌表情达意的独特艺术形式入手，引导学生体味诗歌的空间建筑美、节奏韵律美以及意脉境界美。课堂作品《涉江采芙蓉》对诗歌教学的启示是：寄在吟咏，诵读教学要有抓手；文以气为主，内涵研读以追求审美境界；余心有寄，小组讨论要有产品，从而达成诗歌教学的对话之境。

甘肃省临夏回民中学汪燕老师一堂精彩的诗歌教学课，给我们留下了深刻的印象。这是一堂融汇了知识内核、言语训练、思维发展以及审美体验的课，让我们进一步反思诗歌教学的有效性问题。归结起来，该课堂呈现出如下一些特点，展现了诗歌教学的对话性特质。

1. 寄在吟咏，诵读教学要有抓手

刘勰《文心雕龙》"声律"篇中谈道："声转于吻，玲玲如振玉，辞靡于耳，累累如贯珠矣。是以声画妍蚩，寄在吟咏。"① 其意是说，声音流转于唇吻间，像敲击金玉般响声如玲，文辞萦绕于耳边，如摇动珠宝般韵调圆润。所以语言文字的好坏，关键在于朗诵吟咏。对于诗歌教学来讲，"诵读"能力的培养无疑是教学的关键。但"诵读"需要达到什么样的目标呢？执教的汪燕老师对此有着清晰而明确的方向。

（学生们齐声诵读全诗）
师：读得好不好？
生：不好……没有感情……
师：那就带着你对全诗的理解再读一遍。（全班齐读课文）
师：有进步，我给大家范读一下。（教师配乐范读）（学生鼓掌）
师：你看这首诗的节拍是怎样的，给它断一下？（师生断节奏）
生：二三……
师：那这四句当中情感有没有发生变化？它的转折在哪里？
生：从高兴到忧伤。转折点是"采之欲遗谁""还顾望故乡"。
师：既然这是表达情感的，那语速应该怎么样啊？
生：慢一点。
师：那我给大家配音乐，大家跟上诗歌的情感和节拍。
（全班配乐朗读）
师：很好啊！"忧伤"读得很好，"欢快"没有（学生笑）。前两联是乐景，应该是非常欢快的。最后，哪位同学毛遂自荐来读一下这首诗？要把握情感和节奏，我给你配乐。
（一生朗读）（学生鼓掌）
师：非常好，请坐！陶行知说过，国文学科是读的学科，

---

① （梁）刘勰：《文心雕龙》，郭晋稀注译，岳麓书社2004年版，第322页。

里面有很多学问，其实读好一首诗就能够很好地理解其中的感情……

朗诵对于诗歌教学的重要性，用叶嘉莹教授的话来讲："吟诵不是为了给别人听，而是为了使自己的心灵与作品诗人的心灵能借着吟诵的声音达到一种更为深微密切的交流和感应。"[①] 叶嘉莹教授提出的"吟诵"，有其独特的内涵，但对于广大教师来讲，她所倡导的吟诵对教学的启示在于，诗歌特有的节奏、韵律、缓急、高低的音乐之美，能够更好地帮助学生理解和学习诗歌。但如何帮助学生提高诗歌的朗诵水平，教师的指导非常重要。案例中教师从四个方面指导朗读。其一，正字音。联系学过的文言文，理解"遗""谁"的字音和字义。其二，划分节拍。节拍划分的意义，在于使学生把握好诵读的节奏。其三，析情感。诗歌是情动于中而形于言的产物，因此，要明确一首诗中情感的基调和变化，是读好诗歌的情感基础。其四，定语速。语速的缓急与诗歌情感是紧密相关的，欢快的诗句往往要读得急促一些，忧伤或深情的诗句往往要读得缓慢一些，因此，要根据诗句的情感变化来确定诵读的语速。正是从这四个方面入手，通过教师范读、学生齐读、学生单独诵读等形式，使得学生由一开始的"读不好"，到最后渐入佳境，进一步理解诗歌的内涵。

诵读既是诗歌教学的起点，也是教学的目的。从一开始教师的朗读指导，到学生在"读"好诗歌的基础上进行赏析，最后又回到诵读，这是一个螺旋上升的过程。最后，学生再次诵读诗歌，并设计出男女生分别诵读、个人诵读等的活动，这既是对先前诵读教学的回应和效果检验，更是对诗歌情感的升华。

2. 文以气为主，内涵研读以追求审美境界

刘勰在"风骨"篇中引用曹丕的话："文以气为主"。古人讨论文章之"气"，以儒家的观点来看，即文章所承载的道义境界。诗歌教学，要引导学生从品读意象到理解意境，即走进作品所创造的艺术

[①] 叶嘉莹：《古典诗歌吟诵九讲》，广西师范大学出版社 2015 年版，第 5 页。

境界，需要通过师生的审美想象进行再创造，同时需要激发学生的审美情感体验。课例中教师对审美境界的营造可谓用心，其导入的方式如下：

师：印度诗人泰戈尔写过一首诗，《世界上更遥远的距离》，中间有两句："世界上最遥远的距离，不是相隔天涯海角，而是我站在你面前，你却不知道我爱你；世界上最遥远的距离，并不是你不知道我爱你，而是明明相爱，却不能在一起。"今天我们要学习的这首古诗，讲的就是两个明明相爱的人，却不能在一起，这是一种多么怅惘伤心的境地啊！这首诗就是《涉江采芙蓉》。

诗歌是超越国界和年代的，泰戈尔的这首《世界上更遥远的距离》，一下子把学生带入了诗歌的意境里，通过泰戈尔的诗歌情感迁移到对本诗情感的理解中来。在分析艺术境界时，教师也是着眼于对"芙蓉、兰泽、芳草、长路"等意象的分析，逐步体会文中所蕴含的情感。如：

师：我反过来问，从哪些意象可以发现诗歌意境的高洁清幽？
生：兰草。
师：兰泽多芳草，主人公还顾望旧乡，长路漫漫……这是诗歌的含蓄，余味悠长。在这样的意境当中，大家能够体会到什么？
生：主人公真挚的情感。

"香草以配美人"，中国诗歌继承了《离骚》的抒情传统，借助高洁的事物寄托美好的情感。因此，通过对诗歌意象的解读，帮助学生体味诗歌的意境与品格。

营造意境，还可以通过教师的下水作文给学生以独特的审美体验。在课例中，教师为学生诵读了自己改编的散文：

> 师：纵使江水溅湿了衣衫，我依然要采到这江中最美的莲。这淡雅的莲花、挺拔的枝叶，像极了你——我远在天涯的爱人。我对你的思念一天又一天，随着莲花的开落，我那等在季节里的容颜日渐凋零，却依然寻不见你那熟悉的面庞。我想，此刻的你一定也在回望故乡，朦胧中，仿佛看到了你噙满了泪水的双眼。家在心间，路在眼前，隔着山山水水，遥遥无尽。我日日思念的人儿啊，怎样才能飞到你身旁，曾经沧海，蜡炬成灰，此生，若是无法执子之手，我便只能孑然一身，孤独到老了。
>
> 生：（鼓掌）

教师的配乐朗诵，将这篇深情的古诗进行了极致的现代版阐释，让学生们再次沉浸在审美体验当中。我们认为，语文对话教学的有效性有四个基本判断标准，其中之一即是"有审美情感的体验活动"。在这堂课的教学中，审美体验可谓俯拾即是。不但有教师引导下的审美体验，而且有学生们的审美实践活动。如教师在指导诵读后学生的配乐朗诵，到最后全班的配乐诵读，等等，无不在营造诗歌的审美意境。因此，诗歌教学要有境界，这主要是指一种审美的境界。审美境界的达成，一方面需要借助一定的形式，如音乐、诵读等；另一方面则需要品味语言和意境，所谓知之深，爱之切，当诗歌教学达到一定的境界之后，就能将情感熏陶、言语历练的教学目标融为一体。

3. 余心有寄，小组讨论要有产品

教师的教是为了促进学生的学，而小组讨论是学生在课堂上常用的学习形式。那么，如何判定小组讨论的有效性呢？那就要看小组讨论是否有学生言语产品的生成。借用刘勰的话来讲，即为"文果载心，余心有寄"。[①] 以本堂课为例，课堂上有好几次小组讨论，最终

---

① （梁）刘勰：《文心雕龙》，郭晋稀注译，岳麓书社2004年版，第469页。

通过学生言语产品的形式,既反馈了学生学的状况,又真正将教学的成果落到实处。其中第一处的小组探究,将古诗翻译为现代文。

师:好的,请各小组讨论全诗大意:直译、意译都可以,语言优美更好。

……(学生讨论)

师:哪个组觉得你们译得比较美?

生:撑船渡江去采芙蓉,生有兰草的沼泽地里长满了芳香的草,我所采的芙蓉是想送给谁呢?我所思念的人在远方,回过头望着故乡,那长路漫漫无边无际,两人感情深厚却远离他乡,将以忧伤的方式孤独终老。

师:"以忧伤的方式",能不能再改一下。

生:将在忧伤中度过。

师:非常好,有没有什么不同意见?

生:渡江涉水去采芙蓉,在沼泽地里长满了许多芳草,我把芙蓉采来是想送给谁呢?我所思念的那个人在远方,回头望着回家的地方,回家的路无边无际,两个感情深厚的人却分居两地,我将以忧伤终老,直到死去。

师:非常好。(学生鼓掌)有一个细节,第二句中"兰泽多芳草",翻译成"到沼泽地里去采芳草",显得不美。兰泽,长满兰花的沼泽地,加上一个定语,我觉得画面更美,对吧?还有一个个人之见,两人相爱却两地分居,现代这个词语有点歧义,我觉得改为心心相印,却不能在一起,这样就更美了。翻译诗歌讲究的是信达雅,往美的方向走……

第二处"讨论并探究"环节,教师出示了两道题目。一是讨论诗人看到芙蓉芳草才想到"所思在远道"的吗?二是本文的抒情主人公是男性还是女性?那么,应该如何评价小组合作学习的教学效果呢?笔者认为,在新课程改革的课堂上,既存在着"表面热闹"的形式改革,也存在"内涵丰富"的传统讲授。而无论课堂以何种形式展开,通过教师专业知识的引领,激发学生的兴趣以及思考,生成言语产品,是实现语文"润泽"课堂的根本。因此,评价一堂语文课的标准,应该是从教学的深层内涵入手,衡量的关键是看教学活动当中是否形成了师生对专业知识的深入探究,是否有意义的流淌和价值的生成。①

那么,看小组合作学习是否有效的最便捷的方式,就是看小组合作后学生是否有言语产品的生成。对于语文教学来讲,所谓"产品",就是学生"听、读、说、写"言语表达的作品。透过学生的言语产品,可以衡量课堂小组讨论的成效。

从本课例来看,每一次探讨的结果都是以学生言语产品的形式呈现的,这其中既包含着学生对于文本内涵的探究,也包含着学生对于文本的深入思考。如第一次讨论,其言语产品是学生翻译的现代文。第二次讨论,学生们在讨论中产生了争鸣之音,但都就自己的观点提出了较为合理的论据。

师:认为是男性的同学,谁说一下,理由何在?
生:送花的肯定是男生。
师:你是拿常态去判断。有没人对他反驳一下?
生:是女性,女主人公在看到荷花时想起曾经的时光,由此想起一些往事。
师:你觉得看到花多愁善感,这样的应该是女子。
生:我觉得是男的,因为在那个时代,不会有女的"涉水去采"。
师:说不定她坐船呢?
生:我觉得是男的,因为主人公不在他的故乡……
师:当时东汉末年士子为了取得功名,多半离家外出,上京师,谒太学。这么说,很大一部分人觉得是男的,也有人觉得是

---

① 赵晓霞:《学问魅力与赋权增能:论语文教师的专业素养》,《中国教育学刊》2014年第10期。

在外的男子模拟女性的口吻去写的。但还有一种说法,他们就觉得"芙蓉"二字带有谐音,"夫容",所以是女子所写。因此,这个没有定论,只要言之有理即可。

从中我们可以看到,学生由一开始从"送花的是男性"的常识性判断,到从文字的"多愁善感"推测为"女性";再联系时代反思女性不会"涉水"而推测为男性,到文中"还顾望故乡,长路漫浩浩"提出女子不大可能背井离乡,从而推测为男性。学生们在讨论当中,不断提出新的论据和思路,从表面的常识性判断,到回到文本细读,培养了学生立足文本进行创造性思维的能力。

综而述之,本课例为我们呈现了一堂形式温婉、内涵深厚的诗歌教学课。诗歌的丰富内涵往往是通过其独特的艺术形式展现的。其艺术形式不但包括空间建筑美,如五言诗、七言诗等言语形态;还包括音乐韵律美,如诗歌的节奏、缓急、轻重、押韵等;更深层的还包括想象的意脉境界美,如意象所营造的审美境界等。因此,在诗歌教学当中,我们可以通过"吟咏"来指导体味诗歌的音乐之美;通过"审美鉴赏"来体会诗歌的艺术境界;通过学生当堂生成的"言语产品"来将诗歌教学的成果落到实处。这正是实现诗歌教学对话之境的要义。

三 阅读对话教学的原则与策略

相较于写作教学,识字、写字教学等,阅读教学在语文教学中所占的比重最大,而学生阅读能力的高低也是衡量语文素养的重要指标。2003年《普通高中语文课程标准(实验)》指出:"阅读教学是学生、教师、教科书编者、文本之间多重对话,是思想碰撞和心灵交流的动态过程。教师既是与学生平等的对话者之一,又是课堂阅读活动的组织者、学生阅读的促进者。"2011年《义务教育语文课程标准》在"总体目标与内容"中指出,学生应"具有独立阅读的能力,学会运用多种阅读方法,有较为丰富的积累和良好的语感,注重情感体验,发展感受和理解的能力。背诵优秀诗文240篇(段),九年课外阅读总量应在 400 万字以上。"

  首先，我们来看"阅读"与"阅读教学"的含义。"阅读"是读者对书面文字符号进行感知、理解、反应、综合而获得意义的心理活动，是读者在获取信息、处理信息的过程中，涵养精密性、流畅性、灵活性、独特性等创造性思维能力的过程。[1] 从阅读教学的角度来看，语文阅读教学内涵是非常丰富的。"阅读教学"是语文教师根据教学计划，借助文学、语言学、文艺学和语文课程与教学论的专业知识和方法，促进学生搜集处理信息、认识世界、发展思维、获得个性化审美体验的过程；是学生、教师、教科书编者、文本之间实施多重对话，进行思想碰撞和心灵交流的学习获得。[2]

  从以上定义中我们可以看出，阅读活动本身就是师生共同走进文本进行解释性对话的过程，阅读即是阐释。根据伽达默尔的理论，当每个人走进文本时，都不可能是一张白纸，而是带着各种"前见"——由每个人所特有的文化背景、文化修养、理解水平、生活经验、情感态度等组成的"前见"——这也即海德格尔所说的"先行结构"。按照释义学的观点，所有理解性的阅读始终是一种再创造和解释。正如鲁迅评说《红楼梦》时所言："经学家看见《易》，道学家看见淫，才子看见缠绵，革命家看见排满，流言家看见宫闱秘。"[3] 这种前见或先行结构对理解并不是消极的，而是理解的首要条件。理解的真正发生，是在于读者把文本纳入自己"前见"所持有的特殊视域当中，进而对文本进行理解的过程。"理解其实总是这样一些被误认为是独立自在的视域的融合过程。"[4] 因此，"真正的历史对象根本就不是对象，而是自己和他者的统一体，或一种关系，在这种关系中同时存在着历史的实在以及历史理解的实在"[5]。按照这种观点，

---

  [1] 靳健：《后现代文化视界的语文课程与教学论》，甘肃教育出版社 2006 年版，第 170 页。
  [2] 同上。
  [3] 鲁迅：《鲁迅全集》第 1 卷，人民文学出版社 1981 年版，第 419 页。
  [4] ［德］伽达默尔：《真理与方法》上卷，洪汉鼎译，上海译文出版社 1992 年版，第 393 页。
  [5] 同上书，第 394 页。

艺术作品也只存在于交互理解的历史过程之中。例如,"哈姆雷特"存在于对《哈姆雷特》的理解之中,任何个人对它的理解都是对这一历史的介入,受此历史的影响并汇入这一历史。① 从根本上讲,释义学的文学理论改变了传统文学理论忽略读者及阅读接受对文学作品的意义,使阅读的对话性得以彰显。从教学的角度来讲,语文阅读教学对文本的阅读和理解不仅仅是一种学习的方法,而是学习活动本身。只有当学习者与文本之间产生了"视界融合"的对话时,学习才具有价值和意义。现象学大师胡塞尔后期所大力倡导的"主体间性"理论,即认为人与文本是一种互为主体、交互解释和相互沟通的关系。因此,从本质上讲,阅读教学的过程就是一种主体间性的对话,是主体间共同寻求精神和心灵交流的活动。

需要指出的是,释义学是对话教学的哲学基础,但就阅读教学而言,其中的某些观点还需我们在一定的语境下辩证地看待。例如伽达默尔在《真理与方法》中谈到,阅读(Lektüre)是一种纯粹内在性的事件。在阅读中,似乎完全脱离一切境遇和偶然性,而这些境遇和偶然性在公开的朗读或演出中是存在的。文学所依据的唯一条件就是它的语言传承物以及通过阅读理解这些东西。② 从中可以看出,将阅读视为"一种纯粹内在性的事件",是在强调阅读和理解的个人差异性和多元性。这种观点后来受到了赫施的批判,认为"说一个文本对多种有效的解释开放就等于取消了解释的客观性与解释的有效性,以传统为衡量解释有效性的标准等于取消了客观标准而陷入了虚无主义和相对主义"③。这就与本书第一章中所探讨的"以意逆志"的问题有相似之处,即一方面文学作品具有相对的独立性,阅读的过程是读者与文本进行"对话"的"视界融合"的过程,另一方面也存在着一种相对客观的"作者之志"。这就要求我们对文本的理解必须紧密结合具体的文本语言和文字进行阐释,而不可天马

---

① 朱立元主编:《当代西方文艺理论》,华东师范大学出版社1997年版,第281页。
② [德]伽达默尔:《真理与方法》,洪汉鼎译,商务印书馆2010年版,第234—235页。
③ 朱立元主编:《当代西方文艺理论》,华东师范大学出版社1997年版,第285页。

行空，肆意为之。

基于以上分析，在语文阅读教学的设计当中，应当注意以下原则。

（一）为学生创设民主平等的阅读环境

学生独立阅读能力的提高，是阅读教学的主要目的之一。为学生创设民主平等的阅读环境的目的，就是要让学生乐于阅读、热爱阅读，培养良好的阅读习惯和兴趣。从各国母语教学的现状来看，许多国家都将学生的阅读能力作为衡量母语教学水平的重要标准。我国对义务教育阶段语文阅读教学也提出了明确的量化要求：背诵优秀诗文240篇（段），九年课外阅读总量应在400万字以上。对于"阅读什么"的问题，2011年《义务教育语文课程标准》在"附录1"中列出了136篇（段）"优秀诗文背诵推荐篇目"。要求学生背诵古今优秀诗文，包括中国古代、现当代和外国优秀诗文，并且规定1—6年级75篇，7—9年级61篇。具体篇目由教科书编者和仼课教师推荐。从阅读和背诵内容的确定到具体阅读教学活动的开展，都需要教师本着民主平等的原则，逐步建立起学生阅读的习惯和兴趣。这是阅读对话教学有效开展的前提。

（二）实现学生、教师、文本、教科书编者之间的多重对话

从根本上讲，阅读对话教学就是一个一心二门的过程，既向外探索，打开与世界的对话之门，又向内收摄，实现与自我的对话。在多重对话的过程当中，应当以"文本对话"为核心，离开文本，阅读对话的深度和广度就无从谈起。实现与文本对话的关键，就是引导学生体悟和感受语言的内涵和魅力。这就涉及"如何阅读"的问题。面对不同的文本，阅读方法往往各有不同，但共同特点是要实现学生、教师、文本、教科书编者之间的多重对话。一方面通过师生对文本的阅读，形成师生与文本、与作者之间的对话；另一方面，通过教师—学生—文本的互动，在师生阅读体验的交流中提升学生的理解能力和审美能力。通过对话，实现"视域融合"，形成真正的理解。

（三）尊重差异性，鼓励创造性

阅读活动的实质，是文本进入学生的"前见"并在"视界融合"

当中形成理解。对于同样一篇课文，不同的学生往往会产生不同的理解，这是阅读教学的本质特征。因此，对于阅读当中学生的不同阅读体验，教师应该予以充分的尊重，在尊重差异性的前提下引导学生学会阅读的方法。通过师生对话、生生对话，在语文课堂上形成分享和交流，是阅读教学的理想境界。

（四）课内精读与课外泛读相结合

阅读教学不但包括课堂内的阅读教学，而且包括课堂外的阅读指导。早在20世纪30年代，我国老一辈教育家夏丏尊和叶圣陶就将其大量精力倾注于中学生课外读物的编撰上。1926年，夏丏尊和叶圣陶等人成立了开明书店。"自从开明书店登场，中国出版界才有认真为学生着想的读物。"[①] 二人还于1930年创办了《中学生》杂志，该杂志"几乎成了国内广大中学生'不可一日无此君'的良师益友"[②]。韩军则从语文学习规律的角度提出了"举三反一"原则，即"在'巨大数量'言语'例子'的反复撞击、反复刺激下，才点点滴滴'说出'，成年累月数量无限加大后，才'奔涌而出'"[③]。因此，学生阅读能力的提高，既需要课堂阅读教学的"精读"，也需要学生课外大量的"泛读"，对于培养学生的课外阅读能力而言，教师需进行适时的引导和鼓励，培养学生良好的阅读习惯，建立浓厚的阅读兴趣，这将使学生终身受益。

第三节　写作对话教学案例与评析

一　《写触动心灵的人和事》：心生言立、为情造文

（一）教学案例：《写触动心灵的人和事》

授课教师：酒泉中学尤丽霞

授课年级：高一

[①] 曹聚仁：《我与我的世界》，《新文化史料》1981年第1期。
[②] 李杏保、顾黄初：《中国现代语文教育史》，四川教育出版社2004年版，第159页。
[③] 韩军：《韩军与新语文教育》，北京师范大学出版社2006年版，第34页。

教学实录：

师：（投影图片）请大家来看一张图片。（生笑）

师：同学们笑了，能说说为什么吗？

生：这几个小孩子看上去傻乎乎的，很可爱。

师：能具体描述一下吗？

生甲：他们的笑容天真灿烂。

（师板书：傻乎乎、可爱、天真灿烂）

师：好，这位同学用"傻乎乎、可爱、天真灿烂"这几个形容词来描述图片中的孩子，大家能不能尽量不用这样概述性词语，描述得再具体形象一些？

生：虽然他们的衣服有些破旧，光着脚，但笑得很开心。

生：他们的脸色是黑红的，应该是藏族孩子。他们揪住小伙伴的耳朵，冲着镜头天真地笑，露出了洁白的牙齿。

师：很好，同学们描述了这几个孩子的肤色、穿着、揪耳朵的动作，都提到了他们的笑容，老师也常常感动于你们纯真的笑容。生活中，有许多的人和事，许多的场景，会让我们为之动容。有的会让我们觉得很有趣、很好玩，会心一笑或哈哈大笑，有的会让我们伤心落泪，而有的会让我们产生一种莫名的震撼力，心头为之一动。

（板书：写触动心灵的人和事）

师：触动，我想大体上有两种类型：第一，某种情感的体验，高兴、悲伤、喜欢、憎恶，等等；第二，某个道理的认识，学会了感恩，懂得了珍惜，理解了友情，等等。我们的作文应当抓住这样的瞬间，像刚才看图片一样，观察生活，体验情感，用自己的语言真切地表达生活。

（投影范文）

（范文：耳朵里还塞着录音机的小喇叭，电话铃响了，说是家里的羊过道口时，被迎面过来的火车撞死了一大片。电话还没挂稳，爷爷奶奶就泣不成声了，我的心也跟着难受起来。大伯打打身上的土，走出门去，小声说着："埋了吧。"有人说着那肉还可以吃嘛，留着吃吧。大伯坚决地说："埋了，埋了——"

那天下午，天不算太热，大伯带着我去拾那些羊的残尸，十几头，也没有一个全着的了。铁路上，这儿一条腿，那儿半个身子，有的还随着火车跑到了老远的地方。大伯不放过每一块，跑了很远捡回一个羊头，他说要让这些羊浑浑全全地走。都捡回来了，他去买了点酒，取了一大把子香。我说这是干啥呢，他冷冷地说你不懂。

傍晚，天还有些凉，大伯开着拖拉机，拉着残尸和麦草嗒嗒地走着——这荒滩还真是挺远的。大伯停好了拖拉机，拿着铁锹、铁杠，找了一块地方挖了起来。看着他费劲的样子，我知道他已经老了。他慢慢地挖着。坑挖好了，他叫我去抱些麦草过来。他是往坑里放的，铺上了麦草，他领着我将残尸一块一块地搬下车子，他在坑里一块一块地拼接着每一个尸块。我们埋上了土，堆起了一个好大的坟。我看见大伯在默念着什么，接着在坟头插了一把香，并围着坟倒下了自己喝了两口的酒。一堆麦草在荒滩上火光闪闪，上面撒满了麦粒、苞谷，还有大伯带的干粮。

我们走了，只留下了荒滩上的那座坟头。）

师：（朗读范文）这篇作文是我十年前的一个学生写的，今天读起来仍会有心头为之一动的感觉，很想和大家来分享。

生：老师，有原稿吗？能不能让我们看看？

生：这个学生现在在哪儿？做什么工作？

师：（举起粘贴在教案纸上的范文原稿）他不怎么爱说话，校服底下常穿一件白衬衫，衣领洗得很旧了，最上面那个扣子总是扣得很紧。

（学生一边传阅一边议论）

师：大家再读一读，议一议，说说这篇文章打动你的地方。

（学生读、讨论）

生：大伯的做法很让人感动。

师：什么做法？

生：羊被火车撞死了，他不让吃羊肉，而是要把羊埋了。

师：嗯，很好，事件概述得很清楚，语言很简练。那么，你能分析一下大伯为什么这么做吗？

生：在大伯看来，羊虽然是动物，但也是有生命的，和人一样。

师：分析得很有道理。根据你的分析我们可以看出，这篇文章最动人的地方是一个普通人对生命的尊重和敬畏。

（板书：敬畏生命）

师：这个主题很大。文章从头至尾没有用敬畏生命来评价大伯的做法，我们来找找有哪些成功的细节描写让我们感到了大伯对生命的敬畏。

生：第一段写"大伯说埋了吧"。

师：好，你找到了一处语言描写。大家再看看，"埋了"说了两次，第一次是"小声说着：'埋了吧。'"第二次呢？

生齐声：坚决地说"埋了，埋了"。

师：谁能说说"小声说"和"坚决地说"有什么不同吗？

生："小声说"，感觉大伯主要是因为伤心，还有他本身也是一个不善于表达自己的人。"坚决地说"突出大伯不主张吃羊而主张掩埋的态度很坚决。

师：不错，理解准确，表述也很清楚。大家再根据他的理解，琢磨一下"埋了吧"和"埋了，埋了"在语气上的差别。

（学生自读体会）

生："埋了吧"的"吧"有一种伤心无奈的感觉，"埋了，埋了"句子简短，还重复了一遍，就能体现出坚决的态度。

（学生鼓掌表示认同）

师：很好，对第一段此处的语言描写大家已经赏析得很到位了。再来找找文中还有哪些打动你的细节？

生："大伯不放过每一块，跑了很远捡回一个羊头，他说要让这些羊浑浑全全地走。"大伯不但要埋了羊，还要跑很远捡羊的尸体，想让羊留个全尸，他的善良让我感动。

生：大伯还在坑里铺上麦草，把羊的尸体一块块拼起来。

师：对，捡羊头，拼尸块，铺麦草，这些简练的动作描写，都让我们看到这个朴实的庄稼汉内心的善良和柔软。我还很喜欢他的这个句子——"并围着坟倒下了自己喝了两口的酒"，大家比较一下，如果改成"并围着坟倒下了特意买来的酒"，表达效果有什么不同？

（学生体会讨论）

生：自己喝两口酒，再倒给羊，感觉像在祭奠自己的亲人朋友一样。（学生笑）

师：不要笑，把羊当亲人朋友，这话猛一听是有点怪怪的感觉，可仔细想想，说得很有道理。这就是大伯对生命的尊重和敬畏，"别看它只是一只羊"。

师：好了，希望大家以此文为榜样，用心书写生命中每一个精彩的瞬间、平凡的瞬间，争取高中三年在我的教案里成功取代这篇文章。

（二）评析：记叙文写作的有效路径——心生言立、为情造文

尤丽霞老师的教学案例《写触动心灵的人和事》，本身是一篇命题作文，它出自人教版高中必修课程"表达与交流"的专题。但该案例的创新之处，在于教师对高中生记叙文写作基本路径的准确把握，并在此基础上，把自己十年前一位学生的习作作为范文，从"写什么"与"怎么写"两个层面为学生铺设了写作的桥梁和支架。具体来讲，具有以下三个方面的特点。

1. 心生言立，记叙文写作的有效路径

刘勰《文心雕龙·情采篇》称："夫桃李不言而成蹊，有实存也；男子树兰而不芳，无其情也。夫以草木之微，依情待实；况乎文章，述志为本。言与志反，文岂足征？"[①] 其意是说，桃李不言下自成蹊，是因为树上结着果子呢！男子种植兰草，花虽美却不芬芳，是因为男子没有气质如兰的情感啊！像草木这样微小的事物尚且如此，

---

① （梁）刘勰：《文心雕龙》，郭晋稀注译，岳麓书社2004年版，第319页。

何况文章本来就是抒发情感的啊！如果作者所说的和所想的相违背，写出来的作品又怎能令人相信啊！高中学生学习写触动心灵的人和事，其人教版教科书设计背后的原理即是要从真情实感出发进行写作。这是非常符合刘勰所倡导的写作方法的：即要有"实"，才能下自成蹊、心生言立，写出好的文章。

刘勰十分看重"情感"在文学创作全过程中的作用，要求文学创作要"志思蓄愤，而吟咏情性"，主张"为情而造文"，反对"为文而造情"。因此，教学生学习写作"触动心灵的人和事"，其路径应该是：从能够打动作者心灵的真实人、事出发，引导学生写出有感染力的文章，正所谓心生而言立，言立而文明。尤丽霞老师的教学案例主要解决学生写作的两个核心问题，即"写什么"和"怎么写"，教师要按照一定的方法"教授"学生写作，既要"有感而发"，又要"为文有序"。

案例中尤老师的"教授"分为两个层面。首先是帮助学生理解什么是"有感而发"。教师引导学生阅读一篇"学长"的范文，通过"读一读、议一议"，说说这篇文章打动你的地方。学生们提出，文章中"大伯"的行为很感人，教师进一步引导学生挖掘"为什么"感人。

生：羊被火车撞死了，他不让吃羊肉，而是要把羊埋了。

师：嗯，很好，事件概述得很清楚，语言很简练。那么，你能分析一下大伯为什么这么做吗？

生：在大伯看来，羊虽然是动物，但也是有生命的，和人一样。

师：根据你的分析我们可以看出，这篇文章最动人的地方是一个普通人对生命的尊重和敬畏。

（板书：敬畏生命）

通过师生谈论，得出了大伯"敬畏生命"的结论。但这个主旨是师生"概括"出来的。记叙文不能用"概括"的方法来"讲述"故事，而是需要借助生动的细节"显示"故事。因此，教师指出：这个主题很大，文章从头至尾没有用敬畏生命来评价大伯的做法，我们需要"找找有哪些成功的细节描写让我们感到了大伯对生命的敬畏"。由此，教学自然而然地过渡到了对"怎么写"问题的探讨。

　　生：第一段写"大伯说埋了吧"。
　　师：好，你找到了一处语言描写。大家再看看，"埋了"说了两次，第一次是"小声说着：'埋了吧。'"第二次呢？
　　生齐声：坚决地说"埋了，埋了"。
　　师：谁能说说"小声说"和"坚决地说"有什么不同吗？
　　生："小声说"，感觉大伯主要是因为伤心，还有他本身也是一个不善于表达自己的人。"坚决地说"突出大伯不主张吃羊而主张掩埋的态度很坚决。
　　师：不错，理解准确，表述也很清楚。大家再根据他的理解，琢磨一下"埋了吧"和"埋了，埋了"在语气上的差别。

　　这里是教师关于"语言描写"的细节分析，让学生通过两处"埋"的语气，体味主人公的性格特点和精神品性。接下来，师生又进一步探讨"动作描写"的特点：通过捡羊头，拼尸块，铺麦草这些简练的动作描写，让我们看到这个朴实的庄稼汉内心的善良和柔软。最后，教师引导学生分析句子"并围着坟倒下了自己喝了两口的酒"与"并围着坟倒下了特意买来的酒"不同的表达效果，进而得出大伯"把羊当亲人朋友"一般尊重的结论。
　　由此分析可见，尤丽霞老师对该写作任务的处理，正是本着从文章内容入手，情动于中而形于言，进而指导学生如何"写得感人"，概而言之，即为心生言立、为情造文。
　　2. 着眼于"情"：激发学生写作欲望
　　对写作教学来讲，能否激发学生的写作兴趣和欲望，是写作教学的重要方面。在尤老师的教学案例当中，教学中着眼于"情"，有两个方面的含义。

首先，就地取材，激发兴趣。本次写作任务的重点是对主题的把握：写触动人心的人和事。所谓"触动人心"即是对作者"情感"的参与度和投入度的考量。在教学当中，能否引导学生"有感而发"、写出"真情实感"，是本次命题写作教学的重要内容。那么，如何拓展学生对"触动人心"的理解，"范文"和"例子"的选择就显得尤其重要。尤老师选择的范文所刻画的"大伯"形象，是一位典型质朴的西北农民，对于"人"的刻画寓于"事"的描绘中，笔力深厚，言约旨远，使得学生联系生活而"动情"，易于理解而"同情"。

其次，"乐其友而信其道"。为激发写作兴趣，教师引出范文时所抖的"包袱"也给学生带来了极大的好奇。在朗读完范文之后，教师称：

师：这篇作文是我十年前的一个学生写的，今天读起来仍会有心头为之一动的感觉，很想和大家来分享。

生：老师，有原稿吗？能不能让我们看看？

生：这个学生现在在哪儿？做什么工作？

师：（举起粘贴在教案纸上的范文原稿）他不怎么爱说话，校服底下常穿一件白衬衫，衣领洗得很旧了，最上面那个扣子总是扣得很紧。

……

范文没有选择名作家的案例，按理说，名家的文章应该更有感染力和示范性。但名家与普通高中学生之间毕竟是有很大距离的，这既有实际写作水平的差距，也有心理的代沟。当尤老师告诉大家："这篇作文是我十年前的学生写的"时，就产生了完全不同的效果。学生们关心作者是什么样的人，现在在哪里工作。这为后面分析"范文"提供了很好的感情基础。学生们自然会"乐其友而信其道"，探究他们的学长"所写何事""如何写作"的奥秘。因此尤老师最后为大家树立了目标："希望大家以此文为榜样，用心书写生命中每一个精彩的瞬间、平凡的瞬间，争取高中三年在我的教案里成功取代这篇文章。"

3. 为情造文：历练学生的写作技巧

孔子讲，君子要"文质彬彬"，即要同时注重内心和外在，写文章更是如此。刘勰认为："圣贤书辞，总称文章，非采而何！夫水性虚而沦漪结，木体实而花萼振，文附质也。虎豹无文，则鞹同犬羊，犀兕有皮，而色资丹漆，质待文也。"其意是说，自古圣贤的著作，都称为"文章"，不正说明了文采的重要性吗？水性荡漾而形成波纹，树木坚实而开出花朵，文采总是依附在形体上的；虎豹的身上如果没有了文采，它们的皮和狗皮、羊皮又有什么区别，犀和兕要染上颜料才美观，所以事物的形体总是需要文采来表现的。

刘勰认为，好的文章是"文附质也""质待文也"，其中，"质待文也"，对中学生写作来讲，就是要为情造文，历练学生的写作技巧。在本教学案例当中，尤老师的写作指导分两步走。

第一步是历练学生的口头表达技巧。通过一幅图片，让学生描述所见。一开始，学生的描述较为简单。教师提出：大家用"傻乎乎、可爱、天真灿烂"来描述图片中的孩子，能不能尽量不用这样概述性的词语，描述得再具体形象一些？在这样的指导下，学生再次描绘图片时，就加入了孩子的肤色、穿着、揪耳朵等动作，以及纯真的笑容。由此引出本课的写作任务。第二步是历练学生的书面表达技巧。可以说，教师教学的策略和"口头表达"的教学策略是同构关系。即首先让学生思考"表达什么"，然后引导学生探究"如何表达"。写质朴的西北农民"大伯"对"生命的尊重和敬畏"，全篇却没有一处直抒胸臆的地方，那么，如何通过语言、动作等细节描写刻画人物、传达心声？是教师着重引导学生思考写作技巧的关键。这也正是我们所说的"为情造文"。

特别值得注意的是，在写作当中，主观的"情"和客观的"物"，是互相影响、互相转化的，即"情以物迁，辞以情发"（《文心雕龙·物色》）"登山则情满于山，观海则意溢于海"，当我们写作中观察外物时，只有带着深挚的情感，并使外物染上强烈的感情色彩，艺术表现上才会显得文采斐然。

二 写作对话教学的原则与策略

在我国古代,学生入学后要练习"属对",也即"对对子",这是作文教学的开始阶段。如蔡元培在回忆其所受的旧教育时就谈道:"对句之法,不但名词、动词、静词要针锋相对,而且名词中动、植、矿与器物、宫室等,静词中颜色、性质与数目等,都要各从其类。例如,先生出了'白马',学生对以'黄牛''青狐'等,是好的;若用'黄金''狡狐'等等作对,就不算好了。"① 因此,属对是古人学习作文和作诗的基础。到清末,作文被称为"缀文",其意是教学生从联字造句开始作文,并区别于"代圣人立言"的八股文。对于中小学生作文的要求,显然应不同于一般文章。叶圣陶在《对于小学作文教授之意见》中谈道:"小学作文教授之目的在令学生能以文章直抒胸臆,了无隔阂朴实说理,不生谬误。至于修辞之工,谋篇之巧,初非必要之需求。能之故佳,不能亦不为病。"② 在他看来,小学阶段对于作文教学的目标,是让学生学会"抒情和说理",至于工整的修辞,精巧的谋篇布局等,就应该放宽要求了。因此,教师在批改作文时,应"意在启发,而非限制",力求"意义不为增损谬误促之自省"。即小学生作文如果意义缺乏完整性,教师不要妄自替学生增减文字,如果意义有谬误之处,则让学生进行自我反省,总体来说,对小学生的要求就在于"通顺"和"达意"。

2011年《义务教育语文课程标准》关于写作的总体目标要求是:能具体明确、文从字顺地表达自己的见闻、体验和想法;能根据需要,运用常见的表达方式写作,发展书面语言运用能力。在"实施建议"中提出,"写作教学"应贴近学生实际,让学生易于动笔,乐于表达,应引导学生关注现实,热爱生活,积极向上,表达真情实感。2003年《普通高中语文课程标准(实验)》将写作教学放在了必修模

---

① 蔡元培:《我所受旧教育的回忆》,高平叔编:《蔡元培教育论集》,人民教育出版社1980年版,第228页。
② 叶圣陶、王伯祥:《对于小学作文教授之意见》,赵志伟编著:《旧文重读——大家谈语文教育》,华东师范大学出版社2007年版,第148页。

块的"表达与交流"内容当中,并在实施建议中,对写作和写作教学进行了描述。"写作"是运用语言文字进行书面表达和交流的重要方式,是认识世界、认识自我、进行创造性表述的过程。而"写作教学"应着重培养学生的观察能力、想象能力和表达能力,重视发展学生的思维能力,发展创造性思维。鼓励学生自由地表达、有个性地表达、有创意地表达,尽可能减少对写作的束缚,为学生提供广阔的写作空间。在写作教学中,教师应鼓励学生积极参与生活,体验人生,关注社会热点,激发写作欲望。引导学生表达真情实感,不说假话、空话、套话,避免为文造情。

从基础教育"课程标准"对写作的要求来看,义务教育阶段的总体目标是让学生能够做到"文从字顺"地"表达自己的见闻、体验和想法",以及学生的所见所闻和所想所感。这与叶圣陶反复强调的小学阶段作文教学的"基础性"是一致的。而且,高中语文课程标准写作的目标是"力求有个性、有创意的表达,根据个人特长和兴趣自主写作",强调了写作是一个创造性的表达过程,在教学当中应该"尽可能减少对写作的束缚"。

梁启超曾在《中学以上作文教学法》一文中谈到他对写作的看法。他认为,文章的作用,在把自己的思想传达给别人。[①] 具体分析这句话,第一,对于"自己的思想"的表达既要有内容,又要有系统。有内容是指与学生的思想活动等实际相契合,如果学生心中本没有要说的话,便是无内容,完全是从前八股习气。有系统是指将自己的思想有条理地排列起来。这也正如曾国藩所言,要"言之有物,言之有序"。第二,对于"传达给别人"需要两个条件,即"所传达的恰如自己所要说的",并"令读者恰恰理会我的愿意"。前者是指"我手写我口",作文要不多、不少、不错才好;后者是指传达的意思不被误解。当然,文学理论中提出的"误读",是针对阅读和阐释而言的,而梁启超所提出的写作的基本要求,是针对中学生写作而言

---

① 梁启超:《中学以上作文教学法》,梁启超:《作文入门》,教育科学出版社 2007 年版,第 3 页。

的。二者并无矛盾之处。

那么，如何教学生将自己的思想传达给别人正是写作教学的目的。综而述之，我们认为，"写作教学"是语文教师借助教学计划和写作知识，鼓励学生把观察、体验、立意、取材、布局、谋篇的心理活动创造性地转化为言语表达的过程。[①] 学生的写作活动是一种学生认识世界、认识自我，并进行创造性表达的过程，因此，这是一种创造性的对话活动。在教学当中，应该注意以下原则：

第一，作文的主题和内容的选择应以学生为本位。

这即是指写作教学要联系学生的生活实际，创设写作情境。关于教师对作文的命题，叶圣陶指出："教者命题，题目所含必学生心所能思。或使推理，或使整理，或使抒其情绪，或使表其意志。"[②] 在叶圣陶看来，文章的写作方法，应该是"心有所思、情有所感，而后有所撰作"，但初学作文的目的在于练习，不得已采用"命题作文"的方法。因此，教师所命的题目就应该以学生的所思所想为内容，否则，即便勉强成篇，也是对学生作文兴趣和推理能力的摧残。命题须以学生为本，使所命的题目与学生的生活有关。在写作教学当中，为学生创设一定的写作情境，是使得学生迅速进入写作状态的有效方法。为学生创设作文情境的方法是多种多样的。例如自然情境的创设，可以带领学生去郊游、参观、访问、观察等；也可以是课堂内的模拟情境，通过语言、图片、音乐、模型等方法呈现一定的作文情境，引起学生作文的兴趣。

第二，鼓励学生自由表达。

鼓励学生自由表达和写作，对学生的作文内容和思想不作过多的干预，是中小学作文教学实施的重要原则。大概是受到政治因素以及应试作文的影响，中小学作文中出现了"主题作文"的流弊，即许多中小学生作文，往往有意识地将作文的主旨归结到政治层面

---

① 靳健：《后现代文化视界的语文课程与教学论》，甘肃教育出版社 2006 年版，第 188 页。

② 叶圣陶、王伯祥：《对于小学作文教授之意见》，赵志伟编著：《旧文重读——大家谈语文教育》，华东师范大学出版社 2007 年版，第 150 页。

和道德层面,从而形成了对中小学作文主题的"过分拔高"的状况。2011年以来,国内曾刮起一股"民国作文"热,如广西人民出版社出版的《民国小学生作文》受到追捧,它打出的口号是"给现代小学生上一堂'真善美'的作文课"。《萌芽》主编赵长天力荐《民国小学生作文》,他认为:"现在小学生作文中最大的问题,是对于小学生作文提出的所谓'明确主题'的要求……更要命的是'主题'还有'正确'……为了一个'正确的主题',许多学生只好说一些毫无意思的人人都知道的大道理,甚至说言不由衷的假话、大人话。"①

以下是前两年在网络上盛传的一篇民国小学生作文《春郊游记》:

某月某日,校中放假。课余在家,殊无聊赖。闻街外有卖花之声,遂知春日已至。披衣出外,不觉步至山下,牧童三五,坐牛背上,吹笛唱歌。再前行,青山绿水,白鸟红花,杨柳垂绿,桃梅堆锦。仰望白云如絮,俯视碧草如毡。见有茅亭,乃入座。未几,炊烟四起,红轮欲坠,乃步行而回。就灯下而记之。

注:作者:卢焯坡,广东番禺三区南田小学,时年十一或十二。系民国时小学作文。

网络中同时列举了很多当代小学生作文与这篇《春郊游记》相对比。例如,中国广播网列出现代小学生作文:"今天天气晴朗,万里无云,我们来到了XX公园春游。首先映入眼帘的是假山……在夕阳的余晖下,我们依依不舍地离开了XX公园,今天真是快乐而有意义的一天啊!"再如新浪网列出了当今小学六年级的学生作文《游越秀公园》:"春节,我随家人来到了越秀公园……我们来到五羊像前。传说,一天,五个仙人骑着五只羊,带着麦穗来到广州,把麦穗分给人们,并教给人们怎样种植。后来,仙人回到天上,留

---

① 赵长天:《真实纯净的民国小学生作文》,瞿世镇、董坚志等编纂,朗读者整理:《民国小学生作文·序言》,广西人民出版社2011年版。

下五只羊，之后就变成了石羊，从此这五只羊便成了广州的标志。我爱越秀公园。"

　　从作文内容上讲，民国小学生作文与当代小学生作文孰优孰劣的问题不是我们关心的核心，因为卢焯坡的作文《春郊游记》多用文言文词汇，多四字词语，色彩丰富并富于音节韵律，这种写法与民国的时代教育背景是紧密相关的。对于网络上同样题材的今昔对比的小学生作文，大家共同的感受可能是民国小学生卢焯坡的作文运用移步换景的手法，平实而生动地记叙了郊游的过程，结尾自然。而当代小学生作文则总是带有一个"意义的尾巴"，如"今天真是快乐而有意义的一天啊""我爱越秀公园"等。在我国新的"课程标准"当中，其实已经反复强调写作教学要联系生活和鼓励学生的自由表达。例如义务教育阶段课标要求"让学生易于动笔，乐于表达"，高中阶段课标"鼓励学生自由地表达、有个性地表达、有创意地表达"，从而将写作教学回归到中小学写作的本真位置上来。因此，这股民国作文热的确给我们当代的语文作文教学以警醒和启迪。

　　第三，为学生提供写作技术指导。

　　中国传统上对写作技巧的看法通常有"文无定法""神而明之"等，但从中小学写作教学的角度来看，这种看法都过于玄妙而在实际教学当中难以操作。因为中小学写作的目标并不是成为作家或文学家，叶圣陶认为，学生的作文教学关键在于"文中表现的是作者的积蓄"以及"作者用什么功夫来表现他的积蓄"[①]。这里，"用什么功夫"来表达所思所想，正是写作教学要提供给学生的具体而明确的技术指导。孟子讲，"大匠能予人以规矩，不能使人巧"，对于写作教学来讲，"神而明之"的好文章是需要靠学生的天赋和积累才能实现的，而教师所能够教授给学生的是作文的"规矩"。

　　美国语文教材重视对学生的写作指导，而且写作训练往往与阅读相结合。例如学习了华盛顿·鄂文的作品《魔鬼和汤姆·沃克》之

[①] 叶圣陶：《论写作教学》，《叶圣陶教育名篇》，教育科学出版社2007年版，第244页。

后,有一堂"小型写作课"。① 教材对写作提出了这样的要求:

更新一个故事

鄂文故事中的信息与今天的世界仍然有关系。为这个故事创作一个更新的版本,设计新的故事情节和人物细节,把它们放在今天的世界背景中,通过一种吸引现代读者的方式来传递这个故事的信息。

写作技巧重点:适应读者

在你写作的时候,注意使用今天的读者熟悉和喜欢的语言和细节。注意文中的词汇和语句结构,它们会吸引鄂文生活的时代的读者,但现在看来却十分过时了。

日志中的范例

"那么,原谅我的冒昧,请问,你是谁?"汤姆说。

在更新了的版本中,你很可能会让汤姆·沃克用一种适合现代读者的方式来说话。此外,在你设计情节和情景的细节时,你应该时刻想到你的读者的兴趣和背景。

构思

把原版故事的情节列出来。考虑更新你列出的每个情节的最好方法。比如说:汤姆·沃克碰到魔鬼的地方可能不是在树林里,而是在一个购物中心。

写稿

把你的故事写出来。你的人物的话语、服饰和行为都应该清楚地呈现出这个故事发生在现代。把当前流行的食品、衣服和表演包含在你的故事里。

修改

确定你写的故事在原来的成分和更新的细节之间取得了平衡。检查并保证故事中的斗争和信息是一样的,但是你已经把语

---

① 张建鹏、胡足青主编:《美国语文》,马浩岚编译,中国妇女出版社2008年版,第273—274页。

言和情景改在今天的世界中。

从这则例子可以看出，美国文学教材十分重视对写作过程的具体指导，认为提前为学生提供一些明确的技术指导是非常有效的，明确的指令特别有助于学生解决那些他们在作业中所碰到的难题。通过"内容要求""写作技巧重点""范例""构思""写稿""修改"等写作过程中各个步骤的提示，相当于给了学生一个很好的写作工具，有效地增强了学生对完成写作任务的兴趣和信心。美国的课程标准在写作说明部分明确指出："为了把学生培育成写作的多面手，教师应当强调三方面的任务：首先，要有拓展性的写作练习；其次，多写命题的简短作文；最后，多进行随笔练习。"这种循序渐进的能力训练序列非常有助于提高学生的写作水平。国内现在有一种思潮，认为教师的帮助会束缚学生的思想，会影响学生写作能力的发展，但实际上并非如此。因此，对学生进行写作技巧的指导是十分必要的，例如观察技巧的训练，描写景物方法的指导等，都需要教师在教学中循序渐进地逐步开展。

此外，叶圣陶曾于1962年倡导的"教师下水"，至今仍然具有指导价值。叶圣陶认为，语文教师教学生作文，要是教师自己经常动动笔，或者做跟学生相同的题目，或者另外写些，就能更有效地帮助学生，加快学生的进步。"经常动动笔，用比喻的说法，就是'下水'。"[1] 通过教师的"下水"作文，也是为学生呈现作文的方法和范例，使得学生的作文有"法"可依。

第四，写作教学与阅读教学相结合。

阅读是写作的基础，学生由阅读到模仿，再到写作，是学生由模仿到创造的过程。"熟读唐诗三百首，不会作诗也会吟。"这句话虽然是古人学"作诗"的方法，但同样适用于学写作文。我们看到，美国语文教学十分重视阅读与写作的结合。例如，学习了梭罗的

---

[1] 叶圣陶：《"教师下水"》，顾黄初、李杏保主编：《二十世纪后期语文教育论集》，四川教育出版社2000年版，第262页。

《瓦尔登湖》之后，教材中课后"微型写作课"的内容是写"说服性文章"①。并结合《瓦尔登湖》的内容提出写作的要求：

  梭罗在他感情强烈的观点的写作中表现得很有说服力。选择一个对于你来说很重要的事件，然后写一篇文章说服别人接受你的观点，并采取行动。使用一个因果关系的组织结构来对你的读者表明采取行动的结果——或者不采取行动的后果。

阅读作为写作的基础，学生通过阅读梭罗的原文进而学习写作"说服性文章"，正是从阅读到写作的迁移。因此，梁启超对中学生作文教学也提倡"令学生阅读"②的策略。从模仿到创造，是写作的必然过程。其中的策略如仿写、缩写、扩写、改写、续写等不一而足。

第四节　综合性学习对话教学案例与评析

一　《端午》综合性学习：歌诗、习礼、诵书、宣志

（一）端午综合性学习设计

活动目标：

（1）歌诗：吟诵端午诗歌，体会屈原情感。

（2）习礼：学习端午的来历、故事及相关习俗。

（3）诵书：学习端午节相关诗词作品。

（4）宣志：感受民风民俗，激发爱国情感。

时间安排：

整个活动围绕端午节展开，历时三周。分为三个阶段：宣传发动阶段、活动实施阶段以及成果展示阶段。

---

① 张建鹏、胡足青主编：《美国语文》，马浩岚编译，中国妇女出版社2008年版，第359页。

② 梁启超：《中学以上作文教学法》，梁启超：《作文入门》，教育科学出版社2007年版，第42页。

实施过程：

第一阶段　活动准备

1. 知识抢答：端午时节话端午

（1）导入：听听端午歌谣，说说过端午的情景，引起学生思想和情感上的共鸣。

（2）分组抢答：教师将学生分成两组，用抢答的形式探讨有关端午的话题。

准备材料：

（1）端午节具体指哪一天？来历是什么？与端午节相关的传说故事有哪些？

（2）端午节的美食有哪些？来历是什么？端午节美食的制作材料，端午节食品的制作过程，端午节的食品是否受人欢迎？

（3）古时候人们过端午节有哪些习俗？现在过端午节又有哪些习俗？保留了哪些？（挂菖蒲艾草、挂钟馗像、吃粽子、端午避"五毒"、划龙舟等）

（4）历朝历代有哪些跟端午节有关的诗词、歌谣？表达了什么意思？

2. 根据与端午相关内容的探讨，引导学生进行归纳分类，生成学习主题

主题一：端午由来大探秘（屈原生平等故事）

主题二：端午美食大荟萃（粽子、五毒饼等）

主题三：端午习俗大搜索（佩带荷包、挂艾草等）

主题四：端午诗歌大传唱（吟唱端午诗歌等）

3. 建立课题小组，设计小课题行动方案

（1）学生根据自己的兴趣、特长等，自由组合成课题小组，教师整体协调。

（2）以小组为单位，初步讨论、设计子课题的活动方案。

4. 交流课题方案，指导完善

（1）各小组组长介绍自己的课题研究方案。

（2）其他小组成员评价并提建议。

（3）教师指导。

（4）小组修改、完善，确定课题研究方案。

5. 教师强调实践活动注意事项

（1）要注意活动实施安全。

（2）做好必要准备，如调查、采访或拍摄时要注意提前预约时间，使用文明礼貌语言，同时需提前设计好采访提纲。

（3）各小组需依据制定的计划，分工合作。

第二阶段　课题实施

活动过程：各课题小组根据活动方案，通过教师指导、上网查找资料、图书馆翻阅图书以及问卷调查等方式，完成小组课题任务。

1. 采访

要求学生明确采访的目的，按照预定的方案采访有关人员，做好事前的准备工作，如设计好采访问题、提前与被采访的人预约时间、做好采访记录、成员分工合作。

2. 搜集资料

通过网络、图书馆等查询、搜查、整理相关资料。

3. 体验

小组同学到某位学生家中，学习包粽子，认识苇叶，了解包粽子的方法与步骤，亲手学包粽子。学生邀请美术老师或家长，了解香囊的制作过程和制作材料，亲手制作香囊。

4. 汇总

撰写调研报告，汇总调研成果。

第三阶段　成果展示

1. 端午美食大荟萃组

学生汇报：介绍粽子的发展变化及其形态、品种、营养价值等。

组内学生每人带若干粽子，全班学生分享。

2. 端午习俗大搜索组

学生汇报：认识苇叶、龙舟等；比一比谁的荷包美；大家学唱《五月五》。

3. 端午诗歌大传唱组

学生汇报：介绍与端午有关的诗词，学生们选出最喜欢的诗词。

（1）七律·端午　（唐）殷尧藩

少年佳节倍多情，老去谁知感慨生。不效艾符趋习俗，但祈蒲酒话升平。

鬓丝日日添白头，榴锦年年照眼明。千载贤愚同瞬息，几人湮没几垂名。

（2）端午日赐衣　（唐）杜甫

宫衣亦有名，端午被恩荣。细葛含风软，香罗叠雪轻。

自天题处湿，当暑著来清。意内称长短，终身荷圣情。

（3）竞渡诗　（唐）卢肇

石溪久住思端午，馆驿楼前看发机。鼙鼓动时雷隐隐，兽头凌处雪微微。

冲波突出人齐譀，跃浪争先鸟退飞。向道是龙刚不信，果然夺得锦标归。

（4）端午感兴　（宋）文天祥

当年忠血堕谗波，千古荆人祭汨罗。风雨天涯芳草梦，江山如此故都何。

（5）渔家傲　（宋）欧阳修

五月榴花妖艳烘，绿杨带雨垂垂重。五色新丝缠角粽，金盘送，生绡画扇盘双凤。

正是浴兰时节动，菖蒲酒美清尊共。叶里黄鹂时一弄，犹瞢忪，等闲惊破纱窗梦。

全班传唱：配乐朗诵学生最喜爱的端午诗词。

4. 端午由来大揭秘组：

学生汇报：介绍屈原及其生平故事。

《哀郢》作于楚顷襄王九年（前290），屈原因回忆九年前（顷襄王元年），秦昭王"发兵出武关攻楚，大败楚军，斩首五万，取析十五城而去"。秦军又沿汉水而下，郢都震动，"民离散而相失兮，方仲春而东迁"。楚国君臣仓皇辞庙之时所作，并不是此后顷襄王二十一年（前278）白起破郢，郢都沦陷时作。

资料补充：

（1）南方祭祀屈原。闻一多：《端午考》《端午节的历史教育》"龙的节日""龙子节"。《续齐谐记》："屈原五月五日投汨罗而死，楚人哀之，每至此日，辄以竹筒贮米，投水祭之。"《艺文类聚》卷四引周处《风土记》："仲夏端五，烹鹜角黍。端，始也，谓五月初五日也。又以菰叶裹黏米，煮熟，谓之角黍。"又《记纂渊海》引《岁时记》："或云亦为屈原，恐蛟龙夺之，以五彩线缠饭投水中，遂袭云，是日命舟楫拯之，至今为竞渡之戏。"

（2）北方则有介子推的传说：《后汉书·周举传》："太原一郡，旧俗以介子推焚骸，有龙忌之禁……"《琴操》："介子推割腓股以啖重耳，重耳复国，子推独无所得，推甚怨恨，乃作龙蛇之歌以感之。遂遁入山，文公惊悟，迎之终不肯出。文公令燔山求之，遂抱木而烧死，文公令民五月五日不得发火。"《邺中记》："并州俗以介子推五月五日烧死，世人为其忌，故不举火食。非也，北方五月五日，自作饮食祀神，及作五缕、五色新盘相问遗，不为介子推也。"

（3）吴越一带又有祭祀伍子胥之俗，《荆楚岁时记》："屈原此日投江死后，人以舟楫救之，遂因以为俗，越地传曰：'竞渡之事起于越王勾践'，今龙舟也。""邯郸《曹娥碑》云：'五月五日，时迎伍君，逆涛而上，为水所淹。'斯又东吴之俗，事在子胥，不关屈平也。"汉晋之际，楚地人民将龙舟竞渡赋予了拯救屈原、为其招魂的新义。

学生诵读：学生穿汉服，向老师、同学、家长行礼，吟诵《离骚》《怀沙》《湘夫人》等诗作。

（设计者：西北师范大学教育学院硕士　周梦婷、董朝彦）

（二）评析

1. 在"歌诗—习礼—诵书—宣志"中实践综合性课堂

《端午》综合性学习设计，是借鉴王阳明"歌诗—习礼—诵书—宣志"的实践性课程而展开的。用王阳明的话来讲："凡诱之歌诗者，非但发其志意而已，亦所以泄其跳号呼啸于咏歌，宣其幽抑结滞于音节也。导之习礼者，非但肃其威仪而已，亦所以周旋揖让，而动荡其血脉，拜起屈伸，而固束其筋骸也。讽之读书者，非但开其知觉而已，亦所以沈潜反复而存其心，抑扬讽诵以宣其志也。"①

本设计以传统节日端午为主题，巧妙地将"歌诗—习礼—诵书—宣志"等融汇到综合性学习中，形成了相互关照、彼此支持的综合性学习课程。首先通过"抢答"的形式，引出端午的相关话题，进而将这些话题分为四个主题，由四个小组承担。四个主题分别是：端午由来大探秘（了解屈原生平等故事）、端午美食大荟萃（体验包粽子）、端午习俗大搜索（了解佩带荷包、挂艾草等）、端午诗歌大传唱（吟唱端午诗歌等）。每个小组在确定的主题下，通过访谈、体验、搜集资料、汇总报告等形式，形成对该主题的探索和结论，并以一定形式的成果加以展示。在这个过程当中，吟唱端午诗词，不仅可以增进学生对于传统节日的了解，而且可以激发学生对于传统文化的兴趣；了解端午习俗，使得学生关注其身边的传统文化，了解北方和南方端午习俗的差异，在与当地长者或传统艺人的交流当中，形成对于生活的理解和健康的人生态度；学生参与端午美食的制作过程，是学生体验生活的重要途径，相信本次参与粽子制作与以往仅仅品尝粽子的端午有着不一样的内心体验；了解端午由来的过程，是对中华传统文化的探索之旅，通过对介子推等故事的讲述，了解端午的渊源，赋予现代习俗以精神意蕴。最后，学生穿汉服，吟诵《离骚》等诗歌，在抑扬顿挫的吟诵当中弘扬学生的爱国志向，培养其端正的心性。

---

① （明）王阳明撰：《传习录》，于自力、孔薇、杨骅骁注译，中州古籍出版社2008年版，第280页。

该综合性学习课程，不仅涉及语文学习活动如诵读诗歌、讲授传统故事、写作调查报告等，还涉及思想品德教育、传统文化教育、社会实践等内容，而且重视学生的参与和体验、团队协作精神等的培养。这样的综合性学习活动，形式丰富多样、内容充实具体，在活动当中历练学生的思维能力、言语能力、审美能力和探究能力，能够达到传统语文所难以达到的教育目的，在体用不二的实践活动当中，获得对世界的理解和感知，从而促进自我主体的发展。

2. 在语文实践活动当中凸显学生的创造力

语文综合性学习是姓"语"的，尽管课程设计的初衷是弱化学科的边界，强调在语文学习中融汇其他课程的内容，注重语文学习与生活的结合，关注学生创造能力、探究能力、合作能力的培养。但如果要使语文综合性学习更加有效地开展，还需有一定的抓手，而这一抓手正是学生听、读、说、写等语文素养的发展。

从本设计来看，对学生语文素养的培养主要体现在以下三个方面。第一，在"端午习俗大揭秘"中突显阅读能力。关于端午节的由来，学生可以通过书籍或互联网查阅资料。这些资料很多出自前人的研究成果，很多地方还存在争议。因此，这一活动是对学生阅读能力的检验，看学生是否具备阅读过程中检索信息分析处理信息以及得出恰当结论的能力。例如学生阅读补充材料：

> 南方祭祀屈原。闻一多：《端午考》《端午节的历史教育》"龙的节日""龙子节"。《续齐谐记》："屈原五月五日投汨罗而死，楚人哀之，每至此日，辄以竹筒贮米，投水祭之。"《艺文类聚》卷四引周处《风土记》："仲夏端五，烹鹜角黍。端，始也，谓五月初五日也。又以菰叶裹黏米，煮熟，谓之角黍。"又《记纂渊海》引《岁时记》："或云亦为屈原，恐蛟龙夺之，以五彩线缠饭投水中，遂袭云，是日命舟楫拯之，至今为竞渡之戏。"

这段材料列举了不同时期学者、典籍对于端午由来的考证和理解。如闻一多《端午考》认为，端午是"龙子节"；《续齐谐记》提出,因为屈原在五月初五投江,楚人为了祭奠他,每到这一天,就用竹筒装米,投入汨罗江;《艺文类聚》引用《风土记》称,每到端午,人们就会煮粽子,这种用菰叶包着黏米煮熟的食物,在古代被称为"角黍";而《记纂渊海》引用《岁时记》称,因为屈原投江,所以用五彩的线缠绕饭团投入江中,并坐船去江中拯救他,后来就因袭了这个传统,改为赛龙舟。学生通过查阅文献了解了端午的由来,可以培养学生在问题情境下的阅读能力,培养学生借助工具书阅读文言材料的能力。

第二,"端午美食大荟萃"和"端午习俗大搜索"关注口语表达能力。学生需要在全班展示他们的学习体验活动,介绍粽子的发展及其形态、品种、营养价值等,介绍端午的习俗特点与由来,让学生不但能够"感受到",而且能够"说得出"。从语文素养的角度观之,学生口头表达能力的培养,需要结合一定的语境展开,使得学生言之有物,而且力争言之有序。

第三,"端午诗歌大传唱"培养诗词鉴赏能力和审美能力。端午诗词有着不同的时代特色,也是端午传统文化的重要组成部分。例如唐代殷尧藩的《端午》,"少年佳节倍多情,老去谁知感慨生。不效艾符趋习俗,但祈蒲酒话升平。"以"端午"为题,表达了作者对年华易逝、人生易老的无限感慨。唐代卢肇《竞渡诗》"鼙鼓动时雷隐隐,兽头凌处雪微微。冲波突出人齐譀,跃浪争先鸟退飞。"记载、描绘了端午时节龙舟赛上,鼙鼓初击、兽头吐威、万人助喊、多船竞发的生动场景。欧阳修的《渔家傲》描绘了当年端午的风俗习惯,吃多角粽、饮菖蒲酒、沐香花浴;同时又是一幅生活写意画,细腻地刻画了一位深闺女子的端午日常生活:用五色新丝缠裹的粽子,由金盘盛着,女主人公喝着菖蒲美酒,沐浴更衣,睡眼惺忪中小寐,窗外黄鹂的鸣叫却打破了宁静,唤醒了她的美梦。这与文天祥的《端午感兴》在境界上形成强烈的反差:"当年忠血堕谗波,千古荆人祭汨罗。风雨天涯芳草梦,江山如此故都何。"作者通过对屈原的缅怀,表达了强烈的家国情怀。同样是端午体裁的诗词,不同时代的作者借此抒发了他们独特的情怀和感受,通过诗词传唱,历练学生的诗词鉴赏能力。

由此可见，语文综合性学习最终是以语文聆听、阅读、表达、写作、审美、探究等综合实践能力为核心目标的，在具体的任务驱动当中，培养学生的语文素养和创造力。

二 语文综合性学习原则与策略

语文综合性学习是以学生和谐发展为中心，紧密联系学生生活，综合听、读、说、写的课程目标，综合多种学习方式，渗透多学科知识与能力的实践课程。综合性学习具有主体性、参与性、生成性的特点。其中，主体性是指在语文综合性学习过程中涵养学习者独立、自由、自强、自律、合作与宽容精神。参与性是指在参与研制学习方案、实施学习计划、评价学习效果、总结学习经验、确定发展目标等整个学习过程中，学生所表现出来的饱满热情与能动行为。生成性是指在综合性学习中，学生通过提出问题、解决问题这一过程，形成言语实践、思维创新、审美体验等综合语文能力和素养的发展。

2011年《义务教育语文课程标准》在课程基本理念"积极倡导自主、合作、探究的学习方式"中谈到综合性学习的价值：语文学习应注重听、说、读、写的相互联系，注重语文与生活的结合，注重知识与能力、过程与方法、情感态度与价值观的整体发展。综合性学习既符合语文教育的传统，又具有现代社会的学习特征，有利于学生在感兴趣的自主活动中全面提高语文素养，有利于培养学生主动探究、团结合作、勇于创新的精神，应该积极提倡。

课程标准还详细描绘了义务教学不同学段对"综合性学习"的基本要求。如第四学段的要求是：

1. 自主组织文学活动，在办刊、演出、讨论等活动过程中，体验合作与成功的喜悦。

2. 能提出学习和生活中感兴趣的问题，共同讨论，选出研究主题，制订简单的研究计划。能从书刊或其他媒体中获取有关资料，讨论分析问题，独立或合作写出简单的研究报告。

3. 关心学校、本地区和国内外大事，就共同关注的热点问题，搜集资料，调查访问，相互讨论，能用文字、图表、图画、照片等展示学习成果。

4. 掌握查找资料、引用资料的基本方法，分清原始资料与间接资料的主要差别，学会注明所援引资料的出处。

综合性学习的评价，注重考察学生的语文综合运用能力、探究精神与合作态度；主要着眼于学生在综合性学习过程中的表现。如是否能积极参与活动，是否能主动提出问题，还有搜集整理材料、综合运用语文知识探究问题、展示与交流学习成果等方面的情况。在第一、二学段，应较多地关注学生参与语文学习活动的兴趣与态度。到第三、四学段，则更多地关注学生在语文活动中提出问题、探究问题以及展示学习活动成果的能力。

为了体现国家设置综合性学习的基本理念，落实综合性学习的目标，语文综合性学习设计应该体现以下四条基本要求：

第一，综合性学习设计应贴近学生生活。

综合性学习设计应充分开发和利用学校及其周边的各种课程资源，如人文资源、自然资源等，从学生的兴趣与特长出发，动员学生自主选择研究课题。综合性学习应贴近现实生活，联系生活中的实际问题开展学习活动，在实现语文学习目标的同时，提高对自然、社会现象与问题的认识和理解，追求积极、健康、和谐的生活方式，增强在与自然、社会和他人互动中的应对能力。

第二，综合性学习设计应体现开放性和多元性。

综合性学习要体现语文知识的综合运用能力，在促进学生听、读、说、写能力的整体发展基础上，加强与其他课程的沟通、书本学习与生活实践的紧密结合。综合性学习的设计应是开放、多元的，提倡在发展语文素养的基础上，开展跨学科、跨领域学习。还要积极构建网络环境下的学习平台，拓展学生学习和创造的空间，支持和丰富语文综合性学习。跨学科学习也应以提高学生语文素养为目的。

综合性学习的开放性还应突出学生的自主性和合作精神，重视学生主动积极的参与。活动主要由学生自行设计和组织,特别应注重探索和研究的过程,要加强教师在各环节中的指导作用。

第三,综合性学习方案应具体明确,具有操作性。

综合性学习的方案应该做到目的明确、步骤清晰、任务具体、条件有保证。在综合性课题确定以后,课程组便要制定综合性学习计划和方案。其中,学习目标要具体明白。学习内容、资料来源、活动方式要交代清楚。综合性学习小组要有明确的分工,各项任务要落实到人。完成综合性学习的各项条件,如时间、场地、设备、经费、安全等也要具体说明,尤其要鼓励每个成员能动地创造条件以实施学习方案。

从学习过程来看,要强化情境体验、资料收集、问题解决、汇报反思等环节。在综合性学习中,学生将面临一个完全不同于接受性学习的情境,没有现成的资料,没有现成的标准答案,没有固定的学习方法。因此,在这种情境当中,学生合作探究能力就显得非常重要。既要重视学生收集资料、整理资料、分析资料、运用资料的过程,还要强调发现问题、解决问题能力的培养,以及汇报、呈现、反思等学习环节。学生要学习用文字、道具、音像、幻灯片等多种形式向大家展示课题学习成果,并通过反思将综合性学习过程推向新境界。

第四,综合性学习评价要着眼于学生语文核心素养的发展。

综合性学习的评价,应注重学生在语文知识问题情境当中,探究能力、合作能力的培养。在综合性学习中,一是要注重对学生情感态度的评价。因为学生是否积极参与活动,参与过程当中是否投入精力和情感,提出建设性方案,并能与同伴合作达成目标,是综合性学习重要的评价标准。二是要对学生作整体评价。在综合性学习当中,学生的分工不同,所体现的价值也不同,但小组内学生如果能够有效地展开合作,完成任务,那么每一个人的贡献都是不可忽略的。因此,要注重对团队精神、合作状态展开评价。整体性评价不仅要关注学生最后呈现的成果,而且要对开展活动过程当中的表现进行评价。三是要充分发挥评价的激励功能。在综合性学习当中,无论是成功体验还是挫折体验,都是学生自我发展的过程与经验。四是要注重评价主体的多元化。不但有教师的评价，而且可以开展小组之间的相互评价，小组内同伴之间的相互评价，学生的自我评价，家长与社会参与者评价等。因此，综合性学习的评价最终是要促进学生语文核心素养的发展，从语言发展、思维历练、审美体验、文化认同等方面综合提高学生的语文素养。

结　语

刘勰在《文心雕龙·原道》中讲道：

> 仰观吐曜，俯察含章，高卑定位，故两仪既生矣。惟人参之，性灵所钟，是谓三才。为五行之秀，实天地之心，心生而言立，言立而文明，自然之道也。①

其意是说：仰望太空，光芒曜射；俯视大地，文采纷披；高低的位置既然已经确立，天地便形成了。人以第三者出现于天地之间，那是天地的灵气凝聚而生成的，所以把天地人叫作"三才"。人是五行的英秀，天地的心灵，人出现后，便有了语言，语言发展，变成了文章，这是自然的道理。这段话表明了两方面的含义：首先，人为宇宙立心，客观的宇宙天地在有了人之后才有了"灵气"，离开主体的客体是没有意义的，而且主体（人）与宇宙天地的关系是和谐统一的；其次，宇宙万物在"语言"中得以明朗起来。正所谓"心生而言立，言立而文明"，语言文字不仅是交际的工具，而且本身蕴含着丰厚的精神文化内涵。《乐记》也讲道，"是故情深而文明，气盛而化神"，强调了"本于心"的语言文字，也强调"人"与"天地"的交融和对话。

因此，人之不同于物的精神性特征表现为人的二重性：人既有自由意志和独立自主性，又能相互进行有意识的而非本能的合作、交流

---

① （梁）刘勰：《文心雕龙》，郭晋稀注释，岳麓书社2004年版，第2页。

和对话。此二者不可分离，因此人与人才能结为"一体"而又不牺牲个人的尊严和个体性。① 从西方哲学思想来看，海德格尔说，有语言的地方才有世界；人的存在基于语言；伽达默尔说，能被理解的存在就是语言。没有语言性之外的"自在世界"。这样，语言便由原先作为主体（人）的工具而反映和再现客体的地位转变为"先在"的地位：不是人在说语言，而是语言在说人。②

在这种以"语言"为"先在"的哲学观照下，语文教学就是在共时性的情境当中，通过言语实践形成交融与对话，进而生成语文教学的意义和价值。这种主客一体的教学观念，可谓在某种程度上达成了中西的会通。③ 因此，语文教学应该立足于"言语实践"之本，在言语实践中全面提高学生的语文素养，这是一个主客一体、一心二门的教学过程，立足于言语实践活动，一方面向外拓展，通过学习者与文本、作者、教材编者等的对话，形成重建世界的文化实践；另一方面向内收摄，通过学习者与自我的对话，形成重塑自我的创造性实践；进而通过学习者与教师、与同伴等的对话，形成重建关系的社会性实践。这正是对话教学的核心。本书的初衷和最终目的在于探究语文教学的本真状态，追寻一种能够代表母语教学特点的教学理念和方法。

一　对于中国传统对话思想的挖掘

对话教学理论的发展更多地在西方。从巴赫金到布伯尔，从伽达默尔到弗莱雷，无论是从对话的哲学思想还是对话的教育理念的发展，毋庸置疑，西方的思想家和教育家为 20 世纪以来对话理论的发展贡献了巨大的力量。谈及中国对话教育，研究者大多会追溯到中国的孔子。作为轴心时代的著名哲学家，孔子的对话教育与西方苏格拉

---

① 张世英：《进入澄明之境——哲学的新方向》，商务印书馆 1999 年版，第 251 页。
② 同上书，第 221 页。
③ 参见牟宗三《圆善论》《中国哲学十九讲》，吉林出版集团有限责任公司 2010 年版。

底的"产婆术"式对话教育可谓遥相呼应。也有学者注意到中国禅宗的对话思想,但整体上讲,对于中国传统教育中存在的对话思想的挖掘还有很多的不足。

张志公在20世纪90年代准备再版1962年出版的《传统语文教育初探》一书时,就提出了这样一个问题:在20世纪90年代再出版关于传统语文教育的书有无必要?答案是肯定的:有,并且还有点迫切。他感慨道,一个人需要了解别人,也需要被别人了解。[①]对话理论亦然。当我们从西方哲学家布伯尔的"我—你"关系世界的视角重新审视"教学"关系时,发现"教学"从本质上讲就是一场对话,而这种"关系"哲学或"主体间性"观点,与佛教禅宗的"体用一如""明心见性"等观念有着相通之处,明代心学大师王阳明的"一体之仁""知行合一"等思想同样阐发了这种对话关系的境界。因此,近代学者张世英在其著作当中,专门就"人与人"和"人与物"的关系问题比较了布伯尔和王阳明的思想观念。语文教育作为母语教育,其发展历史与中国古代教育一样源远流长,而且其中蕴含着许多独具特色的教育思想和方法,这对于当代语文教学的发展无疑具有借鉴意义。

因此,本书主要对儒、释、道三家思想进行了探究,梳理了其中所蕴含的对话理念及其对语文教育的影响和启示。从儒家来看,孔子作为儒家学说的创始人,其言论集《论语》很好地体现了中国古代的教学观念和模式。其中礼乐化之的和谐、自然、平等的教学模式在当今看来仍是对话教学的一种典范;其"兴观群怨"的"诗教"范式,为当代语文的对话教学同样提供了一种典范。孟子作为孔子衣钵的继承者,其"以意逆志、知人论世、知言养气"的文学理论观点,为当代语文阅读对话教学提供了一种典范。

从道家来看,道家的教育思想则具有超功利性的特点,强调的是尊重生命,崇尚自然,肯定人与世界的和谐关系。因此,老子提出

[①] 张志公:《传统语文教育教材论——暨蒙学书目和书影》,上海教育出版社1992年版,第136页。

"行不言之教，处无为之事"的主张，将教育春风化雨般的境界表现得淋漓尽致；他提出的四种从政的境界同样适用于教育，即"太上，不知有之；其次，亲而誉之；其次，畏之；其次，侮之"。其中，"不知有之"的"太上"境界正是在师生平等、和谐的对话教育当中实现的，学生不是作为教师知识灌输的接收器，而是一种主动探究、注重生成的教育过程。而且，道家等量齐观的平等世界观，对教育而言是对差异性和丰富性的尊重。首先，应当提倡平等的师生关系。庄子认为，主体间之所以存在观点的分歧和差异，是因为人有偏执一家的"成心""夫随其成心而师之，谁独且无师乎？"（《齐物论》）其大意是说，如果以自己内心固有的成心为"师"的话，那么谁没有这样的"师"呢？因此，在语文教学中，教师应该充分尊重和信任学生。教师作为成人，在知识的储备和理解力上往往高于学生。但语文教育的目的不仅仅是给学生传授既定的、客观的知识，更要引导学生学会与教师、同伴、文本、自我等进行多重对话，在尊重和理解当中走向视界的融合。

中国禅宗主张刹那顿悟，明心见性，这是一种对自由的主体人格精神的追求。所谓识见本性的人，即立文字与不立文字都可以得法，来去自由，没有阻滞。因此，学生语文学习的最终目的不是要建构一套客观的知识体系，不是一种占有或屈从的关系，而是要在与客观世界对话的学习过程中，最终实现"明心见性"的目的；通过与外在世界的对话，达成对自我本性的觉悟与回归。因此，明心见性对语文教学的启示在于回归教育的原初目的，而不是要迷失在科学化、工具化的题海和技术当中。禅宗还提出了"非关文字"的观点，即鼓励人们于"非关文字"处生发创造性的思想。语言既是大众交际的重要工具，同时其"言语性"又带着深深的个人烙印，因此语文教学应注重学生创造性思维的培养。

在探究儒、释、道三家的对话思想及其对语文教育的影响之外，本书还专门探究了明代哲学家王阳明主客一体的对话思想和知行合一的实践哲学。在语文教学中，应立足于"言语实践"活动，在"听、读、说、写"的实践活动当中积淀语文知识、培养学生的思维能力、审美能力等，这是一个"知行合一"的过程。因此，正如王阳明所言："知之真切笃实处即是行；行之明觉精察处即是知。"

二 语文对话教学的核心价值探究

通过理论研究与实践探索，我们试图为语文对话教学下定义。基于释义学和主客一体的哲学观，语文对话教学是以语文知识为中介，涵养学生言语能力、思维能力、审美能力及其情感态度的有效性、创造性的实践活动。其外延一是重建学习者与客体（语文知识与语文能力）的文化性实践关系，即求真的关系；二是重建学习者与自身（情感行为与创造能力）的存在性实践关系，即求善的关系；三是重建学习者与他人（合作精神与分享能力）的社会性实践关系，即求美的关系。对此，其核心内涵乃是"听、读、说、写"的言语实践活动。语文教学的独特个性不是工具性也不是人文性，而是"言语性"，这是语文课程区别于其他课程的显著特征。语文课程的思维性、知识性、审美性等都是在"听、读、说、写"的言语实践中得以实现的，这是一个主客一体的过程，离开了言语实践活动，语文对话教学就无所依附。这也是基于母语教学的特点提出来的。无论是从索绪尔提出的"语言"与"言语"的关系，还是从释义学哲学家提出的"语言是存在的家"等观念来看，语文教学应该立足于学生的言语实践活动，同时，评价语文对话教学的重要指标也要看是否有言语产品的生成。而且，从语文实践的角度来看，从古到今的教育家都反复强调语文教学的言语实践性。

清代桐城派代表人物姚鼐认为："大抵学古文者，必要放声疾读，又缓读，只久之自悟；若但能默看，即终身作外行也。"桐城派所讲的"诵读"以及"因声求气"，与先秦时期孟子所讲的"知言养气"是一脉相承的，唐代韩愈则提倡"气盛言宜"等，这些大家的观点表明：语文教学应由言语对话深入对学习者的感染和熏陶，讲究语文"气"论。现代语言学家和教育家王力也认为："要培养学生阅读古书的能力，主要问题不在于语法，而是词汇。"[1] 因为单讲语法或单讲文言文虚词之类，尽管看上去实用，但只有理性认识而没有感性认识，古代汉语的修养仍旧是提不高的。"只有熟读一二百篇古文，然后感性认识丰富了，许多书本上所未讲到的理论知识，都可由自己领略得来。"[2] 可以看出，王力反复强调提高古文素养的方法是熟读，教学的重点在于"词汇"，至于时代背景和作者生平，乃至对文章分析批判等，都是不必要的，要紧的是把词汇讲清楚，使学生不要误解。正所谓"书读百遍，其义自现"。这与对话教学所强调的"言语实践"是相契合的。现代语言学家、教育家吕叔湘也在其论著中强调语文教学"听、读、说、写"言语实践的重要性。他认为，有些作品不分析还能感动人，一分析倒不行了。他打比方说："这叫七宝楼台，拆下来不成片段。"因为文学的作用主要是感染，学习文学作品主要是读，听人读，自己读，那么文学作品的作用就更容易发挥。[3] 而且，吕叔湘援引古代传统语文教育对于"读法"的追崇以及美国教师在"诵读"中学习莎士比亚作品的例子，来说明语文教学"听、读、说、写"的言语实践的重要性。当代语文特级教师韩军也提出"举三反一"的语文教学方法，他认为"举一反三"的思路，实际上就是一种完全科学化、理科化的路子，几十年中国语文教育一直在少、慢、差、费中徘徊，与此大有关联。[4] 而且，"举一反三"还有两大弊病，即"重分析，轻感悟"和"重理解，轻积累"。语文教师讲得"太多"，用吕叔湘提出的例子来讲，一个"天安门"要从1840年的鸦片战争讲起，一直讲到中华人民共和国的成立，可以讲四节课。[5] 这里，离开了学生的"听、读、说、写"的言语实践，语文教学的内涵就大打折扣了，就如讲四节课的

---

[1] 王力：《关于古代汉语的学习和教学》，唐作藩、李行健、吕桂申编：《王力论语文教育》，河南教育出版社1996年版，第31页。
[2] 同上书，第6页。
[3] 吕叔湘：《吕叔湘语文论集》，商务印书馆1983年版，第345页。
[4] 韩军：《韩军与新语文教育》，北京师范大学出版社2006年版，第34页。
[5] 吕叔湘：《吕叔湘语文论集》，第347页。

"天安门",其实已经上成了历史课、政治课或者综合课等,就是没有语文的内涵。

语文对话教学以言语实践为核心的特征,实际上也凸显了语文教学的本真状态。所谓"语言是世界的边界",语文教学作为母语教学,其传统文化和语文知识,以及审美能力、思维能力的培养,都附着在语文言语实践活动当中。例如学习杜甫《闻官军收河南河北》诗中有一句是"青春做伴好还乡",教科书上讲"青春",即"明媚的春光",看上去意思很通顺,但这是对古代汉语词汇的"望文生义"。从《辞海》中我们看到,"青春,春时草木滋茂,其色青葱,故曰青春"。春天,草木都返青了,所以叫"青春",这说明了汉语词汇丰富的内涵和历史文明的积淀。当理解了"春时草木滋茂,其色青葱,故曰青春"的含义之后,再读杜甫的"青春作伴好还乡",又将体会到与先前不一样的诗意和境界。这正是立足于语文教学"言语性"的特征,在与语言、文本的对话当中,提升学生综合语文素养的教学过程。

此外,语文对话教学中良好师生关系的建立,也是基于语文专业内涵的民主、平等的关系。通过实践研究我们发现,良好师生关系的形成,除了教师需具有普遍意义上的"民主、平等"观念外,尚需建立以专业知识为对话平台的师生关系。正如《学记》所讲到的,学生能够"安其学",而后能够"亲其师""乐其友"。如果语文教学过程是一种机械的、枯燥的知识传递过程的话,师生之间就难以形成真正意义上的民主、平等的交流与对话,那么良好师生关系的教育作用也就无从谈起。

三　语文对话教学的实践探索

英国学者韦尔斯认为,教学的内容固然重要,但在实践当中用什么方式获取知识更为重要,因为它直接影响着受教育者的认知习惯和思维发展的潜力。因此,基于语文对话教学的核心价值,在实践当中如何更好地唤起学生学习的兴趣和热情,激发其对话教学的有效性开展和创造性生成，则有赖于对语文教学对话机制与策略的探讨。因此，本书第六、七部分着重探讨了对话教学的实施机制与策略，第八部分着重从不同类型的语文教学内容来具体分析对话教学实践的原则和设计。

语文对话教学的实施机制主要包括"有效性机制"和"创造性机制"。需要指出的是，"创造性机制"与"有效性机制"是彼此支持的过程，只是关注的侧重点不同而已。"有效性机制"包括"准备前提—建构目标""营造情境—落实过程"和"言语分享—有效反馈"。首先，从教学目标的制定来看，本书结合布鲁姆的教育目标分类标准提出了语文课程的教学目标，包括发展学生的言语实践能力、积淀语文知识、历练语文思维能力、促进学习者主体个性的发展。其次，从语文对话教学的过程落实来看，我们提倡创设"语文知识问题情境"，强调以"语文知识"为教学的中介和基础，形成"言之有物""神形兼备"的对话教学。本书还结合具体的语文教学实践，分析了"支架"范式、"兴观群怨"范式、"知言养气"范式等在一堂语文课乃至一个单元的语文教学中的运用。这些范式都是一种开放性的对话教学模式，对于语文对话教学仍具有积极的借鉴价值。最后，通过"言语产品"的分享，实现学生言语的"外化"并对目标达成的情况进行有效反馈。

语文对话教学"创造性机制"包括"建构能力体系—运作有效过程—预测创造能力"。"建构能力体系"是指在教学中对学生情感能力、思维能力和言语能力等创造性能力的培养过程。语言与文化内涵的结合，是创造性能力建构的重要保障。作为母语课程，其创造性能力的建构不仅着眼于语文作为表达和交际的工具性层面，同时还应着眼于母语教育的文化熏陶和精神陶冶的价值层面。"运作有效过程"机制同样也包括"创设语文知识的问题情境""支架"范式、"兴观群怨"范式、"知言养气"范式，等等，因为其开放性的对话特征，同样也是激励学生创造性活动的有效机制。根据韦尔斯的理论，人获取知识是一个"由内而外"和"由外而内"的过程。因此，从"初步感知"到"交流互动"，再到"生成建构"，最后形成"反馈矫正",语文对话教学应在言语实践当中步步深入,最终达成一种开放性、创造性的"对话"。在"建构能力体系"和"运作有效过程"的基础之上,我们便可以"预测创造能力",语文对话教学的言语实践活动不是一种机械的重复或鹦鹉学舌,而应当注重对话的品质。文学阅读的"陌生化"和"文学性"概念的提出强调的正是阅读过程应当关注语言和文本"内部",而不是一种普遍性、标签式的解读,语文教学内涵的丰富性,决定了在语文教学当中教师应该努力创设"通向学习者内心"的窗户,使学习者在一定的知识问题情境中获得个性化的体验和知识。

从语文对话教学的实施策略来看,本书主要从对话教学师生的实施策略以及课堂组织策略角度入手,探讨其具体的策略问题。从教师的角度来看,主要包括"师严"与"赋权"问题。《学记》曰"师严然后道尊",我们认为,"师严"并不是指教师对学生要"严肃"的意思,而是强调教师教学的"严谨"和"严格"。只有做到"师严",才能体现"道尊",才能将学生带入丰富而生动的专业世界里,形成有专业内涵的深层次的对话活动。而"赋权"主要是指在班级授课制下,学生往往处于相对弱势的地位,教师如何赋予学生平等对话和参与的权利问题。从学生的角度来讲,应该把握学生的"学情",施教不可躐等,遵照语言学习"举三反一"的规律,才是学生学习的"坦途"。语文对话教学的实施除了要求教师具备扎实的专业素养和为学生创设参与和言语实践的机会外,还需要关注学生的"学情"和心理特点。韦尔斯指出,教育要通过对话和交流来完成,其主题必须与学生的生活和认知密切相关,并且能够引起他们的兴趣,否则教育就没有意义。因此,保护学生的好奇心和对未知事物的兴趣,鼓励学生产生理解世界的愿望并愿意与他人共同探究是学校教育的一个重要任务。[1] 因此,不是填鸭式地告诉学生语文知识,而应结合学生的"学情"以及学习的心理特点,不陵

---

[1] [英]韦尔斯:《在对话中学习:社会文化理论下的课堂实践·导读》,外语教学与研究出版社2010年版,第xiii页。

节、不躐等，循序渐进地开展对话教学。从语文对话教学课堂组织的策略来看，本书主要论及了课堂对话的策略和小组合作学习的策略。对话教学的课堂对话模式是一种"对话中心教学"模式，也叫"师生共同探究式教学"模式，它有其技术特点。此外，课堂对话中的搁置判断、"倾听"、质询与思考、非语言交流等技术策略同样值得关注。本书还结合具体的调查研究，探讨了小组合作学习的内容选择策略和组织策略。

在实践当中落实语文对话教学，除了从实施机制和策略的层面进行探讨之外，本书还从"听、读、说、写"四个层面的具体教学内容入手，探讨在识字写字、阅读、写作和口语交际中实施对话教学的原则与方法。本书用大量的课堂实例，深入分析了语文教学不同内容的特点以及对话教学的设计思路和方法。总体上讲，"听、读、说、写"的言语实践是相互联系并能够相互迁移的，阅读教学应结合一定的写作教学开展，识字、写字教学也应与阅读教学相配合，阅读教学本身是写作教学的基础，学生由阅读到模仿再到写作，是学生由建立规则到创造的过程。

四　反馈的有效性和创造性问题

语文对话教学的反馈是对语文对话教学这一事件的基本价值的评判过程，是根据语文对话教学的价值取向和目标，对语文对话教学活动进行检测、诊断、反馈、调控进而改进的过程。基于语文对话教学的价值追求，反馈具有有效性和创造性两大特征。有效性反馈主要是指通过语文教学"走进文本"—"走出文本"—"走进自我"的对话过程，形成"听、读、说、写"的言语产品，并在此基础上积淀语文知识，培养学生思维能力、审美能力以及主体个性的发展。创造性反馈一方面是指反馈应关注语文对话教学的创造性特征，反对用通识价值判断替代个性化的理解和学生创造性言语实践的生成。如在研读文本的过程中要注重涵养创造性思维，在"意象迁移"中萌生创造性言语产品，教师应该及时鼓励学生进行创造性言语实践等。另一方面对话教学反馈的形式和方法也应具有创造性。如促进反馈主体的多元化,综合运用学生相互反馈、学生自我反馈、专家反馈、校长反馈、教师相互反馈、教师自我反馈等多种形式,在多元反馈的对话当中提高语文教学水平。同时,还应注意反馈方式的多样化,即因地制宜地采用适合的策略和方法进行反馈。如综合运用纸笔测试、观察活动和成长记录等反馈方式;结合运用前置性反馈、过程性反馈与终结性反馈;在内容上关注认知性反馈、情感性反馈和技能性反馈等,从而使反馈不但关注学生语文素养的知识层面,而且关注情感层面和价值层面;不但关注学生现有的语文学习水平,而且关注学生学习的习惯和态度;不但关注外在的行为表现,而且关注师生内在的情感和经验;使得语文教学在多元化、多样化的创造性反馈当中实现语文对话教学的终极目标。

基于以上四个层面的探讨,本书构建了关于语文对话的较为系统的、全面的、以实践为基础的理论体系。这样的研究不但具有理论意义,而且具有实践价值。其实践价值一方面在于理论探讨对于实践的指导;另一方面则在于实践对于理论的强有力支撑。因为在教学第一线,有许多教师运用自己的实践智慧不断地探索着语文教学的本真和理想状态。什么是真正的语文教学?语文教学需要教给学生什么?如何实现语文教学的目的?这些问题的答案是多种多样的,但有一点可以肯定,那就是好的语文教学必然是一种令人愉悦的、有创造性的言语产品生成的教学。它既包含着语文的听、读、说、写的言语实践基础,又包含着师生精神的交融和敞亮的状态。因此,从本质上讲,语文对话教学就是对这样一种至真、至善、至美的语文教学境界的追求,通过一心二门、主客一体的言语实践,积淀学生的语文知识,培养学生的言语能力、思维能力和审美能力等综合语文素养的有效性、创造性实践活动。

正如《学记》所言:"善学者师逸而功倍,又从而庸之;不善学者师勤而功半,又从而怨之……善待问者如撞钟,叩之以小者则小鸣，叩之以大者则大鸣，待其从容，然后尽其声。"① 语文对话教学是一种人与世界、人与人、人与自我的对话，通过对话实现一种交融和敞亮的审美状态，进而实现人的完善与发展。因此，说到底，对话教学的核心是对学生创造性言语实践能力的激发，教师应该做"善问者"，让学生能够从容地"尽其声"，实现事半功倍的、令人愉悦的语文教学。

---

① （清）孙希旦撰，沈啸寰、王星贤点校：《礼记集解·学记第十八》，中华书局1989年版，第969页。

参考文献

（清）刘宝楠：《论语正义》，中华书局1990年版。

杨伯峻：《论语译注》，中华书局1980年版。

（清）焦循：《孟子正义》（新编诸子集成本），中华书局1987年版。

杨伯峻：《孟子译注》，中华书局1980年版。

董洪利：《孟子研究》，江苏古籍出版社1997年版。

朱谦之：《老子校注》，中华书局1984年版。

陈鼓应：《老子注译及评介》，中华书局2003年版。

熊铁基：《中国老学史》，福建人民出版社2005年版。

（清）郭庆藩：《庄子集释》，中华书局1997年版。

曹础基：《庄子浅注》，中华书局1994年版。

王先谦：《荀子集解》，中华书局1988年版。

（清）孙希旦撰，沈啸寰、王星贤点校：《礼记集解》，中华书局1989年版。

（宋）朱熹：《四书章句集注》，中华书局1983年版。

崔大华：《庄学研究》，人民出版社1992年版。

《金刚经·心经·坛经》，中华书局2007年版。

许抗生：《僧肇评传》，南京大学出版社2006年版。

（梁）刘勰撰，郭晋稀注释：《文心雕龙》，岳麓书社2004年版。

（唐）韩愈：《韩愈文选》，童第德编，人民文学出版社1980年版。

李逸安译注：《三字经·百家姓·千字文·弟子规》，中华书局2009年版。

（明）王阳明：《传习录》，于自力、孔薇、杨骅骁注译，中州古籍出版社 2008 年版。

张祥浩：《王守仁评传》，南京大学出版社 2006 年版。

（清）张之洞：《劝学篇》，中州古籍出版社 1998 年版。

鲁迅：《鲁迅全集》第 1 卷，人民文学出版社 1981 年版。

钱穆：《国学大纲》（修订本），商务印书馆 1996 年版。

钱穆：《国学概论》，商务印书馆 1997 年版。

梁启超：《作文入门》，教育科学出版社 2007 年版。

王国维：《王国维学术文化随笔》，中国青年出版社 1996 年版。

高平叔编：《蔡元培教育论集》，人民教育出版社 1980 年版。

蔡元培：《蔡元培教育名篇》，教育科学出版社 2007 年版。

夏丏尊、刘熏宇：《文章作法》，教育科学出版社 2007 年版。

夏丏尊：《夏丏尊教育名篇》，教育科学出版社 2007 年版。

夏丏尊、叶绍钧：《国文百八课》，三联书店 2008 年版。

夏丏尊、叶圣陶：《文心》，三联书店 2008 年版。

叶圣陶：《叶圣陶教育名篇》，教育科学出版社 2007 年版。

叶圣陶：《叶圣陶语文教育论集》，教育科学出版社 1980 年版。

叶圣陶编，丰子恺绘：《开明国语课本》，开明出版社 2010 年版。

朱自清：《朱自清语文教育经验》，教育科学出版社 2007 年版。

瞿世镇、董坚志等编纂，朗读者整理：《民国小学生作文》，广西人民出版社 2011 年版。

王策三：《教学论稿》，人民教育出版社 1985 年版。

马良怀：《崩溃与重建中的困惑——魏晋风度研究》，中国社会出版社 1993 年版。

苏立康：《语文教学对话录》，北京教育出版社 1993 年版。

李泽厚：《中国古代思想史论》，安徽文艺出版社 1994 年版。

董小英：《再登巴比伦塔——巴赫金与对话理论》，三联书店 1994 年版。

金生鈜：《理解与教育——走向哲学解释学的教育哲学导论》，教育科学出版社 1997 年版。

张世英：《进入澄明之境——哲学的新方向》，商务印书馆 1999 年版。

刘放桐等编：《新编现代西方哲学》，人民出版社 2000 年版。

李国钧、王炳照：《中国教育制度史》，山东教育出版社 2000 年版。

陈向明：《质的研究方法与社会科学研究》，教育科学出版社 2000 年版。

施良方：《课程理论——课程的基础、原理与问题》，人民教育出版社 2000 年版。

李秉德：《教学论》，人民教育出版社 2001 年版。

靳玉乐、李森：《中国新时期教学论的进展》，重庆出版社 2001 年版。

黄济：《教育哲学通论》，山西教育出版社 2001 年版。

施良方：《学习论》，人民教育出版社 2001 年版。

陈向明：《教师如何作质的研究》，教育科学出版社 2001 年版。

联合国儿童基金会、教育部基础教育司合作项目：《基础教育课程改革资料选编》，2002 年。

舒新城：《舒新城教育论著选》，吕达、刘立德主编，人民教育出版社 2004 年版。

钟启泉、高文、赵中建：《多维视角下的教育理论与思潮》，教育科学出版社 2004 年版。

程亮、杨海燕、刘耀明等编：《对话教学》，福建教育出版社 2005 年版。

胡德海：《教育学原理》，甘肃教育出版社 2006 年版。

李泽厚：《历史本体论·己卯五说》，三联书店 2006 年版。

滕守尧：《文化的边缘》，南京出版社 2006 年版。

沈小培、郑苗苗、李宝庆编著：《对话教学》，四川教育出版社 2006 年版。

孙孔懿：《论教育家》，人民教育出版社 2006 年版。

柳夕浪：《课堂教学临床指导》，人民教育出版社 2006 年版。

章培恒、骆玉明主编：《中国文学史新著》（增订本），复旦大学出版社、上海文艺出版社 2007 年版。

王鉴：《课堂研究概论》，人民教育出版社 2007 年版。

王炳照等编：《简明中国教育史》，北京师范大学出版社2007年版。
余文森等编著：《有效备课·上课·听课·评课》，福建教育出版社2008年版。
孙亚玲：《课堂教学有效性标准研究》，教育科学出版社2008年版。
孙建军：《语文对话教学》，复旦大学出版社2008年版。
王向华：《对话教育论纲》，教育科学出版社2009年版。
王光荣：《文化的诠释——维果茨基学派心理学》，山东教育出版社2009年版。
孙建锋：《小学语文：享受对话教学》，西南师范大学出版社2009年版。
屠素凤：《语文教学有效对话的实践探索》，浙江人民出版社2009年版。
牟宗三：《圆善论》，吉林出版集团有限责任公司2010年版。
牟宗三：《中西哲学之会通十四讲》，吉林出版集团有限责任公司2010年版。
赵汀阳：《论可能生活》，中国人民大学出版社2010年版。
李森、伍叶琴主编：《有效对话教学——理论、策略及案例》，福建教育出版社2012年版。
吕叔湘：《吕叔湘语文论集》，商务印书馆1983年版。
顾树森：《中国古代教育家语录类编》下册，上海教育出版社1983年版。
张志公：《语文教学论集》，广东教育出版社1991年版。
顾黄初、李杏保主编：《二十世纪前期语文教育论集》，四川教育出版社1991年版。
张隆华：《中国语文教育史纲》，湖南师范大学出版社1991年版。
张志公：《传统语文教育教材论——暨蒙学书目和书影》，上海教育出版社1992年版。
周振甫：《怎样学习古文》，中华书局1992年版。
黎锦熙：《黎锦熙语文教育论著选》，黎泽渝、马啸风、李乐毅编，人民教育出版社1996年版。

李杏保主编：《语文学科教育参考资料类编》，高等教育出版社 1996 年版。

王力：《王力论语文教育》，唐作藩、李行健、吕桂申编，河南教育出版社 1996 年版。

曹明海：《文学解读学导论》，人民文学出版社 1997 年版。

黄伯荣、廖序东主编：《现代汉语》，高等教育出版社 1997 年版。

朱立元主编：《当代西方文艺理论》，华东师范大学出版社 1997 年版。

《20 世纪中国中小学课程标准·教学大纲汇编：语文卷》，课程教材研究所编，人民教育出版社 1999 年版。

王力：《古代汉语》，中华书局 1999 年版。

顾黄初、李杏保主编：《二十世纪后期语文教育论集》，四川教育出版社 2000 年版。

张隆华、曾仲珊：《中国古代语文教育史》，四川教育出版社 2000 年版。

李林海：《言语教学论》，上海教育出版社 2000 年版。

李维鼎：《语文言意论》，上海教育出版社 2000 年版。

倪文锦、欧阳汝颖：《语文教育展望》，华东师范大学出版社 2002 年版。

靳健：《语文课程研究》，中国档案出版社 2002 年版。

朱立元、李钧主编：《二十世纪西方文论选》，高等教育出版社 2002 年版。

于漪：《我和语文教学》，人民教育出版社 2003 年版。

钱理群：《语文教育门外谈》，广西师范大学出版社 2003 年版。

宋其蕤：《语文教学美学论》，广东教育出版社 2003 年版。

王尚文：《语文对话教学论》，浙江教育出版社 2004 年版。

李杏保、顾黄初：《中国现代语文教育史》，四川教育出版社 2004 年版。

李吉林：《情境教育的诗篇》，高等教育出版社 2004 年版。

潘新和：《语文：表现与存在》，福建人民出版社 2004 年版。

曹明海、陈秀春：《语文教育文化学》，上东教育出版社 2005 年版。
邢秀凤：《语文课堂对话艺术》，东北师范大学出版社 2005 年版。
王荣生：《语文科课程论基础》，上海教育出版社 2005 年版。
靳健：《后现代视界中的语文课程与教学论》，甘肃教育出版社 2006 年版。
王尚文：《语感论》，上海教育出版社 2006 年版。
韩军：《韩军与新语文教育》，北京师范大学出版社 2006 年版。
王富仁、郑国民主编：《当代语文教育争论》，广东教育出版社 2006 年版。
倪文锦、谢锡金主编：《新编语文课程与教学论》，华东师范大学出版社 2006 年版。
钱梦龙：《钱梦龙与导读艺术》，北京师范大学出版社 2006 年版。
洪宗礼、柳士镇、倪文进主编：《母语教材研究》，江苏教育出版社 2007 年版。
赵志伟编著：《旧文重读——大家谈语文教育》，华东师范大学出版社 2007 年版。
张建鹏、胡足青主编：《美国语文》，马浩岚编译，中国妇女出版社 2008 年版。
张哲英：《清末民国时期语文教育观念考察——以黎锦熙、胡适、叶圣陶为中心》，福建教育出版社 2011 年版。
陈黎明、邵怀领：《中国当代识字教学法研究》，中国社会出版社 2011 年版。
李森：《有效对话教学理论、策略及案例》，福建教育出版社 2012 年版。
张光陆：《解释学视域下的对话教学》，中国社会科学出版社 2012 年版。
沈晓敏：《对话教学研究》，北京师范大学出版社 2014 年版。
[古希腊] 柏拉图：《柏拉图文艺对话集》，朱光潜译，人民文学出版社 2008 年版。
[巴西] 保罗·弗莱雷：《被压迫的教育学》，严振国等主编，顾建新

等译，华东师范大学出版社 2001 年版。

［德］伽达默尔：《诠释学：真理与方法》，洪汉鼎译，商务印书馆 2010 年版。

［德］伽达默尔：《哲学解释学》，夏镇平、宋建平译，上海译文出版社 1994 年版。

［德］哈贝马斯：《交往行为理论：行为合理性与社会合理性》，曹卫东译，上海人民出版社 2004 年版。

［德］洪堡特：《论人类语言结构的差异及其对人类精神发展的影响》，姚小平译，商务印书馆 1997 年版。

［德］马丁·布伯尔：《人与人》，张健、韦海英译，史雅堂校，作家出版社 1992 年版。

［德］马丁·布伯尔：《我与你》，陈维刚译，生活·读书·新知三联书店 2002 年版。

［德］雅斯贝尔斯：《什么是教育》，邹进译，生活·读书·新知三联书店 1991 年版。

［俄］巴赫金：《诗学与访谈》，《巴赫金全集》第 5 卷，白春仁等译，河北教育出版社 1998 年版。

［俄］维果茨基：《维果茨基教育论著选》，余震球译，人民教育出版社 1994 年版。

［法］E. 迪尔凯姆：《社会学方法的准则》，狄玉明译，商务印书馆 1995 年版。

［加］马克思·范梅南：《教学机智——教育智慧的意蕴》，李树英译，教育科学出版社 2001 年版。

［加］迈克尔·富兰：《变革的力量——透视教育改革》，中央教育科学研究所、加拿大多伦多国际学院组织翻译，教育科学出版社 2004 年版。

［捷］夸美纽斯：《大教学论》，傅任敢译，教育科学出版社 1999 年版。

［美］B. S. 布鲁姆等编：《教育目标分类学》第一分册《认知领域》，罗黎辉、丁证霖、石伟平、顾建明译，施良方校，华东师范大学出

版社 1986 年版。

［美］艾尔·巴比：《社会研究方法》，邱泽奇译，华夏出版社 2009 年版。

［美］大卫·雷·格里芬编：《后现代精神》，王成兵译，中央编译出版社 2005 年版。

［美］大卫·雷·格里芬编：《后现代科学——科学魅力的再现》，马季方译，中央编译出版社 2004 年版。

［美］杜威：《学校与社会》，赵祥麟等译，人民教育出版社 1994 年版。

［美］杜威：《我们如何思维》，伍中友译，新华出版社 2010 年版。

［美］约翰·杜威：《民主主义与教育》，王承绪译，人民教育出版社 2001 年版。

［美］克利福德·格尔茨：《文化的解释》，韩莉译，译林出版社 2010 年版。

［美］小威廉姆·E. 多尔：《后现代课程观》，王红宇译，教育科学出版社 2000 年版。

［美］莱斯利·P. 斯特弗、杰里·盖尔主编：《教育中的建构主义》，高文、徐斌艳、程可拉等译，华东师范大学出版社 2002 年版。

［美］琳达·埃利诺、格伦娜·杰勒德：《对话：变革之道》，郭少文译，教育科学出版社 2006 年版。

［美］古德、布罗菲：《透视课堂》，陶志琼译，中国轻工业出版社 2009 年版。

［美］维纳：《控制论》，郝季仁译，科学出版社 1985 年版。

［苏］B. A. 苏霍姆林斯基：《给教师的建议》（修订版），杜殿坤编译，教育科学出版社 1984 年版。

［日］佐藤学：《学习的快乐——走向对话》，钟启泉译，教育科学出版社 2004 年版。

［日］佐藤学：《静悄悄的革命：创造活动、合作、反思的综合性学习课程》，李季湄译，长春出版社 2003 年版。

［日］佐藤学：《课程与教师》，钟启泉译，教育科学出版社 2003

年版。

［日］佐藤正夫：《教学原理》，钟启泉译，教育科学出版社 2001 年版。

［瑞士］费尔南迪·德·索绪尔：《普通语言学教程》，高明凯译，商务印书馆 1980 年版。

［瑞士］皮亚杰：《发生认识论原理》，王宪钿译，商务印书馆 1995 年版。

［英］戴维·伯姆：《论对话》，李·尼科编，王松涛译，教育科学出版社 2004 年版。

［英］韦尔斯：《在对话中学习：社会文化理论下的课堂实践》，外语教学与研究出版社 2010 年版。

倪梁康主编：《面对事实本身——现象学经典文选》，东方出版社 2000 年版。

张柠：《对话理论与复调小说》，《外国文学评论》1992 年第 3 期。

朱纯深：《从文体学和话语分析看〈荷塘月色〉的美学意义》，《名作欣赏》1994 年第 7 期。

刘庆昌：《对话教学初论》，《教育研究》2001 年第 1 期。

钟启泉：《对话与文本：教学规范的转型》，《教育研究》2001 年第 3 期。

王尚文：《对话：语文教学的新观念》，《浙江师范大学学报》（社会科学版）2001 年第 5 期。

蔡春、扈中平：《从"独白"到"对话"——论教育交往中的对话》，《教育研究》2002 年第 2 期。

钟启泉：《论教学的创造性》，《教育发展研究》2002 年第 7—8 期。

孙绍振：《超出平常的自己和伦理的自由——〈荷塘月色〉解读》，《名作欣赏》2003 年第 8 期。

郑国民、黄显涵：《对话理论与语文教育》，《语文教学通讯》2003 年第 15 期。

李冲锋：《对话：后现代课程的主题词》，《全球教育展望》2003 年第 2 期。

王策三：《认真对待"轻视知识"的教育思潮》，《北京大学教育评论》2004 年第 7 期。

张增田、靳玉乐：《论对话教学的课堂实践形式》，《中国教育学刊》2004 年第 8 期。

李冲锋：《对话教学的环境创设》，《教育科学研究》2005 年第 8 期。

张增田、靳玉乐：《新课程背景下的对话教学》，《西南师范大学》（人文社会科学版）2004 年第 9 期。

钟启泉：《发霉的奶酪》，《全球教育展望》2004 年第 10 期。

张洁：《对话型语文阅读教学研究综述》，《赣南师范学院学报》2004 年第 10 期。

张天宝：《试论教育对话及其基本特征》，《北京大学教育评论》2005 年第 3 期。

王尚文：《"对话型"语文教学策略》，《课程·教材·教法》2005 年第 12 期。

靳健：《我国古代语文课程的性质、特征及其教育功能》，《教育研究》2006 年第 2 期。

李铁范、李旺兴：《论语文对话教学》，《课程·教材·教法》2006 年第 6 期。

靳健：《参与—对话　高师院校课程实践范式转型探究》，《高等理科教育》2008 年第 1 期。

［日］池野正晴：《走向对话教育——论学校教育中引进"对话"视点的意义》，钟启泉译，《全球教育展望》2008 年第 1 期。

靳健：《孔子诗教哲学与朱熹诗教哲学的比较》，《华东师范大学学报》2008 年第 2 期。

张增田：《对话教学的课堂设计：理念与原则》，《课程·教材·教法》2008 年第 5 期。

张华：《对话教学：涵义与价值》，《全球教育展望》2008 年第 6 期。

张华：《试论对话教学的知识基础》，《全球教育展望》2009 年第 3 期。

靳健：《老子思想的建设性价值》，《甘肃社会科学》2010 年第 2 期。

高向斌：《"对话教学"八问》，《教育科学研究》2010 年第 4 期。

黄福艳：《关于语文对话教学的再思考》，《语文建设》2010 年第 4 期。

余虹：《语文阅读教学对话的有效性研究》，《四川师范大学学报》（社会科学版）2010 年第 4 期。

孙绍振：《〈背影〉的美学问题》，《语文建设》2010 年第 6 期。

靳健：《僧肇"有无双遣"方法论的哲学超越及其局限性》，《甘肃社会科学》2011 年第 2 期。

张华：《解释学视域下的对话教学：特征与价值》，《教育发展研究》2011 年第 6 期。

张光陆：《对话教学中的教师倾听》，《全球教育展望》2011 年第 10 期。

张华：《重建对话教学的方法论》，《教育发展研究》2011 年第 22 期。

靳玉乐、王洪席：《十年教材建设：成就、问题及建设》，《课程·教材·教法》2012 年第 1 期。

靳健：《王阳明心学及其宇宙论审美境界》，《甘肃社会科学》2012 年第 2 期。

靳健、赵晓霞：《把语文课上成语文课——由程翔老师的一节"课堂作品"说起》，《语文建设》2012 年第 2 期。

余文森：《论有效教学的三大理论基础》，《课程·教材·教法》2012 年第 2 期。

张光陆：《对话教学的课堂话语环境：特征与建构》，《全球教育展望》2012 年第 2 期。

赵晓霞：《如何在知识情境中展开对话——高三语文复习课对话教学例说》，《语文教学通讯》2012 年第 3 期。

巢宗祺：《关于语文课程性质、基本理念和设计思路的对话》，《语文建设》2012 年第 3 期。

赵晓霞：《孔孟对话教学思想的内涵及其当代价值》，《教育探索》2012 年第 5 期。

赵晓霞：《深化语文课程的实践特性》，《语文建设》2013 年第 2 期。

张增田：《对话教学研究》，学位论文，西南师范大学，2005年。

慕君：《阅读教学对话研究》，学位论文，华东师范大学，2006年。

Burbules, N. C. *Dialogue in Teaching: Theory and Practice.* New York: Teachers College Press, 1993: 110 – 111.

Burbules, N. C. & Bruce, B. C. (2001). *Theory and Research on Teaching as Dialogue.* In Richardson, V. (ed.) (2001). *Handbook of Research on Teaching* (Fourth Edition), Washington. DC: American Educational Research Association. p. 1113.

Crapanzano, V. *On Dialogue.* In Maranhão, T. (ed.). *The Interpretation of Dialogue.* Chicago: University of Chicago Press, 1990, 276.

David Bohm, *On Dialogue*, Edited by Lee Nichol, London and New York Press.

Edwards, D. , 1993. But What Do Children Really Think? Discourse Analysis and Conceptual Content in Children's Talk. *Cognition and Instruction*, 11 (3 – 4), 207 – 25.

G. Witalack. Zur Psychologie des Frage-Antort-Geschens in der Unterstufe, Phil. Diss. , Karl-Marx-Universität Leipzig. 1965, S. 134.

Halliday, M. A. K. , 1978. "Towards a Language-based Theory of Learning." *Linguistics and Education*, 93.

Lemke, J. L. , 1985. *Using Language in the Classroom.* Geelong, Vic. : Deakon University Press (Republished by Oxford University Press, 1989).

Martin Buber, Ich und Du. Heideberg Verlag Lambert Schneider, 1977: 9 – 12.

Mercer, N. , 1992. "Talking for Teaching and Learning." In K. Norman (ed.). *Thinking Voices: The Work of the National Oracy Project* (pp. 215 – 123). London: Hodder and Stoughton for the National Curriculum Council.

Newman, D. , Griffin, P. , & Cole, M. 1989. *The Construction Zone: Working for Cognitive Change in School.* Cambridge: Cambridge University Press. p. 127.

Palincsar, A. S. & Brown, A. L. "Reciprocal Teaching of Comprehension-fostering and Comprehension-monitoring Strategies." *Cognition and Instruction*, 1984, 1 (2).

Poulo Freire and Donaldo Macedo. "A Dialogue: Culture, Language, and Race." in *Harvard Educational Review*, Vol. 65, No. 3, fall 1995, p. 382.

Sidorkin, A. M. *Beyond Discourse: Education, the Self, and Dialogue*. New York: State University of New York Press, 1999.

Vygotsky, 1987, "Thinking and Speech." In R. W. Rieber & A. S. Carton (eds.). *The Collected Work of L. S. Vygotsky*, Volume 1: *Problems of General Psychology*. New York: Plenum.

Wood, D., 1992. "Teaching Talk." In K. Norman (ed.). *Thinking Voice: The Work of the National Orac Project* (pp. 203 – 214). London: Hodder and Stoughton for the National Curriculum Council.

后　　记

　　本书是在四年前博士论文的基础上修改完善而成的。这四年以来，我对语文教育的理解和认识，又有了一些发展和变化。但回想完成论文的那些日子，依旧令人怀念，它是人生当中不可多得的珍贵时光。所以，我尽量保存当年"后记"的原样，以见证彼时"我"的理解和感悟。

　　其实，写论文之初我就盼望着写"后记"，觉得幸福不过于"后记"。而当真正搁笔，准备郑重其事地为拙作写下后记时，首先感到的是写作过程的艰辛。佐藤学将学习的传统分为"修炼"的传统和"对话"的传统。修炼源自于西方社会的"陶冶"以及东方社会的"修行"，"修行学习"是追求自我完善的行为，"对话学习"则是通过同他人的沟通行为，展开探究对象意义的行为。我的论文题目为"对话"，的确经历了阅读中与古今中外思想者的亲近与对话，以及在实践研究中与"现场"亲密而充实的"对话"；但写作的中后期则完全成为一种"修炼"——觉得自己真正在2012年的冬天"蛰伏"了！日复一日地坐在书桌前阅读和写作，抬头是熟悉的灰色的高楼，偶尔发现有不知几时的落雪。也会在某个清晨，忽然间听到那清脆的鸟鸣。经过漫长的蛰伏，换来的却是2013年初春不厌其烦的修改。比起一稿的激情与快乐，修改如同马拉松的后半程，几近筋疲力尽而又令人欲罢不能。即便如此，仍然让人心怀忐忑，因为其中很多问题犹待思考和完善。

　　通过"修炼"，也让我收获良多。首先，我非常享受实践当中听课以及与师生们交流的过程。一堂好的语文课的确让我有"敞亮"

的快乐。教学是一种共时性的关系活动，就像戴维·伯姆所言，"对话"是一种流淌在人们之间的意义的溪流，它使所有对话者都能够参与和分享这一意义之溪，并因此能够在群体中萌生新的理解和共识。这种现场的第一性是书斋中的研究所不具备的。语文教学作为母语教学，这种对话性尤为明显一些。因为语文所负载的人文和精神内涵，让我们进入教学对话关系的过程当中也被熏陶和浸润。例如听李双义老师讲《故都的秋》，李静老师讲《一朵午荷》，不觉为其教学的境界而动容。其次，对古代及近现代教育家文献和著作的阅读，也让我对许多问题茅塞顿开。如果用一些词语来形容语文教育，我首先想到的是"沐""浴""浸""染""润""泽"，巧合的是，这些字都以"水"为部首，我想，教育大概正是一种如水般地浸润和滋养。古代语文教育是非常讲求言语的"涵泳"和"浸润"的，正所谓"涵者，如春风之润花，如清渠之溉稻"，唯有当师生浸润在言语构建的审美境界中时，语文教育的功能方能发挥到极致。教学的内容变化万千，但对话的本质没有高下之分，学生在对话的关系世界中，借助一定的语文知识，创造性地发展着语文的思维能力、审美能力，并以学生的主体性发展为对话教学的旨归。

夏丏尊先生1926年在《生活的艺术》中写道，他邀请弘一法师到他的白马湖小住的故事，忽然发现自己囫囵吞枣地过了大半生，而弘一于平淡处体味生活的情趣，乃是真正的艺术。论文写作过程艰辛也罢，快乐也罢，重要的是，要有一颗平常而宁静的心，能够于平凡处发现乐趣，得到幸福。这本是教育的目的：让我们活得更为真实，让我们的内心更为丰富和沉静。教育不是征服，不是占有，而是感染，是熏陶，是春风化雨，是润物无声，也是老子提出的"不知有之"的"太上"，是孔子眼中的"浴乎沂，风乎舞雩，咏而归"的诗乐化之……这也是本文"对话"的所指，一心二门，体用一如。

这些年来，我要深深地感谢我的导师靳健教授，他潜心学术，造诣不凡，而且能够中西汇通，圆融智慧地研究语文教育学的理论与实践问题。而作为他的开门弟子，荣幸的同时内心也十分忐忑。愚钝的我多年的学习追随，于他的学术思想的理解，恐怕仍旧不及十一。唯愿将来继续努力，不辜负他和师母的期望。还要感谢我的老师胡德海教授、王嘉毅教授、万明钢教授、王鉴教授、刘旭东教授，不但打开了我的学术视野，而且为我树立了学者的精神品格的榜样，高山仰止，景行行止。胡德海教授已年逾九旬，每次路上遇到，总要亲切地询问我的学习近况，让人倍感温暖。还要感谢给予我指导的李瑾瑜教授、石义堂教授、张学强教授、王兆璟教授、张定强教授、赵明仁教授，他们对我从学习到生活，都关心启发良多。我还要特别向论文写作中给予我大力帮助的老师们致以谢意，他们是李静、李双义、袁莲君、苏爱、郝云、马艳霞、常明、汪燕等。最后，我要感谢我的亲人，他们是我生长的土壤和阳光，给予我温暖、养分、动力和希望。

本书的出版，得到西北师范大学教育文库的资助，在此深表感谢！

兰州2013年春天的沙尘该渐渐退了吧，那一袭清冽的黄河水依旧奔涌而去，如今已是2017年的深秋。一位诗人朋友喜欢用"这座临水的城"来形状目前的生活，其实，无论身处何时，何地，唯愿心得其所。

初作于2013年初春，2017年修订